2023 年度黑龙江省社会科学学术著作出版资助项目

黑龙江重点国有林区生态文化产业发展机理与实现路径研究

黄鲁玙 ◎ 著

长春出版社

全国百佳图书出版单位

图书在版编目（CIP）数据

黑龙江重点国有林区生态文化产业发展机理与实现路径研究 / 黄鲁玙著. -- 长春 : 长春出版社, 2023.12
ISBN 978-7-5445-7282-8

Ⅰ.①黑… Ⅱ.①黄… Ⅲ.①国有林—林区—文化产业—研究—黑龙江省 Ⅳ.①F326.273.5

中国国家版本馆CIP数据核字(2023)第252000号

黑龙江重点国有林区生态文化产业发展机理与实现路径研究

著　　者　黄鲁玙
责任编辑　张中良
封面设计　宁荣刚

出版发行　长春出版社
总 编 室　0431-88563443
市场营销　0431-88561180
网络营销　0431-85536813
地　　址　吉林省长春市南关区长春大街309号
邮　　编　130041
网　　址　www.cccbs.net

制　　版　长春出版社美术设计制作中心
印　　刷　吉林省科普印刷有限公司

开　　本　787mm×1092mm　1/16
字　　数　286千字
印　　张　16.5
版　　次　2024年4月第1版
印　　次　2024年4月第1次印刷
定　　价　68.00元

前　言

当前，文化产业对国民经济增长的支撑和带动作用日益凸显，在"十四五"规划和 2035 年远景目标纲要中明确提出建设"文化强国"的文化战略定位。2014 年我国实行天然林商业性禁伐以来，国有林区的发展战略发生了根本性转变，林业产业的发展方向也开始转型调整。如何科学合理利用林业生态资源，调整国有林区产业结构，加快发展接续替代产业，努力把生态资源转化为竞争和发展优势，走出一条高质量绿色发展之路，对于国有林区而言任重而道远。目前，黑龙江重点国有林区正处于支柱产业尚未形成的关键节点和改革推进的重要时期。充分运用国有林区丰富的生态文化资源对林业产业"塑魂"和"赋能"，发展林业生态文化产业能够为国有林区经济可持续发展提供重要的产业支撑。本书立足于寻求乡村"文化振兴""产业振兴"与市场需求的最佳契合点，解决社会高端精神文化产品的匮乏与同质化重复供给之间的矛盾，满足大众"最普惠的民生福祉"的迫切需求，重拾林业的多功能性，对黑龙江重点国有林区生态文化产业的发展机理及实现路径进行深入分析和研究。

本书系统梳理了国有林区生态文化产业的国内外研究现状，界定国有林区生态文化产业相关概念，通过多次深入黑龙江重点国有林区实地调研，总结归纳出当前黑龙江重点国有林区生态文化产业发展中存在的问题，并对黑龙江林业生态文化产业发展在全国所处的位置进行了定量分析和研判；明确产业发展目标，开展产业共生发展机制"DCP"框架分析；在此基础上，构建黑龙江重点国有林区生态文化产业共生系统，提出基于"共生单元（Unit）—共生能量（Energy）—共生界面（Interface）"共生理论分析范式的黑龙江重点国有林区生态文化产业发展机理理论分析思路，探索出黑龙江重点国有林区生态文化产业发展机理，在此基础上，形成并提出黑龙江重点国有林区生态文化产业发展机理理论模型与研究假设。

本书通过确定产业共生能量和产业共生行为目标等林业生态文化产业发展研究变量的量表维度，解构了各变量维度间的相互作用机理。通过多轮前期调研、预调研和正式调研，设计完成并发放调研问卷，对调研数据进行描述性统计分析、信度和效度检验、变量的相关性分析等；根据数据分析结果，运用结构方程模型分析、验证及修正模型，得到结构方程模型图。本书大部分的理论假设均已被验证通过，表明本书构建的黑龙江重点国有林区生态文化产业发展机理理论模型及提出的各要素之间的假设关系，与当前国有森工企业发展实际较为符合。

在黑龙江重点国有林区生态文化产业发展机理模型验证基础上，从直接效应、间接效应和调节效应三个方面分析了黑龙江重点国有林区生态文化产业发展机理中各要素的影响路径，从黑龙江重点国有林区森工企业发展、林业生态文化产业发展政策支持、产业发展规划等方面，提出推动黑龙江重点国有林区生态文化产业发展对策及政策建议，为国有林区生态文化产业高质量可持续发展提供参考。

本书为黑龙江省哲学社会科学研究规划项目"黑龙江国有林区生态文化产业发展机理研究"（19GLE324）、黑龙江省哲学社会科学研究规划项目习近平总书记重要讲话重要指示精神研究专项项目"黑龙江林业生态文化旅游产业融合共生高质量发展研究"（23XZT026）、黑龙江省艺术科学规划项目"黑龙江省林业生态文化与生态旅游融合发展对策研究"（2023A016）的研究成果，同时获得黑龙江八一农垦大学学术专著出版资助。

作　者

2023 年 12 月

目 录

第五章　黑龙江重点国有林区生态文化产业发展机理模型验证 / 120

第六章　黑龙江重点国有林区生态文化产业发展的实现路径分析 / 176

第一章 绪 论

第一节 研究背景及目的

一、研究背景

文化产业对国民经济增长的支撑和带动作用日益凸显，已经成为直接反映一国综合国力的重要标志。我国"十四五"规划和2035年远景目标纲要中明确提出，建设"文化强国"的文化战略定位。作为第一个强国目标，文化强国的重要意义不仅在于提升国家文化软实力建设，更是对中国经济发展的"塑魂"和"赋能"，因此，需要繁荣发展文化产业来提供重要支撑。党的十九大提出要健全现代文化产业体系和市场体系，培育新型文化业态。当前，我国文化产业发展势头良好，2021年全国规模以上文化及相关产业企业实现营业收入达 119 064 亿元，比上年增长 16.0%。[①] 虽然经济效益瞩目，但一定程度上存在着结构性问题，如文化产品和文化服务的供给水平在城乡、区域中表现出的"不平衡"；高端文化产品的匮乏与同质化重复供给之间的矛盾表现出的"不充分"。因此，"十四五"期间，如何在遵循产业发展规律的前提下，提升文化产业发展质量，增加文化产业供给效能，将成为重点攻克的难题。生态文化产业作为文化产业的一部分，正在成为最具发展潜力的就业空间和普惠民生的新兴产业。[②] 优化生态产业结构，加大生态文化产业融合发展力度，是实现文化产业高质量发展的重要路径之一。

---

① 范周.推进文化事业和文化产业全面发展 [J]. 红旗文稿，2022（9）：40—42.
②《中国生态文化发展纲要》（2016—2020 年）.

2020 年 9 月，习近平总书记做出我国力争 2030 年前实现碳达峰、2060 年前实现碳中和的重大战略决策。与此同时，在国际环境更加重视生态环境保护的大背景下，全球正在经历一场以绿色低碳为特征的产业和技术变革。生态文化产业秉持的绿色环保理念，以绿色增长为资源利用和发展经济效益的宗旨，及其产业具备的高度融合性、渗透性和辐射力，成为当前及未来经济社会绿色转型的重要方向之一。生态文化产业既是一种文化产品的消费，也是对生态文化的传承和弘扬。国有林区生态文化产业作为生态文化体系的重要内容以及文化产业的组成部分，在"热爱自然、尊重自然、保护自然"的生态文明风尚中创造绿色经济增长，在"人与自然和谐共生"中实现"包容分享"的绿色增长目标。

我国经济发展已经进入新常态，随着生活质量的提高，人们的思想已经从摆脱物质生活困境转向对更高的精神生活追求，消费形态开始逐渐由物质型消费向提升内在精神品质型转变。当前，我国文化消费潜在规模巨大，文化产品供给严重不足，但居民人均文化娱乐消费支出占总消费支出比重却由 2015 年的 4.8% 持续下降到 2019 年的 3.9%，推进文化产业供给侧结构性改革，促进文化产业结构调整以适应人们对美好生活向往中的文化需求迫在眉睫。近年来，生态文化产品与服务的供给同人们对生态系统服务的需求之间的不匹配正在凸显，回应社会需求的呼声与中央的顶层设计产生了良好互动，社会认识的进步为国有林区生态文化产业的发展，提供了广泛的社会基础和民意基础。从深度和广度上拓展了国有林区生态文化产业的发展内涵，为国有林区产业发展带来了良好的机遇，也为创造新的生态文化产品供给形式带来了新的思路。

国有林区是我国重要的生态安全屏障和森林资源培育战略基地，是维护国家生态安全最重要的基础设施，在经济社会发展和生态文明建设中发挥着不可替代的重要作用。2015 年，国家相继出台《国有林场改革方案》和《国有林区改革指导意见》，深入推进国有林区体制改革，明确改革方向及具体规划。根据中央精神，尤其是重点国有林区要陆续推进政企、政事、事企、管办"四分开"管理，森工企业开始迎来产业转型发展的新机遇。与此同时，国家"十三五规划"中明确了"坚持把培育生态文化作为重要支撑，大力推进生态文明建设"，并制定了《中国生态文化发展纲要（2016—2020 年）》。在产业结构调整和经济发展方式转变过程中，国有林区乘势打造生态文化产业体系和市场体系，培育新型生态文化业态。那么，在现阶段国有林区应该着重打造哪些生态文化产业？国有森工企业如何运用生态文化助力国有林区生产高附加值的生态产品？如何将国有林区生态文化的资源优势转化为现实的产业优势和经济优势，来实现国有林区的可持续发展？解决这些问题能够帮助国有林区找到一条自然资源开发与文化资源开发相结合、生态文化建设与社会主义市场经济建设相结合的道路。

基于此，本书将在产业共生理论、林业可持续发展理论、文化再生产理论、产业融合理论等多维理论体系指导下，基于产业共生视角，以黑龙江重点国有林区、龙江森工及伊春森工为实证研究对象，以"共生单元—共生能量—共生界面"共生理论分析范式为逻辑路线，深入分析国有林区生态文化产业发展机理，找出产业发展影响要素，并试图通过路径分析，为解决黑龙江重点国有林区生态文化产业发展现状中存在的问题，实现国有林区生态文化产业发展提供理论和政策参考。

二、研究目的

本书以国有林区生态文化产业发展现状为研究基础，以产业共生理论、林业可持续发展理论、文化再生产理论及产业融合理论为理论支撑，从产业共生视角，构建黑龙江重点国有林区生态文化产业发展机理分析框架，在此基础上验证产业发展机理理论模型，并对影响路径进行分析，提出推动黑龙江重点国有林区生态文化产业发展的对策与建议。具体研究目的如下：

第一，提出黑龙江重点国有林区生态文化产业研究的全新视角。通过实地调研，从资源现状、产业规划、政策扶持等方面，详细分析黑龙江重点国有林区生态文化产业发展基础；全面了解龙江森工和伊春森工下属40个林业局子公司的生态文化产业发展效益和产业布局的现状，系统梳理现阶段产业发展存在的主要问题。在此基础上，提出从产业共生视角构建黑龙江重点国有林区生态文化产业理论模型，分析产业发展机理的全新研究思路。

第二，分析黑龙江重点国有林区生态文化产业发展机理，找出影响产业发展的关键要素。依据产业共生理论，构建黑龙江重点国有林区生态文化产业共生系统，以"共生单元—共生能量—共生界面"的理论分析范式，详细论述产业共生能量、产业共生界面、产业共生关系及企业创新能力在黑龙江重点国有林区生态文化产业发展中的影响机理，明确产业发展影响要素，为下一步的路径分析提供理论依据。

第三，选用结构方程模型方法验证假设关系。设计调研方案，获取问卷调研数据，合理设置理论模型中的变量与度量，运用结构方程模型实证检验黑龙江重点国有林区生态文化产业发展机理，明确产业共生能量、产业共生界面、产业共生关系及企业创新能力之间的相互影响。

第四，分析黑龙江重点国有林区生态文化产业发展影响路径，提出推动产业发展的对策与建议。从直接效应、间接效应和调节效应三个方面分析黑龙江重点国有林区生态文化产业发展的影响路径。基于黑龙江重点国有林区生态文化产业发展现状、产业发展机理分析、影响路径分析，从国有森工企业发展、产业发展政策支持、产业发展规划等不同视角，提出黑龙江重点国有林区生态文化产业发展的对策与建议。

第二节　研究意义

本书在已有研究及相关理论基础上，围绕如何通过产业发展机理分析研究，推动国有林区生态文化产业高质量发展这一核心命题，以黑龙江重点国有林区为例，设计产业发展机理理论模型，运用规范分析和实证检验分析相结合的方法，从产业共生视角，分析产业共生能量、产业共生界面、产业共生关系及森工企业创新能力在黑龙江重点国有林区生态文化产业发展中的影响机理与实现路径，具有重要的理论意义与实践参考意义。

一、理论意义

第一，本书有助于进一步丰富国有林区生态文化产业研究的理论体系和方法体系。生态文化产业将是未来国有林区产业转型的重要方向之一，无论是繁荣和传承林业生态文化，还是提升林区产业经济效益，都在国有林区可持续发展中发挥重要作用。从现有的文献可以看出，文化产业和生态文化一直是近年来专家学者研究的热点领域。但对于生态文化产业，特别是国有林区生态文化产业鲜有研究。本书以国有林区生态文化产业为研究对象，运用产业共生发展机制分析、结构方程模型实证分析法，对龙江森工及伊春森工集团下属林业局子公司生态文化产业发展机理进行研究，深化国有林区生态文化产业内涵，廓清国有林区生态文化产业范畴，提出黑龙江重点国有林区生态文化产业高质量发展的对策与建议，强化理性看待国有林区产业间的共生关联，推动生态文化产业在国有林区产业转型中的重要作用，对完善和发展国有林区产业发展的理论研究体系，进一步丰富国有林区生态文化产业研究的方法体系具有积极的作用。

第二，本书有助于拓宽产业共生理论的应用领域。产业共生理论是共生理论在产业系统中的具体应用。"UEI"共生理论分析范式是以"共生单元—共生能量—共生界面"为理论分析框架，分析共生要素之间的作用关系。本书将"UEI"理论分析范式应用于黑龙江重点国有林区生态文化产业发展机理研究中，将产业共生理论延伸至生态文化产业研究中，构建产业发展机理理论模型，突出产业融合共生发展的重要作用，从产业共生界面、产业共生能量、产业共生关系程度及森工企业创新能力四个维度，分析黑龙江重点国有林区生态文化产业发展机理，提出国有林区生态文化产业共生发展的"UEI"理论分析范式。在推动产业共生理论发展的同时，也为国有林区产业共生发展相关实证研究提供新的借鉴。

第三，本书有助于为生态文化资本转化提供一个全新的研究视角。在我国，布迪厄文化再生产理论主要应用于教育学和社会学相关研究。本书运用文化再生产理论中的文化资本理论，从资本转换视角，提出国有林区"生态文化资源—生态文化资本—经济资本"的转换过程，分析国有林区具备的生态文化再生产的基本条件及生态文化再生产产业的主要模式，实现国有林区生态文化更广泛的社会传播，进一步拓宽了文化再生产理论的适用情境。

二、实践意义

第一，本书有助于为实现国有林区生态文化产业发展目标提供对策与建议。以黑龙江重点国有林区为例，目前正处于林区产业转型发展的关键时期，本书通过解析黑龙江重点国有林区生态文化产业发展目标，了解当前产业发展现状及存在的突出问题，科学总结分析黑龙江重点国有林区生态文化产业的发展机理，找到产业发展的实现路径，提出切实可行的实现产业发展目标的对策与建议，从而推动黑龙江重点国有林区生态文化产业更高层次的可持续发展。

第二，本书有助于进一步优化国有林区产业发展结构。重新认识生态文化的经济属性，在环境资源承载力范围内，切实将林区的生态文化资源优势转化为经济优势和发展优势，通过产业发展实现国有林区生态文化资源的可持续开发利用，提高生态文化产业在国有林区经济转型发展中的贡献率。为科学规划国有林区产业布局，推动产业升级与产业融合相结合，提升生态文化产业规模化、集约化和专业化水平提出实现路径规划。

第三，本书有助于以国有林区生态文化产业促进区域经济的发展。生态文化产业作为促进绿色发展的新增长点之一，目前还未得到充分重视。通过明确国有林区生态文化产业范畴，从区域经济的角度，突出区域特色，发挥区域优势，结合区域产业实际来调整与优化产业结构，确定生态文化产业应有的产业定位，增强各产业间的有机联系。

第三节 相关领域国内外研究现状及评述

本书研究现状信息来源于中国知网（CNKI）数据库和科学引文数据库（Web of Science）的核心合辑数据库，为尽可能覆盖国有林区生态文化产业的研究范围并筛选出核心研究内容，围绕《中国生态文化发展纲要（2016—2020年）》中提出的生态文化产业内涵及范围，确定中国知网检索主题词为"文化产业""生态文化""生态产业""森林生态旅游""森林旅游""生态旅游""森林康养"等；国外文献以"forest tour OR forest culture OR forest resources OR ecotourism"（森林旅游、森林文化、森林资源、生态旅游）为标题，文献类型为"article"检索。相关文献研究始于1994年，检索时间跨度设定为1994年1月—2021年7月。在检索结果中除去书评及重复文章，最终得到的研究分析样本中包含国内文献1768篇、国外文献 126 篇，对国内外文献进行检索整理如下：

一、国外研究现状分析

（一）文化产业方面研究

国外对文化产业的研究，总体上可以分为两个方面：一是文化产业的内涵及与文化产业相关概念的外延、文化产业发展的相关政策和战略制定、文化产业的性质和功能分析等方面；二是文化产业的区域性发展、细分行业性分析及文化产业典型案例的比较研究。

第一，文化产业的发展阶段。20 世纪 30 年代，西方发达国家经济的发展带动了社会文明程度的整体提高，也由此推动了文化产业的形成和发展。巴塞特（Bassett K., 1993）提出，经济快速发展也带来了更高层次的文化需求，文化的阶层性正朝向平民化与大众化迈进[①]；20 世纪 70 年代开始，弗里德曼（Friedman，1990）在研究中认为，文化资本与产业发展之间不断深入渗透，产业结构朝向高科技及服务业转换[②]；后现代时期，经济的快速转向引发文化产业的需求变化，主要体现在以文化政策为主导的都市再生策略开始兴起，包括艺术活动、文化庆典活动、休闲活动、博物馆建设与开发等；21 世纪，文化产业进入全球化时期，已经跨越国界，以全球化的规模，世界各国之间沟通、竞争、对照与冲突着，开始出现以符号经济促进城市再生的文化产业。

第二，文化产业的定义及分类。文化产业（Culture Industry）概念的提出，标志着文化产业理论的诞生。一是从产业的发展目标定义，霍克海默（Max Horkheimer）和阿多诺（T. W. Adorno）在《启蒙辩证法》中批判性地认为，将人类创造性的审美成果变成机械化生产的产品，文化工业的目标就是在迎合消费者需求的基础上，实现利润最大化[③]。二是从文化价值角度定义，贾斯廷·奥康纳（Justin O'Connor）在《欧洲的文化产业和文化政策》中提出，文化产业就是以符

[①]Bassett K. Urban Culture Strategies and Urban Regeneration: A Case Study and Critique. Environment and Planning[J]. 1993,（25）：1773—1788.

[②]Friedman J. Being in The World: Globalization and Localization in M. Featherstone Global Culture. London: Sage, 1990：311—328.

[③] 霍克海默，阿多诺．启蒙辩证法 [M]．渠敬东，曹卫东，译．上海：上海人民出版社，2006：46.

号性商品为主的经营活动[①]，文化产业之所以能够形成产业发展，最主要的产业基础是文化价值为商品的经济价值提供了重要来源。联合国教科文组织按照工业标准，从生产、储存、再生产以及分配的角度，将文化产品（服务）分为：文化遗产、出版印刷业和著作文献、视觉艺术、音乐、表演艺术、音频媒体、视听媒体、体育、社会文化活动和游戏、自然和环境等十大类文化产品[②]。荷兰文化产业委员会将文化产业分为四个部分：一是以文化价值或意义为核心的生产活动，二是与文化艺术作品相关的商业运作活动，三是艺术作品的创作及文化传播活动，四是文化企业的相关行为。总之，可以从中简单地理解为文化产业就是文化与产业的联合[③]。从文化产业的定义可以看出，学者们各抒己见，观点不一，但都认为文化价值是文化产业发展的关键基础，实现文化产品利润的最大化是文化产业发展的主要目标，文化产业的本质是将文化价值市场化、商品化，最终满足于人类的物质和精神需求。

第三，文化产业的发展模式。西方发达国家为文化产业的发展营造了相对和谐的生态环境，提供了物质极其丰富的生产生活条件。米利尔（Millier，1997），认为文化实质是一个动态的过程，就是生产和消费、主体和客体之间动态的交互关系，文化消费就是一种创制文化的过程[④]。西方文化产业区域发展是产业发展的基础和前提，文化产业区域发展主要基于不同区域内的文化禀赋，体现在整合集约模式、区域非均衡发展模式、资源优势模式、资本技术模式等方面。赫伯特·甘斯（Herbert J.Gans）认为，当文化发展到一定阶段，就要通过进入经济领域实现其经济价值，在全球化风险背景下，各国在文化领域的竞争愈发激烈，也由此形成了不均衡的发展格局[⑤]。并强调了文化的平等性，即只有个人偏好的不同，没有高低好坏之分。陶斯（Towse，2011）研究认为，文化产品既具有一般商品的

---

① 贾斯廷·奥康纳. 欧洲的文化产业和文化政策. 林拓等. 世界文化产业发展前沿报告 [M]. 北京：社会科学文献出版社，2004：19.

② 保罗·欧文斯. 世界城市文化报告 [M]. 黄昌勇等译. 上海：同济大学出版社，2013：33—56.

③ 杭敏. 国外文化产业学学科建设模式研究 [J]. 现代传播（中国传媒大学学报），2015,37（7）:57—61.

④ Daniel Miller. Material Culture and Mass Consumerism[M]. London: Wiley-Blackwell, 1997：14—20.

⑤ 约翰·R. 霍尔，玛丽·乔·尼兹. 文化：社会学的视野 [M]. 北京：商务印书馆，2002：154.

普遍特征,同时又兼具文化产品的独特经济属性[1]。从文化产业发展模式的轨迹演变来看，产业结构、消费结构及其空间结构，随着不同时代经济体制的变迁，文化产业都发生了一定程度的结构性重组。

（二）生态文化方面研究

米尔顿·弗里德曼（Milton Friedman，1970）研究认为，随着社会的进步及文明程度的发展，生态文化的重要性越来越受到人们的普遍重视，涉及生态环境保护、国家经济和文化的发展[2]。格尔茨（C. Geertz，1973）在研究中指出，生态文化是倡导人与自然和谐相处的文化[3]，认为良好的生态文化氛围拉近了人与自然的距离，直接影响了人类的生态保护进程；同时在研究中也进一步指出了生态文化研究成果中存在的概念界定不清、制度不健全等问题。理查德·雷吉斯特（Richard Register，2002）也指出，生态文化是人类维系生存，在良好的生态环境中实现永续发展的主流文化[4]。经过详细梳理发现，当前西方国家针对生态文化领域的研究，主要集中于生态美学、环境与景观美学、森林文化、生态审美体验学等领域。

（三）林业生态文化产业研究

在国外研究中，直接提到"林业生态文化产业"的几乎没有，相关研究大多围绕"森林生态文化教育传播""森林可持续发展""森林文化价值""森林旅游"等方面开展。

第一，森林生态文化教育传播研究。在生态文化产业发展过程中，西方发达国家利用森林，从学校和社会两个层面开展生态环境教育，并取得了成功的经验。如日本通过传播生态文明理念，培养了人们保护环境和发展生态产业的习惯[5]；德国强化动植物保护，将其作为公民的义务，以增进人与自然的和谐关系，促进森

---

[1]Towse R.A Handbook of Cultural Economics[M].Massachusetts:Edward Elgar Publishing,2011：405—412.

[2]Friedman M. The Social Responsibility of Business Is to Increase Its Profits[J]. New York Times Magazine, 1970, 32—33（6）:173—178.

[3]Geertz C. The Interpretation of Cultures[M]. //Marxism and the interpretation of culture/. University of Illinois Press，1973：533—537.

[4]Richard Register. 生态城市——建设与自然平衡的人居环境 [M]. 王如松，胡聃译 . 北京：社会科学文献出版社，2002：41—69.

[5] 武珊珊，魏智勇 . 师范院校生态文化教育的实施路径研究——以内蒙古师范大学为例文献综述 [J]. 环境与可持续发展，2016，41（5）：94—96.

林公园、动物园、自然保护区、城市公园等休闲产业迅速发展，通过生态文学作品进一步宣传繁荣生态文化①。一些发展中国家和低收入国家也把生态文化传承、环境保护列入国民教育和休闲产业管理规制之中。

第二，森林景观评价研究。景观林业（Landscape Forestry）思想提出后，代表了现代森林经营模式的探索，体现出一种集保护生物多样性、发展经济、供给木材与燃料、提供栖息地和美学意义于一体的经营方式，同时促进了森林文化多元化多样性发展。平托（Pinto，2013）认为，森林景观是社会生态系统的独立单元，也是环境、经济和社会的自然与文化的整体表象②。施罗德和丹尼尔（Shroeder H，Daniel T. C.，1981）通过设计森林景观美景度量表，对森林景观进行评价研究，从而了解游客的偏好。森林景观、森林生物多样性的相关评价指标开始出现在研究者的成果中③。伊万佐娃等人（Ivantsova et al.，2019）以加格勒森林保护区为例，探索了不同景观类型在森林景观美学中的评价研究，在对森林景观及其生态环境保护功能评估后，提出相应对策④。英国学者爱德华兹等人（Edwards D. et al.，2009）及塔布（Tabbush P.，2010）基于森林文化价值观、森林保护的实践活动、森林文学艺术作品提出林业经济评估体系，并对森林文化价值进行了划分⑤⑥。

第三，森林生态旅游。自20世纪50年代，发达国家开始陆续发展森林旅游业。国外关于森林生态旅游的研究主要集中于生态旅游资源的评价研究。主要分为两个方向：一是始于20世纪中叶，克利斯顿（Cliston，1995）提出的旅游资源游憩价值评估⑦，核心理念是从经济学角度出发，对旅游资源的生态效益、经济

---

① 冯雪红，郑佳琪.中国森林文化研究述评[J].南宁师范大学学报（哲学社会科学版），2021，42（4）：37—45.

② Pinto-Correia T.，Kristensen L. Linking Research to Practice：The Landscape as the Basis for Integrating Social and Ecological Perspectives of the Rural[J]. Landscape and Urban Planning，2013（120）：248—256.

③ Shroeder H.，Daniel T C. Progress in Predicting the perceived Scenic Beauty of Forest Landscape[J]. For Sci，1981，27（1）：71—80.

④ Ivantsova E.A.，Ovsyankin R.V.，Matveeva A.A.，et al. Environmental Evaluation of the System of Protective Forest Plantations in Urban Landscapes Volgograd Agglomeration Using Gis-Technologies[J]. Earth and Environmental Science，2019（1）：224.

⑤ Edwards D.，Elliott A.，Hislop M.，et al. A Valuation of the Economic and Social Contribution of Forestry for People in Scotland[R]. Edinburgh，Scotland: Forestry Commission Scotland，2009: 50—213.

⑥ Tabbush P. Cultural Values of Trees，Woods and Forests[R]. Farnham: Forest Research，2010: 32—58.

⑦ Cliston. Recreational Benefits from the Dartmoor National Park[J]. Journal of Environmental Management. 1995（55）：69—80.

效益和社会效益进行综合评估，代表观点有威利斯和加罗德（Willis and Garrod，1991）[①]、周德英等人（Deying Zhou et al.，1997）[②]、克里斯托弗（Christopher，2008）[③]、琼斯（Jones，2017）[④] 等。后续还涌现出意愿调查价值评估法、克劳森法等一系列森林资源游憩价值评估法。综上，我们不难发现，评估的方法都过于依赖经济学思维和计量学手段，反而与森林生态学、文化产业发展、生态环境保护等相去甚远。二是关于森林生态旅游的市场分析及游客心理等，主要是从资源的角度对森林生态资源进行评估，其目的是在科学合理开发保护生态旅游资源的同时，为生态旅游提供规划与参考。哈特等人（Harte et al.，1999）对新西兰的森林旅游资源进行了评价研究[⑤]；马斯伯格等人（Masberg et al.，1999）强调，在旅游资源评价基础上实施保护是实现生态旅游经济增收的重要途径[⑥]；朱莉安娜（Julianna，2001）建立了一套相对客观的资源评价体系，根据相关参数矩阵，综合定性与定量分析法，从可行性、吸引力、生态脆弱指数及基础设施等四个方面构建了评价模型[⑦]；西蒙（Simon F. G.，2004）、特佩勒斯（Tepelus C. M.，2005）对森林环境承载力展开研究，并在研究中发现森林旅游能够促进森林资源及环境保护[⑧⑨]。

（四）林业生态与产业的共生发展研究

一般而言，林业相对发达的国家对林业生态与林业产业关系的研究也比较深入，林业生态与林业产业之间起初是一种对立关系，大多研究者认为发展林业产

①Willis K. G., Garrod G D. An Individual Travel-Cost Method of Evaluating Forest Recreation[J]. Journal of Agricultural Economics. 1991, 42（1）:33—42.

②Deying Zhou, John F. Yanagida Uijayant Chakravorty. Estimating Economic Impacts from Tourism[J]. Annals of Tourism Research. 1997, 24（1）: 76—89.

③Christopher M. Flemig, Averil Cook. The Recreational Value of Lake Mc Kenzie, Fraser Island: An Application of the Travel Cost Method[J]. Tourism Management, 2008, 29（6）: 1197—1205.

④Jones T. E., Yang Y, Yamamoto K. Assessing the Recreational Value of World Heritage Site Inscription: A Longitudinal Travel Cost Analysis of Mount Fuji Climbers[J]. Tourism Management.2017（60）: 67—78.

⑤Harte, Hay. Resource Assessment for Recreation and Tourism: a New Zealand Example[J]. Landscape and Urban Planning. 1999, 2（3）:289—300.

⑥Masberg, Morales. A Case Analysis of Strategies in Ecotourism Development[J]. Aquatic Ecosystem Health and Management. 1999, 2（3）: 289—300.

⑦Julianna. Assessment of Natural Resources for Nature-based Tourism: the Case of the Central Coast Region of Western Australia[J]. Tourism Management. 2001, 22（6）:637—648.

⑧Simon F. G., Narangavana Y, Marques D. P. Carrying Capacity in the Tourism Industry: A Case Study of Hengistbury Head [J]. Tourism Management, 2004（25）: 275—283.

⑨Tepelus C. M. Aiming for Sustainability in The tour Operating Business[J]. Journal of Cleaner Production, 2005（13）:99—107.

业势必会造成林业生态的破坏。沃尔法特（Wohlfahrt，1996）系统研究了林业生态与林业产业之间关系的演化过程，具体内容是分析了两者从相互对立到共生发展，再到互相依赖的发展历程及背景描述①。国外实现林业生态与林业产业共生发展的途径研究中，如芬兰等国家林业生态发展，林业系统与产业生态已经相对处于和谐发展的状态。科尔霍宁（Korhonen，2001）对林业产业系统和自然生态系统进行了比较分析，研究各种物质、能量在林业产业系统内的循环②。此外，为实现林业产业与林业生态的协调共生发展，世界各国相继出台了相应的林业产业政策，主要用来保护和有效利用森林生态资源，从而实现林业经济社会的可持续发展。格雷因格兰·马拉扬（Graingerand Malayang，2006）研究了菲律宾从"掠夺性采伐政策—模糊政策—可持续经营政策"的林业政策演化过程③。德国则长期实施林业产业相关扶持政策，实现林业产业可持续发展，如对林产品税率进行大幅减免，减免后的林产品税率仅相当于其他工业产品的25%，在林业产业发展中实现了税赋减免鼓励投资经营的目的④。卡肖尔（Cashore，2004）从林业可持续发展的目标出发，对加拿大、美国、中国等38个国家和地区的林业产业政策组合进行比较分析，研究得出，林业发达国家和发展中国家在林业政策及政策执行力度方面均不同，多数发展中国家虽然制定了非常严厉的政策，但执行政策力度不够；发达国家林业政策比较宽松⑤。劳拉·索卡等人（Laura Sokka et al.，2009）、苏维帕卡里宁（Suvi Pakarinen，2010）研究分析了芬兰在森林工业共生与林业可持续发展的演变⑥⑦。耶西尔卡亚·穆拉特等人

①Wohlfahrt G. The Swedish Forest Industry in the Ecocycle[J]. Unasylva （FAO）. 1996（187）：265—273.

②Korhonen J. Regional Industrial Ecology: Examples from Regional Economic Systems of Forest Industry andenergy supply in Finland[J]. Journal of Environmental Management. 2001, 63（4）：367—375.

③Grainger A., Malayang I.I. A Model of Policy Changes to Secure Sustainable Forest Management and Control of Deforestation in the Philippines[J]. Forest Policy and Economics. 2006, 8（1）：67—80.

④Toivonen H. Integrating Forestry and Conservation in Boreal Forests: Ecological, Legal and Socio-Economic Aspects[J]. Forestry. 2000, 73（2）：129—135.

⑤Cashore B. M. Global Environmental Forest Policies: Canada as a Constant Case Comparison of Select Forestpractice Regulations[R]. International Forest Resources, 2004.

⑥Laura Sokka, Suvi Pakarinen, Matti Melanen. Industrial Symbiosis Contributing to More Sustainable Energy Use – an Example from the Forest Industry in Kymenlaakso, Finland[J]. Journal of Cleaner Production, 2009,19（4）.

⑦Suvi Pakarinen,Tuomas Mattila, Matti Melanen, Ari Nissinen, Laura Sokka. Sustainability and Industrial Symbiosis—The Evolution of a Finnish Forest Industry Complex[J]. Resources, Conservation & Recycling, 2010,54（12）.

（Yesilkaya Murat, et al., 2020）通过建立林产品工业共生网络，并对网络中的利益相关者的经济效益和生态效益进行分析，提出更加有效利用自然资源的建议[①]。林业发达国家的经验表明,林业可持续发展通过协调林业产业与林业生态之间的共生发展来实现的，可以有效实现林业的经济效益、社会效益和生态效益的统一协调发展。

二、国内研究现状分析

（一）文化产业研究

国家统计局《文化及相关产业分类（2018）》指出，文化及相关产业是指为社会公众提供文化产品及其相关产品的生产活动的集合。一是关于文化产业的功能，文化可以通过发展高效、优质的产业、产品和服务，繁荣文化市场，满足人民群众多样化的精神文化需求。朱以青（2004）认为，文化具有审美教化、启迪激励人们不断创新进取的功能[②]。二是关于文化产业的性质,文化产业是文化建设的重要组成部分。韦仁忠（2009）认为，文化产业是社会经济三次产业划分中第三产业的一种业态，是从事文化产品生产和提供文化服务的经营性行业[③]。徐黎丽、祝艾丽（2013）研究指出，文化资源通过服务社会、满足大众消费需求，形成文化资本，有效缓解人口增长、资源匮乏的现状，因此，文化产业的出现是人类经济社会发展必经的过程,同时也是资本市场演化的必然结果[④]。三是关于文化产业的特性，文化产业之所以能够在短时间内快速成长，主要源于和其他产业相比，更具辐射面广、拉动力强、贡献率高且低消耗、低污染的可持续特点,因此被称为"绿色产业""朝阳产业"的代表。辛丽平（2015）在研究中认为,文化产业具有政治、经济、文化、社会的功能特征，同时具备自身的生产和消费机制特征[⑤]。

---

① Yeşilkaya Murat, Daş Gülesin Sena, Türker Ahmet Kürşad. A Multi-objective Multi-period Mathematical Model for an Industrial Symbiosis Network Based on the Forest Products Industry[J]. Computers & Industrial Engineering, 2020（10）: 150.

② 朱以青. 从文化到文化产业：涵义与功能的演变 [J]. 山东大学学报, 2004（5）: 149—152.

③ 韦仁忠. 青海发展生态文化产业的路径探寻 [J]. 青海社会科学, 2009（6）:66—69.

④ 徐黎丽, 祝艾丽. 论文化产业发展的生态基础——以甘肃河西走廊生态文化产业为例 [J]. 甘肃理论刊, 2013（4）:105—110.

⑤ 辛丽平. 略论贵州少数民族地区生态文化引领产业发展的路径选择 [J]. 贵州民族研究, 2015（12）: 148—152.

（二）生态文化研究

生态文化的由来历史悠久。人类社会经历了原始时代、农耕时代、工业时代的发展历程，目前正处于从工业文明向生态文明的转型阶段。生态文化大致包括物质、精神和制度层面。当前，国内关于生态文化及其相关领域的研究成果很多，但在人与自然关系的核心观点和价值取向方面仍表现为观点趋同或相近。综合江泽慧等（2013）[①]，韦仁忠（2009）[②]、傅于川（2009）[③]、余谋昌（2001）[④] 等人的研究，广义的生态文化是一种生态价值观，是指人类在社会历史发展进程中所创造的一种新的生存方式，反映了人与自然和谐关系的物质财富和精神财富的总和。狭义的生态文化是一种文化现象，是指以人与自然和谐发展的生态价值观为指导的生态意识、价值取向和社会适应。

（三）生态文化产业研究

当前，我国生态文化产业发展方兴未艾，涌现出许多优秀的生态文化产品，在生态文化产业发展中形成了地域特色鲜明的产业发展模式，加之我国进入经济新常态，生态文化产业随之不断优化升级，社会绿色转型及生态产业的扶持政策陆续出台，人们生态文化消费需求的提升，都为生态文化产业的繁荣发展提供了契机。生态文化产业是一种生态环保、可持续发展产业，是生态文明理念与文化产业相结合的产物，因此既具有文化产业的基本属性，又具有生态主导性、文化交融性、社会公益性以及民族地域性等特点。学者们在研究中对生态文化产业进行了明确的界定，江泽慧等（2013）重点强调了生态文化产业的行业属性，认为生态文化产业是受国家政策指导和市场引导，突出反映人与自然关系的文化创意产业，为社会公众提供生态文化创意产品，以及可参与、体验的生态文化服务的经营活动[⑤]。邓显超、杨章文（2015）重点强调了生态文化产业的资源基础，认为

---

① 江泽慧.生态文明时代的主流文化——中国生态文化体系研究总论 [M].北京：人民出版社，2013：26—27 300，301—302.

② 韦仁忠.青海发展生态文化产业的路径探寻 [J].青海社会科学，2009（6）:66—69.

③ 傅于川，欧阳德君.民族地区生态文化产业发展初探——以黔东南苗族侗族自治州为例 [J].贵州民族研究，2009（1）：6.

④ 余谋昌.生态文化论 [M].石家庄：河北教育出版社，2001：247

⑤ 江泽慧.生态文明时代的主流文化——中国生态文化体系研究总论 [M].北京：人民出版社，2013：26—27，300，301—302.

生态文化产业是以生态资源为主，以科技创新为支撑的一种生态产业，通过生态文化产品或服务向消费者传播生态文明理念，并举例说明当前生态文化产业都包含哪些种类①。从生态文化产业的内涵可以得知，生态文化产业的文化创意特点和经济产业属性，使其具备了融合发展的特征。

（四）国有林区生态文化产业研究

第一，林业生态文化内涵。叶文凯（1989）认为，生态文化中的森林文化是物质文明和精神文明的结合②。余涛、齐鹏飞（2016）研究认为，林业生态文化是在人与自然和谐相处的环境中研究思考的，因此，具有限制性与永续性、和谐性与公正性、时代性与多样性等特征③。米世锐（2016）在研究中指出，林业生态文化在生态文明建设、林业产业发展、自然保护区管理、国有林场体制改革等多个领域发挥作用，成为培育发展林业新业态的重要元素④。肖君（2011）指出，应重点从物质、制度和精神层面挖掘林业生态文化的内涵，特别强调要用好森林博物馆、生态文化教育示范基地等主要的生态文化载体，加强森林生态文化建设⑤。李晓勇、甄学宁（2006），苏祖荣、苏孝同（2013）在研究中将森林文化体系划分为物质文化、制度文化、行为文化、精神文化等森林文化形态，且各种文化形态相互渗透和交融⑥⑦。陈建成（2007）认为，要发展森林文化产业，首先要建立现代森林文化体系，具体包括人们在对森林的认识、利用、开发的长期过程中形成的文化理念、法规制度、行为习惯和语言艺术等⑧。

第二，林业生态文化产业研究。国内林业生态文化产业方面的研究，主要集中于森林文化产业。苏祖荣、苏孝同（2014）认为，森林文化产业是指提供森林

---

① 邓显超，杨章文.浅议江西生态文化产业发展 [J].党史文苑，2015（11）：75—76.
② 叶文凯.森林文化若干问题思考——一种被遗忘的价值体系 [J].学会，1989（3）：6—8.
③ 余涛，齐鹏飞.我国林业生态文化建设的有关问题探讨 [J].林业资源管理，2016（6）：1—4.
④ 米世锐.进一步加强新疆林业生态文化建设——湖南省林业生态文化建设对新疆的启示 [J].新疆林业，2016（4）：4—6.
⑤ 肖君.福建森林生态文化体系建设现状与对策 [J].林业勘察设计，2011（2）：48—49.
⑥ 李晓勇，甄学宁.森林文化结构体系的研究 [J].北京林业大学学报（社会科学版），2006（4）：16—20.
⑦ 苏祖荣，苏孝同.森林文化体系的建构 [J].福建林业，2013（6）：16.
⑧ 陈建成.浅谈我国发展森林文化创意产业路线 [A].中国林业经济学会技术经济专业委员会.第二届中国林业技术经济理论与实践论坛论文集 [C].中国林业经济学会技术经济专业委员会，2007：3.

文化产品和服务的物质生产及其经营体系①。近年来,随着文化产业及森林文化产业的快速发展,森林文化创意产业应运而生且研究成果日渐丰富。刘琰等(2015)提出,森林文化创意产业一方面体现在林业艺术作品及技术知识产权的成果转换中;另一方面体现在森林文化与传统林业产品或服务的产业融合之中,从而提升生态产品或服务的文化附加值,集中表现出森林文化的经济价值转化②。可将数字林业产业、城市森林文化产业、森林旅游休闲业、林农特产产业、园林景观设计产业、木雕业等以森林资源为对象进行艺术创作的产业、林业生物技术产业以及其他利用林业高新技术的产业划归为森林文化创意产业的范畴。甄学宁(2006)认为,森林文化产品是构建完整森林文化产业体系的重要基础,既包括物质文化产品,也包括精神文化产品③。学者们从不同角度对森林文化产品进行了分类。苏祖荣(2010)提出,按照抽象和加工程度,将森林文化产品分为森林理论形态产品、森林文艺产品、森林工艺品、森林博物馆形态产品、森林旅游文化产品、自然保护区文化产品④。柯水发等(2017)将森林文化产业体系按照文化产业的大体分类,分为森林文化新闻出版发行服务、广播电视电影服务、艺术服务、文化信息传输服务、文化创意和设计服务、文化休闲娱乐服务、工艺美术品生产等⑤。森林文化产品包括:美学文化产品、认知文化产品、科技教育产品、休闲疗养文化产品、历史地理文化产品及其他森林文化产品。

(五)国内研究突现词图谱分析

突现词是指一定时期内出现频次较高的词。通过对关键词的聚类分析,归纳总结突现词的突现强度和突现持续时间,能够反映出该领域的研究热点,研判演化趋势。⑥为了深入了解中国林业生态文化产业的演化发展,笔者利用 CiteSpace

① 苏祖荣,苏孝同.森林文化与森林文化产业 [J].福建林业,2014(1):16.

② 刘琰,米锋,赵嘉祺.浙江省文成县森林文化创意产业发展的影响因素 [J].中国农业信息,2015(15):139—141.

③ 甄学宁.森林文化产品的价值与价格 [J].北京林业大学学报(社会科学版),2006(4):21—25.

④ 苏祖荣.森林文化产品分类及比较分析 [J].北京林业大学学报(社会科学版),2010(4):18—20.

⑤ 柯水发等.森林文化产业体系的构建探析 [J].林业经济,2017(11):24~29,34.

⑥Chen C.,Hu Z.,Liu S.,et al. Emerging Trends In Regenerative Medicine:A Scientomrtric Analysis in CiteSpace[J]. Expert Opin Biol Ther,2012,12(5):593—608.

可视化文献分析软件对国内检索文献中的突现词列表进行分析，最终将前 25 个突现词的情况汇总如图 1—1 所示。

Keywords	Year	Strength	Begin	End	1994—2021
森林旅游业	1994	11.4923	1998	1999	
森林旅游资源	1994	5.1102	1994	2000	
森林公园	1994	3.553	1994	1998	
国家森林公园	1994	3.4911	1994	2000	
林业可持续发展	1994	26.8256	1996	2005	
可持续发展	1994	13.1757	1998	2009	
林业	1994	11.2649	1998	2009	
旅游资源	1994	4.0457	1998	2007	
森林生态旅游	1994	5.8819	2001	2006	
生态农业产业化	1994	4.5007	2001	2009	
对策	1994	7.0663	2003	2011	
森林旅游	1994	7.4636	2004	2007	
生态产业	1994	9.939	2007	2015	
生态文明	1994	16.8115	2008	2017	
循环经济	1994	4.5769	2008	2013	
产业生态化	1994	5.8815	2009	2017	
森林文化	1994	5.3735	2009	2018	
生态文化	1994	22.1143	2010	2016	
生态化	1994	3.9422	2011	2016	
休闲养生	1994	3.7139	2012	2019	
影响因素	1994	3.4309	2015	2021	
生态旅游	1994	14.4993	2017	2021	
森林康养	1994	13.2577	2017	2021	
绿色发展	1994	4.2865	2017	2021	
精准扶贫	1994	3.4256	2017	2021	

图 1—1　中国林业生态文化产业相关研究突现词情况

按照主导产业森林生态旅游的研究轨迹，可将国内林业生态文化产业分为四个阶段：①起步阶段（1996 年以前）。中国林业产业发展起步较晚，这一阶段研究重点主要围绕森林公园及森林旅游产业展开，在对传统森林旅游发展模式展开研究的基础上，开展探讨森林旅游资源的开发、具体森林公园和农庄休闲度假旅游的实证研究。②提升阶段（1997—2008）。该阶段，可持续发展战略及可持续发展能力的提升在现代化建设、全面建设小康社会中体现出重要指导地位，林业生态文化产业的研究重点也是从林业可持续发展的站位出发。在这一阶段学者们对森林文化、森林文明、森林文化与人类文明进程，以及森林生态旅游的相关概念内涵进行深入研究，并对森林旅游发展中存在的问题提出对策建议，为林业生态文化产业的发展奠定理论基础。③发展阶段（2009—2015）。党的十八大以来，生态文明观念在全社会逐步树立，在节约能源资源和保护生态环境的产业结构调整目标背景下，学者们开始侧重对生态文明、生态文化、产业生态化、森林文化、休闲养生等方面的研究。受生态文明政策背景的影响，学者们更加注重对森林资源可持续利用、全民生态文明素养提升、大众绿色消费等方面的研究。与此同时，林业生态文化产业开始侧重对生态文化旅游产品、林业养生产品的研究，更加注重生态文明的人文物化。④创新阶段（2015年至今）。森林康养与生态旅游成为新的研究主题，学者们开始关注生态文化在林业休闲旅游中对康养身体与愉悦心情的引领作用。特别是2017年以来，在"全面建成小康社会，决战脱贫攻坚"背景下，学者们将产业发展与林区脱贫、绿色发展相结合，针对生态旅游对林区民生的影响进行分析，同时对旅游文化传播机制有了深入研究。

综合国内研究来看，林业生态文化产业与林业可持续发展等内容高度相关。研究中突现词突现强度最显著的是"林业可持续发展"（Strength=26.8256），"生态文化"（Strength=22.1143）。从突现词突现时间上看，持续10年左右的有"林业"（1998—2009）"可持续发展"（1998—2009）；其次是"林业可持续发展"（1996—2005）、"旅游资源"（1998—2007）、"生态文明"（2008—2017）、"森林文化"（2009—2018）、"生态农业产业化"（2001—2009）、"对策"（2003—2011）、"生态产业"（2007—2015）、"产业生态化"（2009—2017）等，可以较为清晰地体现出中国林业生态文化产业研究的整体发展脉络和研究重心。

三、国内外研究评述及趋势分析

（一）国内外各研究阶段图谱分析

通过统计林业生态文化产业样本文献的年发文量（图1—2），运用VOSviewer文献可视化分析软件对检索文献中的高频关键词图谱进行分析（图1—3）。总结归纳该研究领域的基本情况、发展程度以及学者对该领域的关注度变化，进一步明晰林业生态文化产业的内在属性及其主导产业。总体来看，自20世纪末，林业生态文化产业相关研究文献数量呈波动上升趋势，尤其在2013年后增幅较为明显。以年度刊文量将研究进程分为三个阶段：①萌芽期（1995年以前）。该阶段相关文献成果较少，但学者们开始对林业可持续发展、生态环境建设、林业产业化、森林可持续经营等方面初步研究探讨，表现出对森林生态旅游、森林文化方面研究的前瞻性。②缓慢发展期（1996—2013）。随着全球对环境问题的关注，关于生态方面的研究成果逐渐增多，学者们将焦点放在了对林业产业间辩证关系与产业升级之间的研究，同时，森林生态旅游开始代替传统旅游方式走进大众生活。该阶段研究主要以森林生态旅游及生态旅游的文化分析为导向，侧重从林业可持续发展的角度分析研究森林生态文化，以生态为据点，涉及产业化、经济增长点、生物多样性等方面研究。③快速发展期（2013 年以后）。这一阶段的林业生态文化产业相关研究实现了由量变到质变的飞跃，特别是 2018—2021 年研究成果数量迅速增加，2020 年达到年度峰值为 277 篇，仅 2021 年 7 月前就达到 253 篇。以生态系统为主导，侧重文化旅游、森林康养、文旅融合、生态承载力等方面的研究。值得一提的是，由于林业生态文化产业属资源约束型产业，学者们重点对生态资源、民族文化丰富的地域进行森林生态旅游产业的实证研究，其中以江西省、吉林省、湖南省、黑龙江省伊春市为学者研究的重点区域，更加体现出产业研究的实用性和针对性，推动了林业生态文化产业的蓬勃发展。

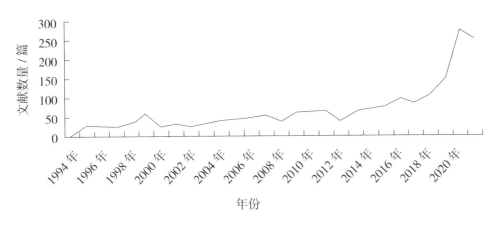

图 1—2　国内外林业生态文化产业相关研究历年发文量

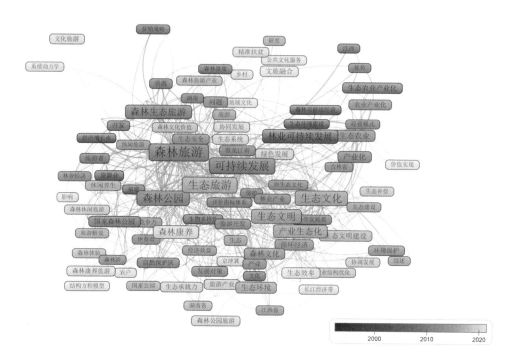

图1—3 国内外林业生态文化产业相关研究的高频关键词可视化图谱

（二）研究热点归纳总结

研究热点是指在某一特定的学术领域中，学者们在某一时期普遍关注的焦点问题。笔者利用VOSviewer软件对检索文献中的关键词聚类分析得出研究热点分布图(图1—4)，依据图谱分析出国内外林业生态文化产业相关领域的研究热点，分别为森林旅游、生态旅游、生态文明、生态文化、可持续发展、林业可持续发展、产业生态化、森林康养及生态农业产业化九大研究热点。

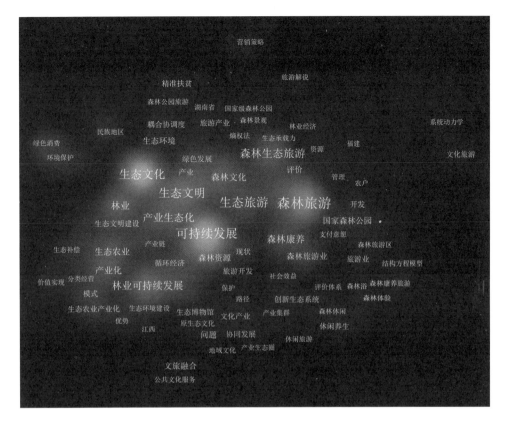

图 1—4 国内外林业生态文化产业相关研究的主要领域与研究热点图谱

利用 CiteSpace 软件聚类分析国内文献关键词，得出我国林业生态文化产业研究热点分布可视化图谱（图 1—5），通过 LLR 相似算法，提取关键词进行聚类标签，在现有研究中得出具有较好同质性和聚类效果的十大类研究热点，分别为"森林旅游""产业生态化""协同发展""生态农业产业化""林业""林业可持续发展""生态文化""森林旅游业""生态产业""森林康养"。

对国内外研究热点及相关文献进行分析整理，综合归纳出当前林业生态文化产业的核心研究内容，包括森林生态旅游内涵、森林生态旅游资源开发管理、生态产业化、生态文化、林业文旅融合与产业发展五个方面。

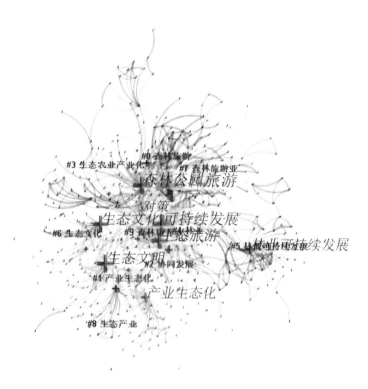

图1—5 中国林业生态文化产业相关研究的主要领域与研究热点图谱

（三）发展趋势分析

从检索文献数量及内容分析来看，国内外对林业生态文化产业方面研究的主题集聚度较高，且核心关键词联系较强。借助时间序列图谱（图1—6）可以在时间断面上直观地把握研究的趋势变化。近年来，学界更加注重森林生态旅游、森林康养等方面的研究，文旅融合的产业模式在林业经济发展中效益逐渐显著，但仍然面临着森林生态旅游的文化内涵不够，生态旅游产品中文化元素较少，与文化脱节的现象比较严重，生态文化资源优势还未转化为经济优势和发展优势。人们对森林生态旅游的需求不断加深，森林生态旅游是实现森林旅游产业可持续发展的重要途径，将生态、文化与旅游相结合，注重旅客身心体验，带动相关产业发展，将林业生态文化元素不断融入产业发展，延长传统产业链，对生态文明建设、弘扬生态文化、形成高质量森林生态旅游、促进林区经济发展都具有重要的深远意义。总体上看，林业生态文化产业的相关研究主题持续深化，核心发展理念保持较长时间热度，产业融合、交叉学科的研究主题也逐渐得到重视并日趋多元化。

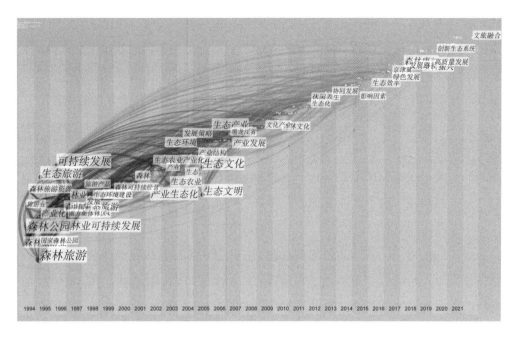

图1—6　中国林业生态文化产业相关研究的主要领域与研究热点图谱

（四）国内外研究述评

第一，生态文化产业相关研究内容逐步成为学术界的热点研究内容。从整理的发表年度分组情况来看，森林生态旅游内涵、森林生态旅游资源开发管理、生态产业化、生态文化、林业文旅融合与产业发展五个方面内容的核心文献量在逐年增多，由此可以看出，国内外研究学者对生态文化产业相关研究的关注度在不断提升，为本书提供了丰富的生态文化产业理论研究基础，同时也进一步坚定了笔者针对国有林区生态文化产业发展机理开展研究的这个方向和信心。但笔者同样也发现，关于国有林区的"生态文化产业"的直接研究成果并不多。

第二，国外研究中针对文化产业相关理论及森林旅游的专题研究居多。从国外对文化产业多样化的定义中不难看出，文化产业的内涵和外延正在不断地扩展和深入。国外对文化产业的研究虽然起步早，研究相对更加深入，但对地方文化产业的个性、地区间差异化的研究较少。多数国家已经基本建立了相对完整的生态文化体系，相关研究也较为成熟，可以为我国生态文化产业的深入研究提供参考和借鉴。在国内研究中，各地利用独具的生态文化资源优势和生态文化特色，结合大众生态文化需求，逐渐探索出一些符合国有林区实际发展的产业模式。总体来看，国家对国有林区生态文化产业的顶层设计基本成型，生态文化产业作为生态文化体系的重要内容以及文化产业的组成部分，对于促进我国文化产业的繁荣发展、弘扬生态文化思想、提高人民的文化素养和推进生态文明建设有着不可替代的作用。因此，研究国有林区生态文化发展机理具有促进产业发展的现实需求。

第三，缺少国有林区生态文化产业的系统研究。要注意的是，关于"国有林区生态文化产业"的研究，近十年已呈现逐年减少的趋势，还没有引起学者们的足够重视。在关于国有林区生态文化产业的相关研究中，主要以产业现状分析和对策建议研究的居多，对于产业发展影响要素、产业发展机理的深层次学理性研究少之又少。因此，从这个角度而言，本书针对国有林区生态文化产业发展的机理研究，具有一定的创新性。本书的研究重点在于深入分析国有林区生态文化产业发展现状的基础上，构建适合我国国情和林情的产业发展机理理论模型，揭示影响产业发展的各要素之间的相互联系、相互作用的关系，提出国有林区生态文化产业发展的实现路径，为国有林区生态文化产业发展的高质量发展提供对策与建议。

第四节　研究方法与主要内容

一、研究方法

本书以经济学、管理学等学科理论为基础，综合运用统计学及计量经济学等相关学科知识，采用文献研究法、定性与定量相结合分析法、实证分析法、系统分析方法等研究方法，力争使研究结论更具理论性和实践性。

第一，文献研究法。在本书研究中，文献研究法是重要的科学研究方法之一。在第一章国内外研究现状分析、第二章相关理论综述、第五章机理变量的设置与度量等研究内容中，通过查阅大量研究文献，系统梳理，总结归纳现有研究，在此基础上，推动本书的整体进展。在国内外研究现状分析中，运用 CiteSpace 可视化分析软件，更加清晰直观地展现出国有林区生态文化产业相关研究的突现词、理论热点及发展趋势。依据图谱分析出国内外林业生态文化产业相关领域的研究热点，分别为森林旅游、生态旅游、生态文明、生态文化、可持续发展、林业可持续发展、产业生态化、森林康养和生态农业产业化九大研究热点。

第二，定性与定量相结合分析法。定性分析法主要用于对产业发展机理理论模型构建的研究中。一是从产业动力机制、产业约束机制、产业保障机制方面对产业共生发展机制进行"DCP"框架分析；二是通过分析黑龙江重点国有林区生态文化产业共生的基本内涵，辨析产业共生要素、产业共生条件，构建黑龙江重点国有林区生态文化产业共生系统；三是分析产业共生界面、产业共生能量、产业共生关系程度及企业创新能力等影响要素与产业共生行为间的相互作用，得出黑龙江重点国有林区生态文化产业发展机理。定量分析法主要用于，一是根据各类年鉴数据，通过构建产业评价指标体系，聚类分析黑龙江省在全国林业生态文化产业发展中的位置等级；二是在机理的定性分析后，进一步利用调研问卷数据展开实证检验的定量分析。经定性分析与定量分析相结合，进一步提升了本书对产业机理研究的科学性和学理性。

第三，基于实地调研的实证分析法。一是深入黑龙江重点国有林区开展实地走访调研。本书在世界自然基金会（WWF）战略合作伙伴东北虎豹国家公园、国家林草局林区民生监测年度重大调研项目、国家林草局改革发展政策调研等专项项目支持下，在论文撰写期间曾三次深入国有林区，并得到课题组连续十年国有林区职工家庭入户跟踪大规模数据支持。通过入户走访、座谈调研、半结构性访谈、现场资料收集等多种形式开展实地调研，掌握当前黑龙江重点国有林区改革及生态文化产业发展现状。二是开展问卷调研获取研究数据。通过查阅文献和调查产业发展现状，确定黑龙江重点国有林区生态文化产业发展要素及度量依据，邀请多位相关领域专家学者、森工集团管理者及林业局企业一线职工等不同群体，对问卷结构和内容提出修改意见。于 2021 年 7—8 月，在龙江森工和伊春森工下属林业局开展线上问卷调研，收回有效电子问卷 349 份，为本书的顺利进行，收集到第一手宝贵的数据资料。

第四，基于结构方程模型的实证分析法。本书研究的核心是黑龙江重点国有林区生态文化产业发展的机理分析，因此，检验理论模型及分析实现路径中，分析各潜在变量之间的因果关系或相关关系，探索模型内部各变量间可能存在的各种关联等至关重要。综合本书的研究目的、理论模型及数据特点，选用结构方程模型为验证机理理论模型和路径分析的主要研究方法。采用 SPSS 进行效度、信度的检验及相关分析，信度检验包括内部一致性系数分析，效度分析包括 KMO

检验、因子载荷量、CR 值、AVE 值等，选用 AMOS 分析软件进行测量模型分析以及结构模型分析，包括拟合度分析、聚敛效度分析等。

第五，系统分析方法。产业发展是一个复杂的系统工程，需要依托各影响要素的相互作用和影响。同时，国有林区是一个相对独立，以森林资源为主体性资源、经营管理权由国家所有的特殊区域。本书将黑龙江重点国有林区生态文化产业视为一个共生系统，通过辨析产业共生发展的内涵及产业共生发展机制，构建黑龙江重点国有林区生态文化产业共生系统。在此基础上，分析产业共生界面、产业共生能量、产业共生关系程度及森工企业创新能力等影响要素与产业共生行为的作用关系，由此得出黑龙江重点国有林区生态文化产业发展机理，并提出相关假设关系。

二、研究主要内容

按照"提出问题—分析问题—解决问题"的研究结构，本书主要分为三部分内容。

第一部分：问题的提出。主要包括第一章、第二章和第三章内容，首先提出本书的研究视角，界定研究范围和相关概念，进行相关理论综述，分析黑龙江重点国有林区生态文化产业发展现状及存在的问题。

第一章，绪论。提出本书的研究背景、研究目的和研究意义；简要介绍本书的研究方法和研究思路；阐明主要研究内容和创新点，对国有林区生态文化产业相关国内外文献进行综述分析，为论文后续研究奠定基础。

第二章，国有林区生态文化产业基本理论阐释。主要内容是本书研究范围界定及生态文化产业的基本内涵，在此基础上对国有林区生态文化产业概念进行界定；简要介绍产业共生理论、林业可持续发展理论、文化再生产理论及产业融合理论的基本内容及对黑龙江重点国有林区生态文化产业发展的启示，为本书研究奠定理论基础。

第三章，黑龙江重点国有林区生态文化产业发展现状及问题分析。首先，对黑龙江国有林区产业发展的总体情况梳理概述；其次，对龙江森工和伊春森工下属林业局子公司产业发展现状从产业效益、产业布局、资源现状、产业规划、政策扶持等方面分析，详细分析黑龙江重点国有林区生态文化产业发展基础及现状；

最后，系统梳理出现阶段黑龙江重点国有林区生态文化产业存在的主要问题。

第二部分：分析问题。分为黑龙江重点国有林区生态文化产业发展机理的理论分析和实证分析两部分，包括第四章和第五章内容，提出黑龙江重点国有林区生态文化产业发展机理，构建理论模型，提出研究假设，并进行模型验证，为黑龙江重点国有林区生态文化产业发展影响路径分析提供判断依据。

第四章，黑龙江重点国有林区生态文化产业发展机理分析及模型构建。通过分析产业发展目标及产业共生发展机制分析，构建黑龙江重点国有林区生态文化产业共生系统；在此基础上，分析黑龙江重点国有林区生态文化产业发展机理，以"共生单元—共生能量—共生界面"的理论分析范式，构建黑龙江重点国有林区生态文化产业发展机理理论模型，提出相关研究假设。

第五章，黑龙江重点国有林区生态文化产业发展机理模型验证。通过前期调研及相关专家学者的论证和指导，对黑龙江重点国有林区生态文化产业发展机理研究变量进行选取和度量，确定验证分析的量表维度，设计完成并发放黑龙江重点国有林区生态文化产业发展机理调研问卷；对调研数据进行描述性统计分析、信度和效度检验、变量的相关性分析等；运用结构方程模型验证黑龙江重点国有林区生态文化产业发展机理模型，为后文的影响路径分析提供实证依据。

第三部分：提出对策与建议。包括第六章和第七章内容，在综合分析黑龙江重点国有林区生态文化产业发展影响路径基础上，提出推动黑龙江重点国有林区生态文化产业发展的对策与建议。

第六章，黑龙江重点国有林区生态文化产业发展的实现路径分析。通过利用AMOS21.0软件对实证调研数据分析处理，运用结构方程模型进行路径分析，从直接效应、间接效应和调节效应三个方面分析黑龙江重点国有林区生态文化产业发展的影响效应及其程度，并对路径分析讨论及假设检验结果进一步分析，为后文提出对策建议提供理论依据。

第七章，提出推动黑龙江重点国有林区生态文化产业发展的对策与建议。根据黑龙江重点国有林区生态文化产业发展机理，提出黑龙江重点国有林区森工企业发展的建议；根据黑龙江重点国有林区生态文化产业发展现状和存在问题，提出产业发展政策支持的建议；根据黑龙江重点国有林区生态文化产业发展的影响路径分析结果，提出产业发展规划的建议。

第五节　研究的技术路线及创新之处

一、研究的技术路线

基于本书的研究内容及研究思路，绘制研究技术路线图，如图1—7所示：

二、创新之处

本论文的研究是以国有林区产业转型为背景，结合当前随着我国国有林区管理体制改革的深入，停伐后林业产业可持续发展的现状，在对黑龙江重点国有林区中龙江森工和伊春森工下属林业局产业发展现状，以及生态文化产业发展机理分析的基础上，提出实现黑龙江重点国有林区生态文化产业发展的对策与建议，本论文的创新点主要体现在以下三个方面：

第一，界定新阶段国有林区生态文化产业的发展内涵。本书从产业共生视角出发，根据国有森工企业的公益性国有企业定性和守护国家生态安全的政治使命，结合中国特色文化产业模式的特点，提出国有林区生态文化产业发展的实质是实现产业融合共生发展，探索国有林区生态文化资源的价值市场化途径，将国有林区生态文化思想传承与产业发展有机结合。本书将处于新发展阶段的国有林区生态文化产业发展内涵界定为，通过产业融合共生发展，探索国有林区生态文化资源的价值市场化，更好地满足人们在美好生活向往中对生态文化方面的现实需求，为本书的产业机理分析提供了主要思路和依据，为"两山"理论生态产业化的绿色产业发展之路提供国有林区的示范实践与参考。

第二，提出国有林区生态文化产业共生发展机理的全新逻辑分析框架。已有文献对生态文化产业的研究大多基于产业发展实际进行现状分析或对策与建议研究，此时对国有林区生态文化产业进行机理分析研究，无论是对林业产业还是文化产业研究都发挥了重要补充作用。本书扩展了产业共生理论、文化再生产理论在林业产业发展机理研究领域的应用，以黑龙江重点国有林区为例，以生态文化产业共生的影响要素为纽带，在理论上将国有林区生态文化资源与林业产业相连

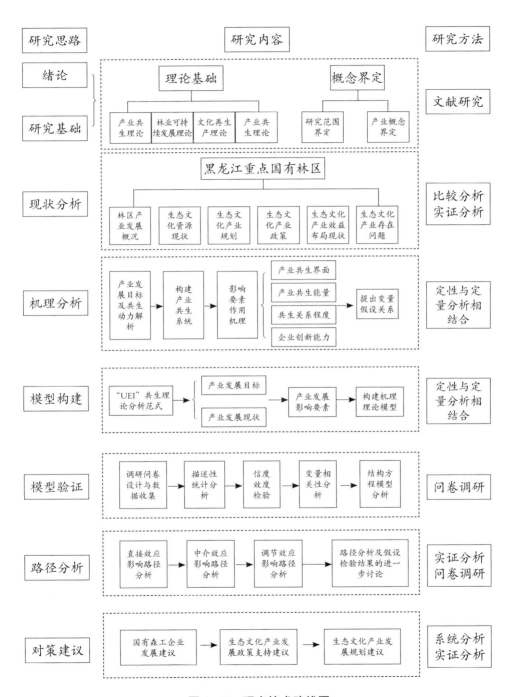

图1—7 研究技术路线图

接，分析产业共生发展机制，构建黑龙江重点国有林区生态文化产业共生系统，提出基于"共生单元—共生能量—共生界面"的黑龙江重点国有林区生态文化产业发展机理理论分析框架，丰富和扩展了国有林区生态文化产业发展的理论体系。

第三，提出国有林区生态文化产业发展机理中各变量维度间相互作用测度机理。本书运用结构方程模型验证黑龙江重点国有林区生态文化产业发展机理理论模型及路径分析。设计林业生态文化产业发展研究变量的量表维度，用于确定和解构各变量维度间的相互作用机理。扩展了生态创新的适用范畴，尝试补充产业机理研究的方法和实证案例，更加清晰地解析和呈现了国有林区生态文化产业发展机理的影响要素及要素之间的关系，突破了已有研究逻辑维度的局限性。并提出产业共生关系程度在黑龙江重点国有林区生态文化产业发展中产业共生能量与产业共生行为中起到调节作用，弥补以往对于共生关系程度变化而改变共生行为的研究不足。深刻揭示了产业共生对于国有林区生态文化产业未来发展趋势的关联性和适用性，在国有林区产业发展中更具有实践性和指导意义。

第二章　概念界定与研究的理论基础

第一节　相关概念界定与内涵分析

本书涉及"国有林区""生态文化""生态文化产业""国有林区生态文化产业"等概念，为了提升研究的针对性，确保精准开展后续研究，根据研究的背景及目的，现对研究范围和主要概念界定如下：

一、研究范围的界定

本书研究范围为国有林区，实证部分主要以黑龙江重点国有林区为例。黑龙江省重点国有林区是我国最大的天然林资源分布区，是东北亚陆地自然生态系统的主体之一，是东北粮食主产区的天然生态屏障，生态地位不言而喻。本书以2018年6月30日成立的中国龙江森林工业集团有限公司（原黑龙江森工总局）下属的23个林业局子公司（原黑龙江森工林业局）、2018年10月19日成立的黑龙江伊春森工集团有限责任公司下属的17个林业局子公司为研究对象（表2—1）。政企合一的国有林区森工集团改制为国有独资企业集团，成为真正意义上的企业；所辖森工企业（林业局）由原来的生产企业变成公益性企业组织。

表2—1 龙江森工、伊春森工所属林业局

序 号	所属集团	企业名称
1		大海林林业局
2		柴河林业局
3		东京城林业局
4		穆棱林业局
5		绥阳林业局
6		海林林业局
7		林口林业局
8		八面通林业局
9		桦南林业局
10		双鸭山林业局
11		鹤立林业局
12	中国龙江森林工业集团有限公司	鹤北林业局
13		东方红林业局
14		迎春林业局
15		清河林业局
16		山河屯林业局
17		苇河林业局
18		亚布力林业局
19		方正林业局
20		兴隆林业局
21		绥棱林业局
22		通北林业局
23		沾河林业局
24		双丰林业局
25		铁力林业局
26		桃山林业局
27		朗乡林业局
28		南岔林业局
29		金山屯林业局
30		美溪林业局
31		乌马河林业局
32	黑龙江伊春森工集团有限责任公司	翠峦林业局
33		友好林业局
34		上甘岭林业局
35		五营林业局
36		红星林业局
37		新青林业局
38		汤旺河林业局
39		乌伊岭林业局
40		带岭林业局

二、生态文化产业概念界定

首先要明确的是生态文化的概念，生态文化，广义上是指人类在社会历史发展进程中所创造出的反映人与自然关系的物质财富和精神财富的总和。这种与自然密切相关的文化现象，包括保护自然环境、维护生态平衡、改善生态环境、实现生态文化价值等满足人们物质文化和精神文化需求的活动。狭义上是指人与自然和谐共生的生态意识、价值取向等，包括生态伦理、生态哲学、生态文艺及价值观念等，又包括与经济社会可持续发展相适应的思维方式、生产方式、生活方

表2—2　生态文化产业定义的代表性观点文献

核心视角	定义表述	代表文献
强调文化功能	以生态系统为基本载体呈现出的生态文化形态，反映人与生态之间的物质关系，提供生态文化产品生产和提供生态文化服务的经营性体系或行业。	邓显超等（2015）[①]
强调产业化发展	生态文化产业在向消费者传递或传播生态的、环保的、健康的、文明的信息与意识的同时，为经济社会发展注入生态文化的产业力量，推动经济社会可持续发展的产业。	张文娜等（2011）[②]
强调文化创意理念	生态文化产业是在国家政策指导和市场引导下，以反映人与自然关系为主题的，以生态文化为创意来源，体现生态文化理念，为社会公众提供实物形态的生态文化创意产品和可参与、可选择的生态文化服务为主的市场化、产业化经营活动。	江泽慧等（2013）[③]

[①] 邓显超，杨章文. 浅议江西生态文化产业发展 [J]. 党史文苑，2015（11）:75—76.

[②] 张文娜，史亚军. 北京山区生态文化产业 SWOT 分析研究 [J]. 中国农学通报，2011, 27（20）：151—154.

[③] 江泽慧. 生态文明时代的主流文化——中国生态文化体系研究总论 [M]. 北京：人民出版社，2013：26—27，300，301—302.

式、文化载体及生态保护方面的法律法规等。[①]

生态文化产业作为生态文明思想与文化产业相结合的产物，体现了生态文化的经济价值，是新兴的具有中国特色的文化产业模式，同时也是一种可持续发展产业。在促进文化产业市场繁荣、弘扬生态文化思想、推进生态文明建设中发挥着不可替代的作用。在近年研究中，对生态文化产业概念的界定，主要集中于国内学者的研究中。部分代表性观点如表2—2所示。

基于以上分析，本书将生态文化产业定义为：以"人与自然和谐共生"为主题，以生态文化资源为基础，通过市场运营为载体，以提供生态文化产品和生态文化服务为主，在促进区域经济绿色增长，满足人们日益增长的生态文化消费需求的同时，繁荣生态文化的经营活动。生态文化产业的范围与一般文化产业范围大致相同，更倾向于提供生态文化产品和娱乐产品、生态文化娱乐服务、生态文化管理和研究服务、生态文化与生态产业融合等四个方面，[②] 如表2—3所示。

表2—3　生态文化产业范围

产业功能	具体分类
1. 提供实物形态的生态文化产品和娱乐产品的活动。	如书籍、报纸的出版、发行等。
2. 提供可参与和可选择的文化娱乐服务。	如广播电视服务、电影服务、文艺表演服务等。
3. 提供生态文化管理和研究等服务。	如文物和文化遗产保护、图书馆服务、文化社会团体活动等。
4. 生态文化与生态产业融合产生的产业类型。	如生态文化旅游业、生态文化休闲餐饮业、森林文化产业、茶文化产业、湿地文化产业、花文化产业、生态文化创意家具业等。

[①] 江泽慧. 生态文明时代的主流文化——中国生态文化体系研究总论 [M]. 北京：人民出版社，2013：26—27，300，301—302.

[②] 江泽慧. 生态文明时代的主流文化——中国生态文化体系研究总论 [M]. 北京：人民出版社，2013：26—27，300，301—302.

三、国有林区生态文化产业概念界定

依照生态文化产业的概念界定，生态文化产业具体包含的内容，一方面可以实际生产的生态文化产品或服务，用以提高公众文化素养、丰富生态文明成果；另一方面也包括生态文化与生态产业相融合的产业活动，指在传统的产品或服务中融合生态文化后，产业链进一步完善、产品或服务的竞争力进一步得到提升，由此生产出高附加值的产品或者提供高品质的服务，创造出更高的经济价值。因此，生态文化产业主要涉及第二产业、第三产业。

从目前国有林区生态文化产业的发展形态来看，森林生态旅游产业为核心产业，并一定程度上带动了林区其他产业的发展。因此，国有林区生态文化产业发展的实质是实现产业融合式的共生发展。借助生态文化在国有林区中的资源优势，依托现代林业的多功能发展理念，发展具有地域和区域特色的生态文化产品和服务，拓宽新业态新产业来实现国有林区的可持续发展。面对"停伐""生态保护"等政策约束，国有林区应重新审视和拓展生态文化价值，用好"文化"激发产业活力，涵养产业品位，延续产业发展的重要作用，不断满足消费者多元化的文化和生态需求。在国有林区生态文化产业发展中，生态文化以资源或产业的形式，通过与林业相关产业共生发展，扩大生态文化产品消费，推动消费者生态意识养成的同时，进一步引导文化市场的发展，在产业融合共生发展中繁荣生态文化，推进生态文化教育的普及，呼应社会对林业生态产品需求增长和环境意识增强的现实需求。重拾林业的多功能性，加强对林业休闲观光、生态涵养、文化传承等功能的开发利用。在文化大发展大繁荣的促进效应下，改变林区以往文化从属经济的老路，通过打造"生态 + 文化"的产业融合模式，构建"经济搭台，文化唱戏"的国有林区振兴新思路。

基于以上分析，本书将国有林区生态文化产业概念定义为：在国家政策引导下，以国有林区生态文化资源为基础，在资源保护的同时，为社会提供生态文化产品或服务的文化创意产业。国有林区生态文化产业主要通过生态文化创意产业与林业产业、生态文化资源与林业产业融合共生发展的模式，提升林产品或服务的文化附加值，从而达到国有林区经济增长的物质生产及经营活动。森林生态旅

游主要是以森林生态环境、森林资源保护为前提，以森林原始生态资源环境为基础，开展的系列森林生态娱乐体验、教育认知等旅游活动。此外，国有林区生态文化产业还包括木质工艺品产业、生态科普宣教、文化康养、影视剧制作等。根据黑龙江重点国有林区生态文化产业发展现状，本书将研究的产业主体确定为国有林区所属森工企业，研究的产业范围以表 2—3 中"生态文化与生态产业融合产生的产业类型"为主。

产业共生中的融合发展是社会生产力进步和产业结构高度化的必然趋势。通过融合共生推进传统产业结构优化升级，产生能够满足消费者更高需求层次的新技术、新产品、新服务。通过产业间的延伸性融合和渗透性融合（如图 2—1 所示），使产业边界不断模糊，催生新的产业新的业态。[①] 基于林业多功能性的衔接、衍生和融合带动林业综合竞争力的提升和林产品服务价值的增值。

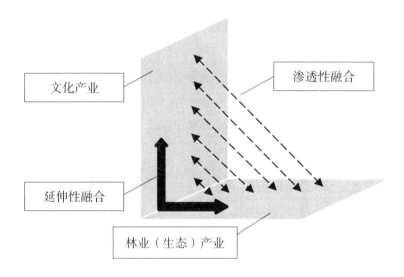

图 2—1　国有林区生态文化产业发展实质关系图

---

① 杨懿，时蓓蓓.健康旅游产业融合发展：动力、机理与路径 [J].湖湘论坛，2020，33（5）：126—135.

第二节　理论基础

一、产业共生理论

产业共生理论是本书的核心基础理论，为后文黑龙江重点国有林区生态文化产业发展机理理论模型的构建，提供了理论研究范式。同时，为黑龙江重点国有林区生态文化产业发展影响路径的分析，提供了重要的依据。

（一）共生理论

"共生"一词最初来源于生物学概念。1879 年德国生物学家安东·德·巴里（Anton de Bary）将共生解释为出于生存的需要，物种之间形成的一种互相依存、协同进化的关系。共生思想始于不同类物质之间通过重新整合关系结构，平衡原本敌对或者异质体之间的关系，从而达到互利互惠的共生目的。在自然界中，某种生物的生存竞争、物种进化，必然会受到生态系统的环境因素或其他生物相互选择的制约和影响，引发适应性变化调整后，最终形成一个互相作用、协同进化的共生系统，在不同个体之间则表现为相互制约、相互受益。[①]

共生理论的形成和发展是一个不断完善和演进的过程，其理论分析的基本逻辑如图 2—2 所示[②]。19 世纪以来，在共生理论研究领域，苏联生物学家范明特（Famintsim）、科斯基（Korskii）和科左波林斯基（Kozo-Polianski）在共生起源方面做出杰出贡献。狭义的共生是指生物之间的结构组合、能量（物质）交换以及形成的利害关系。广义的共生是指生物圈内各种生物之间产生的能量转换和物质循环的关系。在我国，袁纯清（1998）较早研究和推广共生理论，认为生物学中的共生是指在一定的共生环境下，共生单元之间遵循某种共生模式形成的关系。[③]

共生思想在生态学运用的初衷是提升资源的高效利用和自然生态环境的保

[①] 吴飞驰. 关于共生理念的思考 [J]. 哲学动态，2000（6）:21—24.
[②] 高冲. 基于共生协同理论的微电网演化路径研究 [D]. 北京：华北电力大学，2020.
[③] 袁纯清. 共生理论——兼论小型经济 [M]. 北京：经济科学出版社，1998：7.

护，最终实现人与自然和谐共生的目标。由此可见，共生理论具有较强的推广性和适用性。共生理论在经济学中最早应用于工业生态方面，产业生态网络通过模仿自然界种群之间的相互作用，达成企业之间资源共享，从而实现工业共生。[①]随着共生理论研究的深入和社会的发展，在后续研究中，学者不断拓展共生理论的应用领域及适用边界，能够并已经广泛运用于经济学、管理学、人类学、社会学、教育学及哲学等诸多领域，并起到有效的协调促进作用，形成跨领域跨学科之间开放式的共生模式。其中，在经济学中的应用成果尤为丰富。

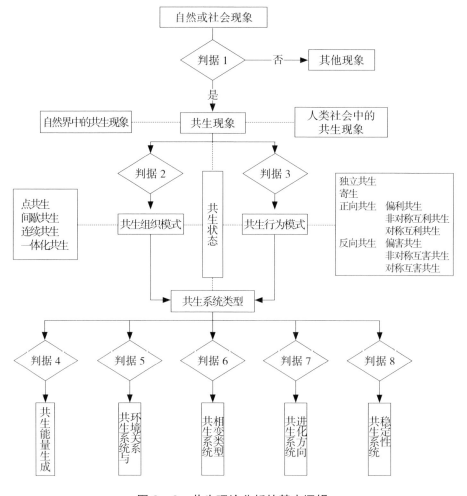

图2—2　共生理论分析的基本逻辑

---

①Frosch R. A., Gallopoulos N. E. Strategies for Manufacturing[J]. Scientific American, 1989, 261（4）:601—602.

（二）产业共生理论

"共生理论"的引入，解释了产业经济学研究中的一些基本理论和产业发展规律，并与产业生态学等现代生态经济思想一同作为理论基础，形成了产业共生理论（Industrial Symbiosis）。

1. 产业共生理论的概念

产业共生理论（Industrial Symbiosis）是产业系统与自然生态系统一体化的思想引申，产业发展中依托"食物链"（产业链）形成不同组织间的共生关系。[①]关于"产业共生"的概念，多数学者认同的是卡伦堡公司出版的《产业共生》一书中的观点，认为产业共生是为产业系统中各企业间通过资源的交换（副产品、废弃物等）和相互利用而发生的各种合作关系，以此降低企业的生存风险，共同提高生存能力，从而实现资源、能源的高效利用和环境保护[②]（如图 2—3 所示）。

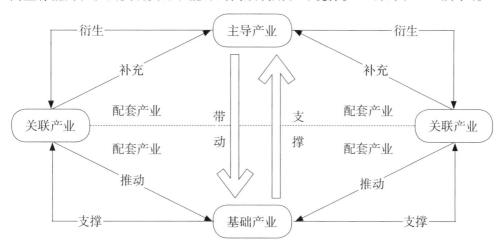

图 2—3 产业共生概念模型

2. 产业共生理论的演化过程

1947 年，"产业共生"一词被首次使用，但只是用于描述一个产业的废弃物通过某种形式转换为另一个产业的原材料，即"废物和副产品"的交换。既设置了产业共生研究中过分关注企业间合作关系的局限性，但也为学者明确了优化产

---

①Kogut B. The Stability of Joint Ventures: Reciprocity and Competitive Rivalry[J]. Journal of Industrial Economics, 1989（38）：183—198.

②Lifset R.Industrial Metaphor, a Field, and a Journal[J]. Journal of Industrial Ecol, 1997（91）:1—3.

业资源、要素流动，实现经济发展和环境保护的研究方向。起初工业共生（Industrial Symbiosis）一词，用来描述一个产业的废弃物如何转换成为另一个产业的原材料的"共生与协作"关系。1976 年，在联合国欧洲经济委员会（UNECE）举办的"生产与无废物技术原理和创新"国际研讨会上，人们提出了针对产业共生的最初构想①。汉南（Hannan M. T.，1977）将生态学理论应用于组织管理研究中，认为社会复杂系统的演化符合共生的规律②。弗罗施（Robert A. Frosch）和加洛普洛斯（Nicholas E. Gallopoulos，1989）在对工业生态系统的研究中，形成了"产业共生"比较具体的概念③。埃伦菲尔德（Ehrenfeld J. R.，2003）在研究中通过构建产业共生循环系统，由此总结归纳出产业生态系统和产业共生的相关概念④。

　　我国学者对产业共生理论的研究可分为两大类：一是差异性产业共生，即在不同类产业或同类产业的不同价值模块中，具有一定经济联系的业务模块，在某种机制的作用下，呈现出融合互动、协调共生的发展状态；二是同质性产业共生，即共生关系的发生是在同质个体中产生的。胡晓鹏（2008）较早地将共生理论运用于国内产业经济研究领域中，并由此提出产业共生的含义和特点⑤。刘浩（2010）认为，狭义概念上的产业共生是基于产业生态学和循环经济逐渐形成的⑥。广义上的产业共生，是出于实现优势互补或生产要素共享的发展目的，多个产业之间建立的互利互惠的依存关系。产业共生的研究范畴随着研究领域的拓展而不断扩大，由起初的产业经济学中的产业组织问题，逐步扩展到产业组织和产业结构相关方面，且不再仅限于对物质、能量流动的简单问题分析，更重要的是通过共生单元之间的融合发展、交互作用，形成产业共生系统，实现了产业之间市场信息资源共享和知识交流互动，从而不断创新产业链、改进优化生产流程⑦。产业共生的内涵被不断丰富和扩大，产业共生理论体系逐步形成，演化过程如图 2—4 所示⑧。

① 董岚. 生态产业系统构建的理论与实证研究 [D]. 武汉：武汉理工大学，2006.

② 解学梅，余生辉，吴永慧. 国外创新生态系统研究热点与演进脉络——基于科学知识图谱视角 [J]. 科学学与科学技术管理，2020, 41（10）:20—42.

③ 张萌. 工业共生网络形成机理及稳定性研究 [D]. 哈尔滨：哈尔滨工业大学，2008.

④Ehrenfeld J. R. Industrial ecology and LCM: Chicken and egg?[J]. International Journal of Life Cycle Assessment, 2003, 8（2）:59—60.

⑤ 胡晓鹏. 产业共生：理论界定及其内在机理 [J]. 中国工业经济，2008（9）:118—128.

⑥ 刘浩. 产业间共生网络的演化机理研究 [D]. 大连：大连理工大学学位论文，2010.

⑦ 刘浩，原毅军. 中国生产性服务业与制造业的共生行为模式检验 [J]. 财贸研究，2010（3）:54—59.

⑧ 王珍珍，鲍星华. 产业共生理论发展现状及应用研究 [J]. 华东经济管理，2012, 26（10）:131—136.

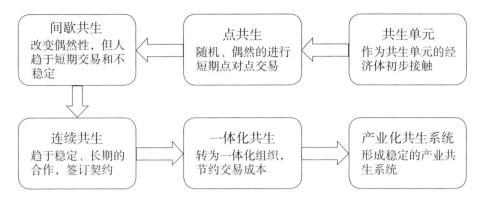

图2—4　产业共生理论的演化过程

3. 产业共生理论的核心内涵

第一，产业共生中的融合以价值共创为基本前提。产业共生与产业价值创造和实现的天然属性紧密相关，共生中的融合更侧重产业创新及其价值增值过程中的合作关系。从实现方式上看，技术革新的共享、产品供需的平衡、业务模块的互补等都可以促进产业共生中的融合发展。如文化产业的价值就是在与其他相关产业融合的活动中实现的。在实际操作中，出于共生关系双方的利益考量，产业共生关系一旦达成后，形成产业间共生关系的单元将会遵循产业发展周期规律，在一段时期内保持相对稳定的合作关系。

第二，物质能量的不断交换是产业共生的基本特征。投入产出表形象地揭示了产业间的物质技术经济联系，也就是反映了产业间的能量交换关系。在产业共生过程中，形成产业共生的单元，一定会产生出新的能量，即共生能量。共生单元之间通过物质、能量与信息的交换互动，为维持产业共生关系提供物质基础，这也是共生系统存在的真正意义之一，具体体现了共生体系生存和发展的能力。在不同的发展阶段，产业间形成的共生关系也会随之变化。

第三，产业共生促使企业向良性竞合关系方向演化。产业共生包含合作，也包含竞争。通过竞争、合作引发的优胜劣汰，能够使组织向更有生命力的方向发展，从而推动产业经济创新、技术创新及制度创新。在产业共生过程中，不仅包含企业间副产品的合作利用，还包括企业与社区、企业与政府公共部门之间更广泛的全方位合作。受外部共生环境的影响，产业共生的内外竞争形式逐渐由"排他性"

转为"排劣性"，共同提高企业的经济效益与生态效益。

第四，产业共生是现代企业模仿自然生态系统的组织创新模式。狭义的产业共生本质上研究的核心是产业组织问题。[①] 现实中的经济系统往往比自然生态系统更加复杂多变，是"人—社会—自然—人工经济技术"复合的高级生态系统。通过模仿自然界生物种群的共生关系机理，将上下游产品连成"产业链"，在企业之间建立起"生产者—消费者—消解者"的生态产业链。产业共生具有自组织性质，产业共生体既可以存在于产业内部，也可以跨越不同的产业。产业共生的动力来源是经济利益最大化，因此，共生系统的组织模式一般遵循效益最大化原则和成本最小化原则。比如，由同一企业内不同部门之间形成的企业内共生系统；不同企业中的特定部门形成的企业间共生系统；基于市场交易合约形成的独立企业间共生系统；以产业集群为共生单元的产业间共生系统等多种方式，根据其共生关系的复杂性，推动产业向成熟的更高级形态发展。

4.产业共生理论的应用

产业共生研究逐渐由工业共生向跨学科、多领域的研究格局发展。产业共生理论发展初期，与工业可持续发展研究联系得最为紧密。但随着产业共生理论的发展，研究者们的研究内容从简单的企业间废弃资源的再利用，逐渐扩展到市场信息资源共享、生产技术交换以及知识理念的交流学习等多个方面，逐渐形成一种新型的产业组织形态。产业共生研究所涉及的学科领域也由传统的生态学、环境科学向经济学领域扩展，并在产业可持续发展中发挥重要作用，特别是在生态产业园区的规划和建设方面尤为突出。产业共生理论具体应用情况详见表2—4。

---

① 佘波.产业共生体的生成机理与实证研究 [D].上海：上海社会科学院，2006：1—64.

表2—4 产业共生理论的主要应用情况

研究领域	主要研究内容	代表观点
生态工业	产业之间（产业链、上下游产业）的共生研究、产业集群内部企业的共生研究、工业园内部企业的共生研究、企业之间的共生研究、企业内部要素之间的共生研究。	赵红等（2004）提出生态工业共生体（工业园区）生态企业共生的均衡条件①；曲莎等（2007）提出生态工业园建设中的自主实体共生和复合实体共生②；A.R.Ometto（2007）提出"工业—农业产业共生系统"概念③。
生态农业	对农村区域（农业产业园）共生现象的研究；对农业生产过程、农业产业链（价值链）共生现象的研究；对农业企业共生创新现象的研究。	倪达书（1984）提出"稻鱼共生理论"，开创了我国应用性共生理论研究④。在共生过程中，农业企业处于核心地位，最终向"公司＋农业合作组织＋农户"的新兴共生模式转变。李虹、王靖添（2008）提出"产业共生循环经济村镇模式"⑤。

① 赵红，陈绍愿，陈荣秋.生态智慧型企业共生体行为方式及其共生经济效益［J］.中国管理科学，2004（6）：131—137.

② 曲莎，王京芳，厉秉铎.基于关联度分析的生态工业园共生网络评价[J].科学学与科学技术管理，2007（10）：36—40.

③ 刘晶茹，聂鑫蕊，周传斌，等.农工共生型生态产业园的构建——以郑州经开区为例[J].生态学报，2015，35（14）:4891—4896.

④ 詹德光.稻鱼共生理论的生命力[J].瞭望，1987（45）:26.

⑤ 李虹，王靖添.产业共生循环经济村镇模式研究——以河南新乡七里营镇为例[J].农业经济问题,2008（6）:58—63，111.

续表

研究领域	主要研究内容	代表观点
企业共生	对企业小型经济中的共生关系、集群企业共生模式开展研究。	袁纯清（1998）著《共生理论——兼论小型经济》，对共生理论的研究和应用做出了开创性贡献，将共生理论的研究范围扩大到整个社会，并上升为方法论①。吴飞驰（2002）著《企业的共生理论——我看见了看不见的手》，开创工业企业共生方面研究的先河②。程大涛（2003）提出了基于共生关系的集群企业衍生模式及运行机制③。
社会共生	提出"城市共生论"，开始涉及社会共生和文化共生方面的研究。	胡守钧（2000）指出社会共生的4种形态④。苏国勋（2006）著《全球化：文化冲突与共生》，构建全球化背景下的文化共生关系⑤。
林业共生	对林业与旅游业、林业生态与产业及产业共生一体化的共生关系模式。	Martin Price（1987）以瑞士阿尔卑斯山区林业为例，提出加强林业和旅游业共生的具体措施⑥。Magnus Karlsson（2008）指出对林业产业共生一体化模式下能够获取生态效益和经济效益方面的优势⑦。张智光（2013）建立林业生态——产业共生关系的动态系统模型⑧。

① 袁纯清 . 共生理论——兼论小型经济 [M]. 北京：经济科学出版社，1998.
② 吴飞驰 . 企业的共生理论——我看见了看不见的手 [M]. 北京：人民出版社，2002：15—41.
③ 程大涛 . 基于共生理论的企业集群组织研究 [D]. 杭州：浙江大学，2003：103—116.
④ 胡守钧 . 社会共生论 [J]. 湖北社会科学，2000（3）：11—12.
⑤ 苏国勋 . 全球化：文化冲突与共生 [M]. 北京：社会科学文献出版社，2006.
⑥Price M. Tourism and Forestry in the Swiss Alps: Parasitism or Symbiosis?[J]. Mountain Research & Development, 1987, 7（7）:1.
⑦ 宋维明，杨超 .1949 年以来林业产业结构、空间布局及其演变机制 [J]. 林业经济，2020,42（6）:3—17.
⑧ 张智光 . 基于生态—产业共生关系的林业生态安全测度方法构想 [J]. 生态学报，2013,33（4）:1326—1336.

续表

研究领域	主要研究内容	代表观点
生态旅游	在生态旅游领域广泛应用了共生理论，并逐步开展实证研究。	Fennell（2003，2006）讨论旅游业各利益相关者的共生关系，并提出稳定共生关系的干预变量[1][2]。马勇等（2010）面向鄂西生态文化旅游圈的实际需求，提出区域共生的动力机制[3]。吴国清（2006）提出边界共生旅游资源整合的思路[4]。陆林等（2017）以杭州西溪国家湿地公园为例，探讨了旅游综合体"集聚—共生—融合"的演化过程[5]。吴强（2019）提出了民族传统体育文化资源与旅游资源融合共生的文化空间构建的路径[6]。

5. 产业共生理论在国有林区生态文化产业发展机理研究中的应用

在分析黑龙江重点国有林区生态文化产业发展机理研究中，产业共生理论发挥了核心指导作用，贯穿于全文研究始终。产业共生理论的初衷与林业产业发展的本质要求相一致。产业共生理论是产业系统与自然生态系统一体化的思想延伸，产业共生网络形成的目标是通过构成产业共生系统，实现资源、能源的高效利用

---

[1] Fennell D. A., Butler R. W. A Human Ecological Approach to Tourism Interactions[J]. International Journal of Tourism Research, 2003, 5（3）:197—210.

[2] Fennell D. A. Evolution in Tourism: the Theory of Reciprocal Altruism and Tourist-host Interactions[J]. Current Issues in Tourism, 2006, 9（2）:105—124.

[3] 马勇，何莲. 鄂西生态文化旅游圈区域共生——产业协调发展模式构建[J]. 湖北社会科学，2010（1）:69—72.

[4] 吴国清. 试论行政区边界共生旅游资源的整合[J]. 上海师范大学学报（自然科学版），2006, 35（2）:95—101.

[5] 陆林，陈振，黄剑锋，等. 基于协同理论的旅游综合体演化过程与机制研究——以杭州西溪国家湿地公园为例[J]. 地理科学，2017, 37（4）:481—491.

[6] 吴强. 我国民族传统体育文化资源与旅游资源融合共生的文化空间研究[J]. 首都体育学院学报，2019, 31（1）:56—60.

和环境保护。而国有林区的林业产业主要依存于林区的生态环境和资源禀赋，产业的发展要符合人与自然和谐共生的原则，也就是说，林业产业属于产业共生理论的研究范畴。

二、林业可持续发展理论

（一）可持续发展理论相关研究

"可持续发展"的概念最早出现在1978年国际环境发展委员会的相关文件中。布伦兰特报告中给出的定义在全球范围内得到普遍认可，即"可持续发展是既能满足当代人的需要，又不对后代满足其需要的能力产生损害的发展"[①]。可持续发展与传统发展的根本区别在于，可持续发展的思想可以概括为兼顾当前和未来发展需求，综合考量各利益群体的诉求，有效协调局部与区域发展等三个方面，从而协调达到可持续的健康发展。

可持续发展理论的基础理论，有外部性理论、资源永续利用理论以及财富待机分配理论等。随着经济社会发展与资源和环境承载力之间矛盾的加剧，可持续发展理论内涵不断得到延伸，逐步拓展到人口承载力理论、增长极限理论和知识经济理论[②]等。

在可持续发展的具体思路方面，西方发达国家和发展中国家从各自利益和发展的角度出发，有着截然不同的理念。虽然都是围绕保护来促进可持续发展的，但发达国家侧重在保护中实现可持续发展，而发展中国家则注重以发展为前提的保护自然资源的可持续发展。实质是要协调人口、资源、环境与产业发展之间的关系，为后代打造一个能够持续、健康发展的良性生态环境。可持续发展理论源于人类对自身发展的忧患意识，以及人类与自然如何和谐共生这个古老而又长新的哲学命题，起初是为了应对全球性的自然资源稀缺、生态环境保护与人类发展之间的矛盾，调整生产生活方式，实现经济社会与自然生态系统和谐发展。现在是将人口、资源、环境与经济协调发展的演化过程以人类发展为中心，逐步构建"生态—经济—社会"复合的可持续发展系统。

---

① 牛文元 . 中国可持续发展的理论与实践 [J]. 中国科学院院刊 , 2012 （3）:280—289.
② 米都斯 . 增长的极限 [M]. 长春 : 吉林人民出版社 , 1997: 17.

（二）林业可持续发展理论相关研究

林业可持续发展理论，是可持续发展理论在林业领域中的具体应用[①]。侯元兆（2003）认为，林业可持续发展是以森林生态系统为发展基础，以森林资源为基本条件，在兼顾经济与生态间的利益，统筹当代人与后代人的林业需求，以林业经济增长为追求目标的林业发展[②]。关于林业可持续发展的内涵，学术界的共识为包含经济、社会、生态发展等三个方面的可持续性，如图2—5所示。在此基础上，沈国舫（2000）在研究中将林业的可持续性具体细分为森林资源、森林物产、森林环境产出及森林社会功能等四个方面内容[③]。

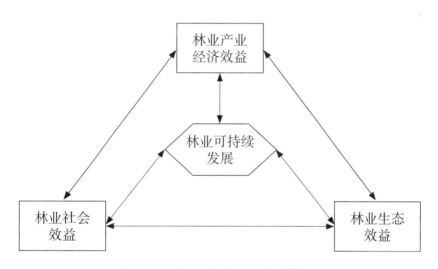

图2—5　林业可持续发展所包含的要素

（三）林业可持续发展理论在国有林区生态文化产业发展机理研究中的应用

林业可持续发展理论遵循资源永续合理利用的指导思想，注重开发和保护并存，涉及资源利用、生态安全等方面内容。可持续发展具有"发展、协调与持续"的本质[④]，林业生态文化产业也正处于发展、协调、持续的三维框架之中。在本书制定国有林区生态文化产业发展目标、分析产业发展机理影响因及提出对策与建

① 曾起郁，陈秋华.林业科技创新人才培养机制探讨[J].林业经济问题，2004（4）：246—249.
② 侯元兆.我国森林绿色GDP核算研究的攻关方向与核算实务前景[J].世界林业研究，2005（6）：1—10.
③ 沈国舫.中国林业可持续发展及其关键科学问题[J].地球科学进展，2000（1）：10—18.
④ 牛文元.可持续发展理论的内涵认识[J].中国人口·资源与环境，2012（5）：9—14.

议部分，林业可持续发展理论起到了重要的理论依据和指导性作用，促进林业产业经济与森林生态协调发展，进而实现林业可持续发展和推进生态文明建设。

三、文化再生产理论

（一）文化资本理论

20 世纪 80 年代，在西方"消费社会""后工业社会"背景下，法国教育家社会学家布迪厄（Bourdieu）在《资本的形式》中创造性地提出"文化资本"理论，将资本分为经济资本、文化资本、社会资本的基本形式，且资本之间可以实现自由转化。

1. 文化资本的表现形态。布迪厄认为，"文化资本"就是借助不同的教育方式传播出的文化物品。因此，可以根据教育方式的不同再细分为三种基本形态：一是主观的状态，主要以人们行为习惯的方式呈现（个人的谈吐、修养、文化、教育等）；二是客观的状态，主要以文化商品的形式呈现（图片、书籍、工具、机器等）；三是体制的状态，主要以客观的规定、标准形式呈现（制度安排、资格认定等），且三种状态均与利益密切相关①。文化本身无形的价值可以转化为有形的经济价值。如，文化资本的客观形态，即文化资本以文化商品的形式转化为经济资本。

2. 文化资本的再生产。文化资本理论作为一种社会分析理论，是解读布迪厄文化再生产理论的重要依据。布迪厄通过从象征支配角度对马克思资本理论进行非经济学层面上的解读，得出文化资本与经济资本一样，可以通过在各种市场上的投资获取相应的收益。认为文化资本的再生产是社会结构实现自我复制的主要机制。根据场域之间的社会需要，文化资本以投资的方式出现在文化产品场域中。文化资本的客观化决定了文化的可传承性，经过历史的积淀，能够在时间的流逝中得以保存，将其内化为自身的惯习。因此，文化商品既有物质性的一面，提前设定了经济资本；同时又有抽象性的一面，事先假定了文化资本。本书主要研究的是文化资本的客观形态，即以物化形式留存的精神文化商品。

---

① 布迪厄. 文化资本与社会炼金术 [M]. 包亚明译. 上海：上海人民出版社，1997：24.

3. 文化资源向文化资本的转化。在布迪厄看来，场域斗争的终极目标就是对经济资本的夺取，经济资本是所有资本形式中最根本的形式，它在整个社会运行中起着基础性作用，对其他资本形式具有控制效应[①]。虽然对于"文化资本"，很多学者给予了批判性的否定，但并不影响运用"文化资本"中的生活方式、阶级惯习、消费偏好等变量，来填补许多经济学领域无法解释的空白。在布迪厄之后，澳大利亚经济学家戴维·思罗斯比（2004）深入研究了"文化资本"在经济学方面的价值，并由此界定了"文化资本"的概念，他认为"文化资本"是资产中所包含的一种可以用来商品或服务流通的文化价值存量，因此，流通的商品本身兼具文化价值和经济价值。一方面，"文化资本"可以直接生产出具有经济和社会价值的文化产品；另一方面，"文化资本"可以创意性融入其他商品的生产过程，赋予商品更高的文化附加值[②]。该理念将"文化资本"理论成功迁移到文化产业领域，实现了"文化资本"的经济增长，为经济资本带来真正意义上的可持续发展。此外，阿尔温·古德纳也在研究中提出，"文化资本"的生成常常表现为文化商品化的过程[③]。文化资源通过相关的服务联结转变为"文化资本"，经过这些服务的持续流动，累积一定量的"文化资本"，形成文化附加值，进而再转化为经济资本[④]，"文化资本"转化路径如图 2—6 所示。

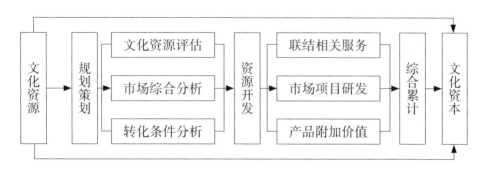

图 2—6　文化资源向"文化资本"转化路径图

①Bourdieu P. Sociology in Question [M]. London, Thousand Oaks and New Delhi: SAGE Publications, 1993:73.

② 戴维·思罗斯比. 什么是文化资本 [J]. 马克思主义与现实，2004（1）:50—55.

③ 陈卫微. 文化资本视角下昆曲的保护和传承 [D]. 南京：南京大学，2018.

④ 陈爱国. 论布尔迪厄文化资本的形态构造 [J]. 学术论坛，2006（6）：121—129.

（二）文化再生产理论

在"文化资本"理论探讨的基础上，基于自身的教育经历，布迪厄提出文化再生产理论。起初，文化再生产理论主要是用于对"文化资本"代际传递的分析，这也是为什么该理论在我国主要用于教育公平性、教育机制等教育学和社会学。客观存在的"文化资本"可以和主观的经济资本达成统一形成文化产品。文化产品以机械复制批量生产的方式再生产，通过扩大市场占有量反哺文化产业，从而通过文化产品的普及实现文化的再传播，最终达到推动教育的作用。受马克思再生产理论（生产规模的区别）的影响，布迪厄主张要去研究文化的"再生产"，而不是停留在已有的"文化产品"。受场域中惯习与资本的影响，文化的自我更新能力与创新能力需要通过再生产实现文化与社会的进步与发展。"文化资本"在引导人们合理生产与消费的同时，也在不断创新观念来适应人们变化着的需求，实现文化及社会的稳定与延续[①]。文化消费本身就是文化传承的过程，文化消费者对文化内容的创新有助于增强文化内容的生命力。

文化产业推动文化再生产。雷蒙·威廉姆斯（2003）认为，文化应通过生产来满足个体的需要[②]。文化的传承，需要一个又一个文化再生产过程的支撑和延续。与物质再生产的区别在于，文化再生产的过程包括文化创作过程、创作成果转化为产品的过程、产品借助传播转化为商品的过程、商品进入消费的过程四个相互关联的再生产环节。

文化再生产理论除在教育界的应用外，研究集中在文化开发、文化认同与记忆方面，尤其在旅游领域研究较多。学者们通过"资本转化""场域""生存心态"尝试对文化产品转换提出可行性的方法论。基于旅游开发的文化变迁场域[③]，提出研究型、原生态、移植性、开发型等四种文化再生产模式。马昂、王鸿延（2005）以甘肃历史文化资源转化为旅游产品为例，提出文化资本向旅游产品转化的构

---

① 让·克洛德·帕塞隆，邓一琳，邓若华. 社会文化再生产的理论 [J]. 国际社会科学杂志（中文版），1987（4）：127—138.

② 叶朗. 中国文化产业年度发展报告（2003）[M]. 长沙：湖南人民出版社，2003:14.

③ 宗晓莲. 布迪厄文化再生产理论对文化变迁研究的意义——以旅游开发背景下的民族文化变迁研究为例 [J]. 广西民族学院学报（哲学社会科学版），2002（2）:22—25.

想[1]；程玲俐、吴铀生（2008）认为，民族文化资本在经营管理活动中表现出较高的实现经济效益和社会效益潜质，应该在文化资本转化过程中进行深度挖掘[2]；潘文焰、仲富兰（2014）研究中提出一个全新的视角，即将文化再生产视为一个系统，该系统由文化再生产所需的载体、行为主体、运作介体、客体等部分组成[3]。

（三）文化再生产理论在国有林区生态文化产业发展机理研究中的应用

基于布迪厄文化再生产理论，在本书国有林区生态文化产业发展机理研究中，"文化资本"指在市场化、商品化影响下，可以转化为经济资本的生态文化资源。当前，生态文化已成为我国生态文明时代的主流文化，国家文化产业和林业产业的相关产业政策环境，已经为生态文化产业的文化再生产提供了必要的"场域"，同时，国民素养的提升和生活水平的提高，为"资本转化"提供了社会经济保障，因此，国有林区生态文化产业具备了应用文化再生产理论的基本条件。

按照文化再生产理论，文化再生产过程中存在多个行为主体的参与。在文化生产"场"中，由两部分组成，一个是"有限的生产场"，在该场中生产者和消费者是同一种人；另一个是"大规模生产场"，在该场中生产者和消费者是不同的群体。对于国有林区生态文化产业而言，林区职工和居民作为熟知生态文化内涵，是从事生产和提供生态文化产品或服务的主要群体，对生态文化再生产的要求是用于文化的传承和对区域经济发展的促进；对外部群体来说，更看重的是在生态文化再生产过程中，输出的生态产品或服务能否满足自身的文化需求。

本书将文化再生产观点作为分析国有林区生态文化产业发展机理问题的基本方法论。一方面，文化通过不断的"再生产"维持自身的平衡，使社会得以延续发展；另一方面，文化再生产的过程更加清晰地展现了文化变迁的过程，为系统进化提供演化依据[4]。作为文化再生产紧密融合的产业，林业生态文化产业发展的动能在很大程度上意味着绿色生态的可持续发展，将实现生态资源的经济价值变

---

① 马昂，王鸿延.甘肃历史文化资源向旅游产品转化的几点思考 [J]. 西北成人教育学报,2005（1）:33—35.
② 程玲俐,吴铀生.西部民族文化资源开发中的支撑与反支撑 [J]. 西南民族大学学报（人文社科版）,2008（12）:77—80.
③ 潘文焰,仲富兰.我国传统节日文化的生产性保护路径研究 [J]. 文化遗产,2014（1）:24—33.
④ 张志亮.旅游场域中的文化再生产——以山西省昔阳县大寨村为例 [D]. 北京:中国人民大学,2008.

为现实，在产业发展中围绕文化资本的转换与支配，实现经济利益的最大化[①]，发挥了生态文化对林产品或服务具有提升综合效益和竞争力的推动作用。

四、产业融合理论

（一）产业融合概念的界定

对于产业融合的概念，国内外很多学者给出了答案。源于数字技术带来的产业重合与互补，在产业之间相互交叉的地方，发展的速度最快。植草益（2001）将产业融合界定为技术进步、放松管制与管理创新所导致的产业边界的收缩或消失[②]。格林斯坦和卡纳（Greenstein，Khanna，1997）在研究中指出，随着产业的不断发展，产业的边界逐渐呈现出收缩或消失的状态，进而引发了产业融合[③]。厉无畏（2002）研究认为，产业融合是不同产业之间或同一产业内部不同行业之间发生的产业互动的结果，这种产业互动是通过在产业发展过程中相互渗透、融合，逐步形成新业态的动态发展过程[④]。

（二）产业融合的动因

产业融合一般从技术融合开始入手，其实质是不同产业分享共同知识和技术基础，由此逐步渗透到产品生产、经营业务、产品市场发展的各个环节之中，从而引发产业间的深度融合。在当前的产业发展中，单一的产业结构早已被经济新常态淘汰，如何破解产业结构优化升级、实现产业创新？产业融合成为解决此问题的重要手段。厉无畏（2002）基于产业发展的一般性经济规律分析，提出产业融合的内在动力源于产业间的关联性和对经济效益最大化的追求，同时也指出技术创新只是可以有力促进产业融合，而并非产业融合的决定因素[⑤]。吴颖等（2004）、李美云（2005）在研究中重点研究了产业融合的作用力，认为企业竞争、环境规制、市场需求及技术创新都是产业融合的作用力[⑥][⑦]。克伦斯坦·谢

① 光映炯，毛志睿.旅游场域中文化权力的生成与表达 [J].思想战线，2013，39（1）：123—128.
② 植草益.信息通讯业的产业融合 [J].中国工业经济，2001（2）:24—27.
③ 张新成.文化和旅游产业融合质量评价及空间溢出效应研究 [D].西安：西北大学，2021.
④ 厉无畏，王慧敏.产业发展的趋势研判与理性思考 [J].中国工业经济，2002（4）:5—11.
⑤ 厉无畏，王慧敏.产业发展的趋势研判与理性思考 [J].中国工业经济，2002（4）:5—11.
⑥ 吴颖，刘志迎，丰志培.产业融合问题的理论研究动态 [J].产业经济研究，2004（4）:64—70.
⑦ 李美云.国外产业融合研究新进展 [J].外国经济与管理，2005（12）:12—20，27.

恩（Qreenstein Shane）和汉娜塔姆（Khanna Tamn，1997）、尼尔斯·斯蒂格利茨（Nils Stieglitz，2003）从需求角度研究视角提出，以产品为基础的产业融合可分为替代和互补两种融合方式[①]。

（三）林业产业融合

作为大农业组成部分的林业，本身就兼具一二三产业的特性，三大产业之间的融合具有先天性的基础。林业产业是以林木、林地资源为加工利用对象，以获取经济效益为目的的产业，覆盖范围广、产业链条长、产品种类多，具有商品产出和非商品产出两大功能。林业的联合生产特性、外部经济性和公共产品特性等特殊性决定了产业融合是改造我国传统林业，实现现代化林业发展的必然选择。产业融合是我国林业产业发展过程中的一个重大变革。产业融合将导致林业产业发展基础、产业关联、产业结构演变、产业组织形态和产业区域布局等方面发生根本变化，最终对整个经济与社会产生影响。李碧珍（2007）较早地对林业产业融合的动因、林业与其他产业融合的路径选择进行了专门的分析。认为林业产业融合是指与林业具有紧密联系的产业或林业产业内部的不同行业之间，原本各自独立的产品或服务在同一标准元件束或集合下，通过融合形成新的产业或合成产业的动态发展过程[②]。在对旅游业与林业融合发展研究中，森林以独特的美学为人们提供了休闲游憩、强身健体的特殊文化服务。

（四）产业融合理论在国有林区生态文化产业发展机理研究中的应用

随着"天保"工程的实施以及商业性天然林的"停伐"，我国林业发展战略实现整体性转移，由以提供木材供给为主逐步转变为改善生态环境，提供生态效益，为建设生态文明提供生态产品和生态服务，将生态产出作为其经营的首要目标。对于人们对美好生活中的生态需求，林区提供的生态产品和服务等简单再生产已无法满足。在探讨国有林区生态文化产业融合发展机理研究中，深入研究林业产业融合，具有重要的现实意义。

[①] 卢珊. 现代林业与旅游业的融合发展研究 [J]. 林业经济，2017, 39（4）:78—82.
[②] 李碧珍. 产业融合：林业产业化转换的路径选择 [J]. 林业经济，2007（11）:59—62.

第三节　国有林区生态文化产业发展
机理的思路与分析框架

本节在深入分析生态文化产业、国有林区生态文化产业相关概念基础上，尝试用产业共生理论分析国有林区生态文化产业发展机理，构建理论分析框架，为本书后续实证研究提供理论依据，奠定研究基础。

一、国有林区生态文化产业共生发展的逻辑分析

我国林业产业逐渐突破了传统的提供原料的第一产业范畴，打破了传统林业生产方式纵向一体化的市场结构，塑造出新型横向结构，不断释放森林生态效益，通过与其他产业的融合发展，为传统林业带来新的活力和增长引擎。产生了信息型林业、观光型林业、标准化林业与林业加工业、林产品物流业、综合型林业等边缘、交叉产业，拉长了林业产业链条，聚集并释放出林业产业内部潜力。通过精、深加工，显著提高了林产品的技术含量及附加值，有效解决了供给的地域性和集中性与需求的大量分散性之间的矛盾，改变了林产品原有的产品市场特征，赋予林产品新的形态和功能，带来了新的市场需求，为产业融合拓展了市场空间。

早在 19 世纪初，经济学家就开始借用共生思想，将"企业"类比为生物学中的"物种"，将企业间的"竞争合作"和"共同发展"的关系类比为共生关系，尝试从生物运动规律的视角来解释归纳市场经济规律。"物竞天择""适者生存"的市场机制和竞争法则都是生物现象在经济学界的具体体现。经济学视角下的共生是经济主体之间按照某种共生模式而形成的关系[①]。经济主体呈现出多元化的共生关系，原本显著的界限，被产业之间的交互融合模糊化，同类产业的企业内部朝着产业边缘化方向发展，不同产业的企业开始横跨产业边界发展，逐渐形成"你中有我，我中有你"的共生形态。共生思想在生态学运用的初衷是提升资源的高

[①] 袁纯清 . 共生理论——兼论小型经济 [M]. 北京：经济科学出版社，1998.

效利用和自然生态环境的保护,最终实现人与自然和谐共生的目标。马丁(Martin R.)、桑利(Sunley P., 1998)认为, 区域经济系统之间各种资源的相互联系是构成经济体之间共生关系的关键[①]。切尔托(Chertow M.R., 2000)认为, 产业共生能够改变传统企业或组织之间的合作方式, 其关键要素是物质交换而非其本身的价值[②]。埃伦费尔德(Ehrenfeld, 2004)把知识共享、技术创新、学习机制等要素加入产业共生理论,拓宽共生理论在经济领域的应用范围[③]。产业共生中的融合以价值共创为基本前提, 物质能量的不断交换是产业共生的基本特征, 产业共生促使企业向良性竞合关系方向演化, 产业共生是现代企业模仿自然生态系统的组织创新模式。由此可见, 产业共生理论在当前国有林区产业转型中具有较强的推广性和适用性。

国有林区的产业发展受生态系统、资源系统、经济系统、社会系统(含林区社会系统)的综合作用。本书从产业共生理论视角,将黑龙江重点国有林区生态文化产业看作一个共生系统,用以描述和分析生态文化资源(产业)与林业产业之间的共生关系, 得出产业发展机理, 具体分析框架如图2—7所示。黑龙江重点国有林区生态文化产业共生,以生态与产业和谐共生为发展目标,遵循林业产业和文化产业的产业特点及发展规律,围绕生态文化资源的合理利用,在产业共生研究中培育林业特色产业,用文化产业的"朝阳产业"特质拉动林区经济建设,优化调整黑龙江重点国有林区产业结构,提升林业生态产品文化标识及文化附加值,推动黑龙江国有森工企业改革转型,实现黑龙江重点国有林区的可持续发展。

---

①Martin R., Sunley P. Slow Convergence? The New Endogenous Growth Theory and Regional Development[J]. Economic Geography, 1998, 74(3):201—227.

②Chertow M. R. Industrial Symbiosis: Literature and Taxonomy[J]. Annual Review of Energy and the Environment, 2000(25): 313—337.

③Ehrenfeld J. R. Perspectives on Industrial Ecology[J]. Ecological Economics, 2004, 49(1): 107—109.

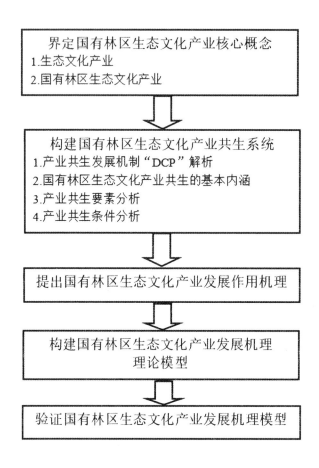

图 2—7　国有林区生态文化产业发展机理逻辑分析框架图

二、国有林区生态文化产业共生系统的构建

林业生态和产业构成了典型的共生系统，国有林区生态文化产业发展的实质就是产业共生关系的具体体现。产业共生理论中提出的产业关联性，强调在生产经营领域中，以生产要素的移动和重新配置为主要的产业融合与协同创新活动，可以有效推动国有林区内部各要素之间开展良性互动，从而化解国有林区产业转型中遇到的困难，解决国有森工企业目前在生态文化产业发展中出现的产业规模零散分布与资源同质化竞争等问题，优化经济布局与产业结构，实现国有林区生态资源的有序利用。产业共生是一个完整的产业生态系统，不同企业间的合作关系是产业共生的核心，产生合作关系的企业之间形成产业共生网络，围绕着各自

的资源禀赋、制度安排、技术进步等要素共同构成了产业共生系统[①]。在产业共生理论指导下，具有关联性的产业，企业间因同类资源要素共享或异类资源互补形成共生体，实现延长产业链和价值链增值，促进资源配置效率的提升，获得内外部规模经济与范围经济的双重效益，实现经济价值和环境改善的双重目标，从而推动产业发展。

国有林区生态文化产业的发展目标就是通过产业间的竞争合作、互惠共生来达到产业经济效益和生态效益"双增长"，最终实现林业产业更高层次的可持续发展。国有林区生态文化产业发展受多种机制综合作用，本书从产业动力机制、产业约束机制、产业保障机制三个方面，分析黑龙江重点国有林区生态文化产业共生发展机制，进而揭示国有林区生态文化产业发展机理。对于国有林区生态文化产业共生系统而言，通过共生界面的传导，及时了解产业共生关系的现状，为产业共生单元的自我调节提供市场供需是否平衡、产品结构是否合理、共生关系是否稳定等重要信息，实现有效调整产业共生行为方向，进一步推动林业生态文化产业共生模式不断向对称性互惠共生模式优化演进。

黑龙江重点国有林区生态文化产业共生表现为两个方面：一是生态文化资源与林业产业的共生发展，具体为资源与产业的共生，整合规划生态文化资源、开发生态文化产品等形成产业共生体；二是生态文化以"文化产业"的形式与林业产业的共生发展，具体为产业融合共生，促进黑龙江重点国有林区内产业交叉融合与跨界重组，通过文化产业与林区各产业的广泛关联和融合，提升林业产业间共生的增值效益。

三、国有林区生态文化产业共生要素之间的作用机理

本书在"共生单元—共生能量—共生界面"共生理论分析范式基础上[②]，提出以产业共生界面、产业共生能量、产业共生关系程度及企业创新能力四个方面为影响要素构成的黑龙江重点国有林区生态文化产业发展机理理论框架，并深入分

---

① Lowe, Ernest, Warren, et al. Discovering Industrial Ecology: An Executive Briefing and Soucebook. Battelle Press[R]. Cleveland, 1997.

② 李迪 . 黑龙江省林业工业园区发展机理及绩效评价研究 [D]. 哈尔滨：东北林业大学，2015.

析各要素之间的作用机理。

（一）森工企业创新能力与国有林区生态文化产业共生行为

林业产业具有的生态和经济共生性特点，决定了国有森工企业的创新是生态和经济导向的双元创新，与国有林区生态文化产业发展的目标高度一致。发生产业共生的共生单元，在生产过程中都会保持较高水平的经济和生态导向创新。创新不但可以开发利用现有的资源、提高资源的利用率并发掘资源的潜在价值；创新还表现为对已有资源和新资源的整合，进而对资源不断开发和转化，使其成为企业竞争优势。通过将创新理念融入企业的发展定位、目标、经营思想，使之适应外部环境，维持产业竞争优势，在提升创新能力的同时，产业共生单元之间形成紧密连接，获取更多的知识和信息资源。本书研究的国有森工企业的创新能力主要指对生态文化资源的利用能力，如通过有效利用生态文化元素，提升特色差异化的生态产品或服务；具备较高的生态文化产业研发水平；搭建企业生态创新所需的互联网平台等。

（二）产业共生界面与国有林区生态文化产业共生行为

共生界面是共生单元之间进行物质、信息和能量传导的媒介、通道或载体，是共生关系形成和发展的基础。产业共生单元通过产业共生界面选择资源交换模式，加强产业宏观战略的贯彻与实施，从而引发产业共生行为。关联产业间的共生界面实质是不同产业之间联结的纽带，具体细分为市场体系、社会服务体系、政府支持体系和法制体系。在国有林区生态文化产业共生发展中，产业共生界面主要指政府支持体系和社会服务体系，因此，国有林区的产业特点会使得国有森工企业有意愿主动遵循政府环境规制政策。本书在借鉴齐宇（2012）研究结论的基础上，结合国有林区生态文化产业相关政策及产业发展现状，从"产业政策环境规制""产业共生动力"两个维度对产业共生界面进行描述分析[①]。

（三）产业共生能量与国有林区生态文化产业共生行为

产业共生能量直接影响产业共生行为。基于生态创新与生态文化产业目标的高度一致性，本书选用生态创新的关键影响因素，从森工企业人力资本、组织资

---

① 齐宇.循环经济产业共生网络研究 [M]. 天津：南开大学出版社，2012:48.

本及生态文化资源管理三个维度解构产业共生能量，分析产业共生能量对国有林区生态文化产业共生行为的影响机理。人力资本中，高素质管理者和员工具备较高的学习能力和创新能力，能够有利于国有森工企业开展生态文化产业共生活动；国有森工企业的组织资本在生态文化产业发展过程中发挥着权变作用，将知识积累用于优化企业内部组织结构；国有森工企业自身所拥有的资源及其资源管理能力是发展生态文化产业的基础和关键要素，面对日益加剧的生态资源环境压力，根据国有林区生态文化资源特点和分类，拥有丰富资源的企业更有能力投入充足的资源进行产业发展，实施生态创新，因此国有森工企业资源的存在能够有效缓解企业发展的环境压力，提升生态文化产业共生行为。

（四）产业共生关系程度与国有林区生态文化产业共生行为

本书从产业共生关系强度、产业共生关系规模及产业共生关系稳度三个维度，分析产业共生关系程度的变化，所引起的产业共生能量与产业共生行为之间关系的变化。产业共生单元间的关系程度越强，越有助于产业共生单元之间的直接连接、深度交流互动，实现国有森工企业的技术创新与企业管理方式创新等，进而推动国有林区生态文化产业共生；产业共生单元之间的关系规模越大，意味着产业共生单元越多元化，产业共生单元之间的关系资源越丰富，将会在产业发展中产生更多的合作者和公共知识分享平台，更有利于实现国有林区生态文化产业共生；产业共生单元间的关系稳度越强，说明产业共生单元之间关系越持久稳定，更加相互信任，产生合作，实现产业共生行为的影响就越显著。产业共生的关系程度能够提高企业知识管理水平和工作效率，形成积极分享与沟通的组织文化，如与政府部门保持经常性联系，强化企业内部各部门之间的沟通配合，从而有助于提升产业共生的创新绩效。外部关系资本的引入，可以弥补企业生态创新中技术、资金等方面资源的不足，通过改造企业内部组织提高其生态创新能力，帮助企业有效掌握市场变化和顾客需求，发现更多的创新机会、获得资源支持，为企业生态创新提供资源保障、政策支持和市场机会，甚至提供必要的市场保护，降低创新投入的风险和成本。高外部关系资本有助于促进企业获取和利用外部知识，为组织创新提供机会。

第四节　本章小结

　　本章在已有理论分析基础上，首先，对本书研究的核心概念生态文化产业、国有林区生态文化产业进行论述和界定，明确研究范围；其次，结合文献研究，简要概述了产业共生理论、林业可持续发展理论、文化再生产理论、产业融合理论等理论基础的基本内涵及理论原理，并阐述了各理论在国有林区生态文化产业发展机理及实现路径研究中的具体指导作用；最后，以产业共生理论为核心，从国有林区生态文化产业共生发展的逻辑分析、产业共生系统的构建、产业共生要素之间的作用机理三个方面，构建了本书的理论分析框架，为后续实证研究提供理论依据。

第三章 黑龙江重点国有林区生态文化产业发展现状及问题分析

从传统的以林产工业为主到现在非林非木产业的转型调整，黑龙江重点国有林区产业发展一直紧跟国家林业战略部署的演变。经多次实地调研，本章通过对黑龙江重点国有林区产业发展概况、生态文化产业发展概况等研究现状的实证分析，提出黑龙江重点国有林区生态文化产业发展的基础及存在问题，为后续产业发展机理研究提供现实基础。

第一节 黑龙江重点国有林区产业发展概况

按照国家部署，2014 年黑龙江重点国有林区全面停伐，林区产业面临全面转型发展，因此在了解生态文化产业发展规划前，有必要全面了解当前黑龙江重点国有林区产业发展的总体现状。当前，重点国有森工企业正处于支柱产业尚未形成的关键节点和改革推进的重要时期。在对龙江森工集团和伊春森工集团产业发展现状进行多次实地调研后，本书认为虽然国有森工企业依托得天独厚的森林资源优势，积极开发森林旅游、林下经济、中草药种植等特色产业项目，努力发展接续替代产业安置转岗职工，森林资源的保护和培育得到加强，生态系统建设取得显著效果，产业结构得到初步优化。但是由于替代产业的发展仅靠企业自筹资金，急需产业专业人才，资源利用限制较多，短期内很难形成规模效益，因此，国有森工企业产业转型步履维艰，严重制约了企业转型发展。

一、国有森工企业公司化转制改组

停伐前国有林区产业主要以林产工业为主。2014 年 4 月，黑龙江省森工系统全面实行禁伐，林业功能定位发生改变。依据 2015 年中共中央、国务院印发的《国有林区改革指导意见》，本着建立有利于森林资源保护发展、有利于生态民生改善、有利于焕发林业发展活力的"三个有利于"原则，制定国有林区发展新体制，2016 年 12 月，黑龙江省委、省政府下发了《黑龙江省重点国有林区改革总体方案》，森工集团公司制定出台《关于进一步深化林业局公司化改革的指导意见》。改革启动以来，黑龙江国有林区各林业局认真落实政企、政事、事企、管办"四分开一转型"总体部署和省委"大转型、大改革"工作要求，基本完成重点国有林区改革任务，不断推进林业局公司化转制改组和机构改革。先后成立了黑龙江省森工森林食品公司、林业经营公司、黑龙江省森工森林旅游集团公司等专业化公司。改组为国有大型生态建设和保护的公益性企业后，社会职能逐步移交，根据《黑龙江省重点国有林区森林经营规划（2016—2050）》，不断理清森林资源所有权、管理权、经营权和处置权；按照公司化、市场化改革方向，建立完善了社会服务保障和市场化运行体系，产业发展逐步走向市场化运营，社会服务的政府购买、企业兜底、收支两条线管理模式。

2018 年，随着国有林区改革的不断推进，龙江森工集团和伊春森工集团相继挂牌成立。各林业局全部实行公司化改制，森工集团的企业属性愈加明显。赋予了自身森工企业生态公益、产业竞争、社会服务的功能定位，成为按照自主经营、自负盈亏的原则组建的全民所有制的经济组织。森工企业是企业经营管理者，又是资源管护者。《中国林业和草原统计年鉴（2020）》显示，龙江森工集团和伊春森工集团 2020 年在岗职工年平均人数为 130 342 人，比 2019 年同比增长 1.51%；专业技术人员 34 508 人，占在岗职工年平均人数总数的 26.47%。近年来，森工集团不断加强人力资源建设，逐步打开社会招聘的大门，吸引人才来到林区工作。在岗职工学历结构中，高中及高中以下、中专及大专、大学本科、研究生比例分别为 52.44%、37.77%、9.63%、0.16%，高学历人员比重严重偏低。与 2019 年学历结构相比，研究生学历比例下降 0.38%，大幅减少的主要原因在于"四分开"持续推进，学校等教育系统相继移交，造成高学历人员减少，但同时不可忽视的是研究生学历的应届毕业生来林区工作后，真正能够落地扎根的并不多，在调研中普遍了解到，相当一部分是将"国有企业"作为备选方案。因此，森工集团应尽快出台针对高知群体的优惠政策，以满足吸纳高素质高学历的专业人员的需要，稳定人才队伍。2020 年在岗职工年平均工资为 74 291 元，较 2019 年相比增长 4.33%。虽然改革后林区职工工资较停伐前略有增加，但与全省社会平均工资和其他行业收入相比，收入差距仍较大。生活在同一个地区的职工收入出现了两极分化的矛盾。以 2019 年为例，黑龙江重点国有林区某林业局职工月平均工资 3 555 元，黑龙江省月社平工资为 4 645 元，林业局工资仅为省社平工资的 76%。

二、国有林区产业转型形成基本格局

"十三五"期间，我国林业产业得到快速发展，通过科学合理利用资源，林业产业结构有效升级调整，产业发展逐步进入高质量发展阶段。相关统计数据显示，2020 年全国林业产业总产值高达 7.55 万亿元，其中，"一产""二产""三产"产值分别为 2.36 万亿元、3.38 万亿元、1.81 万亿元；涌现出年产值超过万亿元的"经济林产品种植与采集""木材加工及木竹制品制造""林业旅游与休闲服务"三个支柱产业。2020 年黑龙江重点国有林区林业产业总产值超 300 亿元，三次产业产值分别为 1387 681 万元、423 265 万元、1198 410 万元，比例分别为 46.11%、14.07%、39.82%。从 2014—2020 年黑龙江重点国有林区林业产业总产值示意图（图 3—1）可以看出，2014—2018 年林业产业总产值实现逐年递增，自 2019 年开始，森工集团成立后立足功能定位，重建产业发展体系，在政府行政职能移交中撤销移交大批事业单位，导致林业产值调整回落。从三次产业比例变化示意图（图 3—2）可以看出，第三产业于 2015 年完成了与第二产业的位置互换，林业产业转变为"一、三、二"的产业结构，并于 2018 年首次实现对第一产业占比的超越，2019 年贡献水平达到最大，2020 年后受疫情影响有所下滑。综合来看，黑龙江重点国有林区林业产业结构正在逐渐向一般性国民经济三次产业过渡，国有林区经济发展的社会化特征愈发明显。

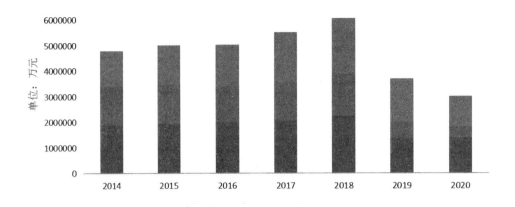

图 3—1　2014—2020 年黑龙江重点国有林区林业产业总产值

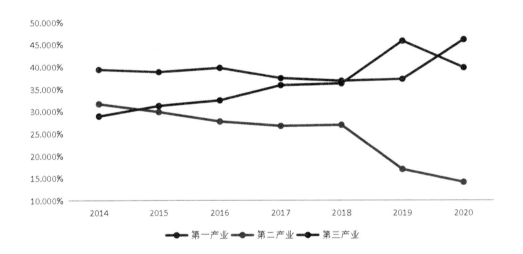

——●—— 第一产业　——●—— 第二产业　——●—— 第三产业

图 3—2　2014—2020 年黑龙江重点国有林区三次产业比例变化

　　结合林区社会发展、生态保护和经济转型规划，国有林区产业由原来的独木经济逐步转变为多业并举的产业模式。天保工程二期初期，国有林区主要产业为营林生产、木材采运、林产工业、多种经营、旅游五大产业，其中以木材经济为主。经过十年的产业转型摸索，黑龙江重点国有林区主动对接国家及集团重大产业布局和区域政策，充分利用生态资源优势，在满足森林生态主导功能前提下，走规模化产业发展之路，积极开展立体种植、复合经营，综合发展森林培育和林下种植养殖，逐渐形成林产工业、苗木培育、森林生态旅游产业、生物质能源产业、碳汇、矿业、森林食品产业、北药产业和特色林下种植养殖产业等多种转型产业经济体系。传统"木字号"企业逐步走出调整转型的"阵痛期"，生产经营活动日趋稳定。按照各林业局因地制宜，统筹协调规划，科学合理布局，突出产业发展特色的原则，充分依托国有林区资源优势和产业基础，进一步优化调整产业结构，不断拓宽创业致富渠道，实现生态与产业协调发展，充分释放"绿水青山"蕴含的生态价值，真正转化为"金山银山"的经济价值，同时有效兼顾生态、产业、民生需求。由于林业产业原料减少，资金成本和技术成本限制了产业规模，林下产业多为家庭小作坊模式，尚未形成可以支撑全局的主导产业。

三、建立现代林业产业体系

林业产业有广义和狭义之分，可分为三次产业[①]，具体如表 3-1 所示。人们对优质生态产品的巨大需求，形成了强大的林业产业拉动力，促使生态产品生产能力不断提升。黑龙江重点国有林区立足资源禀赋基础，打造现代林业产业体系，加快林区产业由传统型向特色型、科技型、高效型转变，培养了一批具有原产地特色、有市场竞争优势、产业关联度大、带动力强的龙头企业，借助品牌优势开展产品基地认证、包装设计、品牌宣传，推动产业链向下游延伸，新兴产业向专业化和价值链的高端延伸，增加产品附加值。如采用"种植基地＋加工基地＋示范园区""公司＋基地＋养殖户"等产业模式，将林区改革与产业园区发展相结合，持续推进种植结构调整，逐步建成以食用菌栽培、中草药种植、林下经济作物为主的规模化林区特色产业发展基地，对蓝靛果、沙棘果等浆果种植进行有效的原产地保护性经营；推进黑木耳等食用菌人工种植专业化、规范化生产管理；开创森林农业、森林食品业"三产融合循环发展产业模式"，加快推进现代化森林农业产业体系进程。努力把国有林区的资源优势转化为产业优势，形成核心基地点状发展、配套基地全域发展的优势特色产业基地发展集群，实现特色产业与扶贫攻坚、致富增收有效衔接，社会总产值逐年递增，非林非木产业比重不断上升。

---

① 廖冰，张智光，刘春香等．引入森林资源中介变量的林业产业与生态作用机理研究 [J]．中国人口·资源与环境，2017, 27（11）：159—168。

表 3—1　国有林区三次产业类别及细分

产业类别	具体细分
第一产业	森林培育、管护、采伐，野生动物驯养等。
第二产业	森林采运、林产化工、木材加工、家具制造、造纸等。
第三产业	林业生产服务、林业旅游与休闲服务、林业生态服务、林业专业技术服务、林业公共管理及其他组织服务等。

第二节　黑龙江重点国有林区生态文化产业发展概况

一、产业发展概况

（一）产业效益及产业布局情况

通过多次实地调研、书面调研及电话调研，初步掌握龙江森工及伊春森工下属各林业局生态文化产业发展现状及生态文化资源优势情况，总结整理内容详见附录 A。从调研情况看，在 40 个林业局子公司中，已经开展"生态旅游"产业转型发展的达 38 个，且多为在开展生态旅游的同时，联合开发森林康养、红色旅游、冰雪旅游、科普宣教等多种形式的生态文化产业项目。

1. 生态文化产业相关经济效益稳步提升

在黑龙江重点国有林区产业转型发展中，依托林业生态文化资源优势和林区地域优势，有效对接国家森林体验基地、森林养生基地、康养旅游示范基地建设等支持政策，与区域旅游产业借势发展，大力培育和发展了以森林生态旅游为主导产业的林业生态文化产业。目前，黑龙江重点国有林区森林旅游业产值与接待人次逐年大幅度增长，产业经济收益逐年增加。2014—2020 年黑龙江生态文化产业代表性行业"木质工艺品和木质文教体育用品制造业""林业旅游与休闲服务、直接带动的其他产业"产值如图 3-3 所示。据实地调研了解及查阅《中国林业和草原统计年鉴》的数据显示，龙江森工和伊春森工下属的 40 个林业局几乎都涉及"林业旅游与休闲服务"，2014—2020 年累计产值最高的是龙江森工集团大海林林业局，2014—2019 年（疫情前）年均产值达 62 347 万元，"中国雪乡"旅游品牌效益显著，后文将详细介绍大海林林业局生态文化产业的发展经验；其次是伊春森工集团汤旺河林业局、五营林业局和上甘岭林业局。在"木质工艺品和木质文教体育用品制造"中，2014—2020 年的累计产值前三名分别是伊春森工集团朗乡林业局、乌马河林业局、龙江森工集团清河林业局；2019—2020 年，产业转型调整后，《中国林业和草原统计年鉴》的数据显示，涉及该行业的林业局只有 4 家，产值最高的是龙江森工集团鹤北林业局，达 2370 万元。

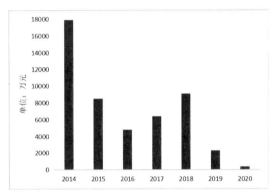

木质工艺品和木质文教体育用品制造业产值

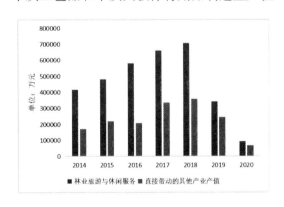

林业旅游与休闲服务、直接带动的其他产业产值

图 3—3 2014—2020 年黑龙江重点国有林区生态文化产业代表性行业产值

2. 生态文化产业布局日趋完善

一是经过多年发展，黑龙江重点国有林区森林旅游产业体系已基本成型，旅游服务设施逐步完善，为打造全域旅游、四季旅游的生态旅游业奠定了坚实的产业发展基础。以国家级自然保护区、森林公园、湿地公园等为中心的国有林区景观资源已成为各林业局发展生态旅游业的关键支撑点。二是形成一条以东北抗联遗址遗迹为主的黑龙江重点国有林区特色红色旅游路线，打造一批林区爱国主义教育基地，如海林林业局的夹皮沟红色主题景区（红色教育基地）、东北抗联文化鹤北陈列馆、抗联电讯学校遗址、北满临时省委机关驻地旧址、兴隆林业局的东北抗联鸡冠山根据地博物馆等。三是以黑龙江重点国有林区特色精神为文化内涵，形成一批林业生态文化科普宣教基地，如雪乡文化展览馆、森林小火车博物馆、铁文化公园科普教育基地、虎林森之源博物馆、汤旺河国家公园博物馆、马永顺纪念馆、张子良纪念馆、迎春林业局的黑蜂国际文化馆、友好林业局的亲子冰雪研学体验训练营等。四是木质工艺品业、花文化产业及影视剧基地建设等生态文化产业成为各林业局的特色文化产业项目，如威虎山根雕厂、益智玩具厂、金山小镇木雕艺术馆、翠峦林业局的板画等小木质工艺品制造业；海林林业局的三十五影视拍摄基地、带岭林业局的朝阳影视城等进一步宣传林区文化，扩大林区影响力和知名度；林口林业局以花海公园、花卉苗木基地为依托发展花文化产业。总之，黑龙江重点国有林区立足于自然风光、森林生态景观、独特遗址遗迹等，融合森林游憩、休闲康养、爱国主义教育、求知科普、研学旅行等多种功能，形成了以红色旅游、冰雪旅游、民俗旅游、文化康养为特色的生态旅游产业格局。在生态旅游市场竞争力显著提升的同时，推进了旅游厕所革命、绿化旅游公路的建设。国有林区公共文化设施建设得以强化，文化惠民工程不断深化。

3. 生态文化产品走向多元化

在黑龙江重点国有林区生态文化产业发展中，以森林文化、野生动物文化、生态旅游文化、绿色消费文化为主的森林生态观光旅游景点，拓展了生态文化的表现形式，如通过建设森林博物馆、森林标本馆、森林特色资源馆、森林公园、野生动植物知识窗等森林文化设施，开发森林文化生态旅游、四季观光旅游的生态旅游模式。在生态文化产业发展中实现对生态文化研究、挖掘、修复、传承、发展和创新。涌现出系列美学文化产品、认知文化产品、科技教育产品、休闲疗养文化产品、历史地理文化产品等森林生态文化产品。并将生态文化有机融入数字林业产业、城市森林文化产业、森林旅游休闲业、林农特产产业、园林景观设计产业、木雕业等以森林资源为对象进行艺术创作的产业、林业生物技术产业以及其他利用林业高新技术的产业划归为森林文化创意产业范畴[①]。在改造提升国有林区传统产业方面，将莺歌岭文化、红灯笼文化、紫苏文化、金祖文化、红松文化等独特的历史文化、林风民俗融入手工技艺，充分体现林区特色，发展旅游纪念品、手工艺品等特色旅游商品。此外，黑龙江国有林区开创了"黑龙江森林生态旅游节""中国雪乡旅游节""黑龙江森林生态漂流节"等特色森林旅游节庆活动。黑龙江重点国有林区生态文化产业的快速发展，同时也带动了自然保护区、湿地保护等各类生态文化的繁荣。如以冰雪文化为核心，打造"中国雪乡""林海雪原"等著名冰雪旅游品牌。围绕绿色生态文化旅游小镇，开发抗联遗址探秘、工业遗存猎奇、知青故居怀旧等旅游纪念产品。同时，培育了森林体验、森林养生、自然教育、户外运动、森林步道等多种新兴业态和产品，提供了参与体验式森林生态服务。

（二）产业发展水平分析

本书在主要参考中国人民大学"中国省市文化产业发展指数报告"中构建的中国省市文化产业发展评价体系框架基础上[②]，综合联合国教科文组织提出的亚太区域国家文化产业评价框架、文化产业金字塔模型、钻石评价体系，结合我国生态文化产业特点及数据的可获得性，构建了省域林业生态文化产业发展评价体系，从产业的投入、驱动、产出三个维度，聚类分析各省（区、市）林业生态文化产业发展水平，从而宏观分析黑龙江省在全国视角林业生态文化产业发展的位置等级。

1. 构建指标体系与选取变量

在林业可持续发展理论指导下，选择林业产业竞争力不同维度科学性量化表

---

① 刘琰，米锋，赵嘉祺.浙江省文成县森林文化创意产业发展的影响因素[J].中国农业信息，2015（15）:139—141

② 彭翊等.中国省市文化产业发展指数报告[M].北京：中国人民大学出版社，2018：12.

述，综合考量林业生态文化产业发展的内外部因素及产业特征，在此基础上，兼顾全面与重点产业、代表性和可比性相结合的原则，将最具代表性的森林生态旅游产业纳入重点考量，构建三级林业生态文化产业发展水平评价指标体系（见表3—2）。突出体现了林业生态文化产业的发展规律与产业特色，较为科学地量化了生态文化的有形资源，以森林公园建设成效及森林公园旅游发展为典型代表，反映了林业生态文化产业的经济效益、社会效益和生态效益，更有利于全面了解黑龙江省林业生态文化产业发展的真实水平。

表3—2　我国林业生态文化产业发展水平评价指标体系

一级指标	二级指标	三级指标
产业生产力	生态文化资源	森林蓄积量（万立方米）
		观赏苗木产量（万株）
		森林公园总面积（公顷）
	生态文化资本	林业旅游康养投资（万元）
		林业科教、宣传投资（万元）
		森林公园建设国家投资（万元）
	人力资源	森林公园社会旅游从业人员（人）
		森林公园职工总数（人）
		森林公园导游人数（人）
产业影响力	经济影响	林业生态文化产业相关产值占林业产业总产值比重（%）
		林业旅游与休闲产业人均花费（元）
		森林公园旅游人均收入（万元）

一级指标	二级指标	三级指标
	生态影响	森林公园面积较上一年增加值（公顷）
		森林公园数量较上一年增加值（处）
		森林公园面积占省（区、市）国土面积比重（%）
	社会影响	林业旅游人次占省（区、市）旅游人数总和比重（%）
		森林公园游客人数占省（区、市）游客人数总和比重（%）
		森林公园海外游客占省（区、市）国际游客人数总和比重（%）
产业驱动力	市场需求	省（区、市）居民人均文化消费支出（元）
		省(区、市)人均文化消费占可支配收入比重(%)
		省（区、市）人均文化消费占消费支出比重（%）
	公共环境	林区社会性基础设施建设费（万元）
		省（区、市）文化事业费占财政支出比重（%）
		省（区、市）人均文化事业费（元）
	创新环境	林业信息化投资（万元）
		森林公园年度自筹资金、招商引资（万元）
		林区中高级专业技术人数（人）

第一，产业生产力。主要衡量产业内部人才、资本等要素及生态文化资源禀赋等生产要素的投入水平。森林是林业产业的物料来源，因此森林蓄积量是林业产业发展的资源保障（王刚等，2019）①。森林蓄积量是衡量地区森林资源总规模和水平的基本指标，是反映森林资源丰富程度、森林生态环境优劣的重要依据。根据林业生态文化产业特点将产业生产力指标分解为生态文化资源、生态文化资本和人力资源。有形的生态文化资源主要包括森林文化、花文化、生态旅游资源等（陈登源，2015）②。本书以森林蓄积量来表征森林文化资源，以观赏苗木产量表征花文化资源，以森林公园总面积来表征森林生态旅游资源，通过资源禀赋客观、直接地反映一个省市生态文化产业现时发展实力以及未来发展潜力。生态文化资本主要反映与生态文化产业有关的固定资产投资情况，是决定经济增长的关键性生产要素和最终解释变量。本书参考陈丽军等（2020）关于森林公园旅游发展水平评价指标的构建③，选取森林生态旅游中的相关投资值、林业旅游休闲康养投资额、森林公园年度国家投资额及林业科技教育、法治宣传等投资额为具体指标。人力资源是发展生态文化产业的核心要素（杨桂红等，2015）④，选取森林公园从业人员的结构和数量作为林业生态文化产业人力资源指标。

第二，产业影响力。主要从经济影响、生态影响和社会影响三个层面来衡量各地区文化产业的产出水平。林业产业总产值体现了林业产业创造利润及产业整体盈利水平（王刚等，2019）⑤，因此，经济方面的影响主要以"木质工艺品和木质文教体育用品制造产业""林业旅游与休闲服务产业"及直接带动的其他产业产值代表林业生态文化产业劳动生产率，能够反映出各地区生态旅游产业吸引力和参与性程度的人均花费；生态影响主要反映林业生态文化产业的生态效益，一般

① 王刚，陈伟，曹秋红. 基于 Entropy-Topsis 的林业产业竞争力测度 [J]. 统计与决策，2019, 35（18）:55—58.

② 陈登源. 福州市生态文化产业培育研究 [J]. 湖南工程学院学报，2015（5）:16—20.

③ 陈丽军，万志芳，关江华. 中国省域森林公园旅游发展水平评价及其时空演化研究 [J]. 林业经济，2020,42（7）:70—82.

④ 杨桂红，张颖，毛宇飞. 人力资本对林业生态经济增长的影响——基于我国 31 个省区系统聚类分析 [J]. 陕西师范大学学报（哲学社会科学版），2015, 44（5）:167—176.

⑤ 王刚，陈伟，曹秋红. 基于 Entropy-Topsis 的林业产业竞争力测度 [J]. 统计与决策，2019, 35（18）:55—58.

而言，林业资源越丰富，其生态效益越显著（麦强盛等，2015）[1]，因此主要通过省（区、市）森林公园面积、数量较上一年的增加值，占省（区、市）国土面积比重来考量；社会影响主要指通过林业生态文化产品与服务对市民或消费者的影响，包括对人们生态文化精神需求和物质需求的满足，生态文明意识的提升，文化的参与和体验、接受与包容等，本书侧重林业生态文化产业社会影响的人次分析，具体量化为林业旅游人次、森林公园旅游接待总人数占省（区、市）旅游人数总和比重，以接待海外游客人次来考量不同国家、不同文化背景的消费者对生态文化的接纳，不仅有利于促进产业发展，而且有利于提升林业生态文化产业社会影响力。

第三，产业驱动力。主要反映各省（区、市）发展林业生态文化产业的环境与态度，从产业需求、公共环境和创新环境三个方面来衡量产业的外部环境。产业需求主要以市场需求为代表来考量企业生产经营活动所处的社会经济环境中不可控制的因素，具体指标量化为省（区、市）居民人均文化娱乐消费支出，居民人均文化娱乐消费支出占可支配收入、人均消费支出的比重；公共环境主要指公共管理部门和服务部门为产业提供的发展环境，对于林业生态文化产业而言，具体指标为林区社会性、公益性基础设施建设费（含国有林场国有林区道路建设及其他林业民生工程建设费），此外，省（区、市）文化事业费及人均文化事业费也可以反映出地方林业生态文化产业公共环境的建设现状；文化产业属智力密集型产业，优秀的人才资源为文化产业发展提供智力支撑和创意支撑（王震等，2015）[2]，科学技术发展水平、融资能力和高级职称人员是创新环境的重要指标之一，因此，林业生态文化产业发展的创新环境，主要考虑信息技术投入、创新能力等因素，具体量化为林业信息化投资、森林公园年度自筹及招商引资金额，地（市、县）林业工作站及管理人员中高级专业技术人数。

2. 数据来源与处理

本书选取 2014—2020 年我国 31 个省份（不含港澳台）作为聚类分析对象。

---

① 麦强盛，刘燕，吕秀芬 . 林业可持续发展能力聚类分析的研究 [J]. 科技管理研究，2015, 35（17）:109—113.

② 王震，刘伟平，翁凝 . 南方集体林区林业产业发展水平综合评价与分析 [J]. 林业经济问题，2015, 35（1）:68—74.

数据来源于 2014—2017 年《中国林业统计年鉴》，2018—2020 年《中国林业和草原统计年鉴》，2014—2020 年《中国统计年鉴》《中国文化文物统计年鉴》《中国文化及相关产业统计年鉴》及各省份统计年鉴，并以各省份国民经济和社会发展统计公报为补充。由于研究的面板数据涉及 27 项评价指标，近 5000 个基础数据，原始变量数目较多，且存在多重共线性问题。因此，本书采用主成分分析法，提取 12 个指标体系中的主要指标进行分析。通过运用聚类分析法对全国 31 个省（区、市）林业生态文化产业发展水平进行系统聚类，划分为高水平发达型、次发达型、一般发展型及低水平欠发达型四个发展类型。

在林业生态文化产业发展水平评价指标体系中，相当一部分指标数据受新冠肺炎疫情影响较大，如，以黑龙江省为例，《中国林业和草原统计年鉴》显示，"林业旅游与休闲服务"产值，2019 年为 1 323 773 万元，2020 年仅为 821 373 万元，数据不具备可比性。因此，2020 年度数据属异常数据被整体剔除，最终呈现出 2014—2019 年聚类结果如表 3—3 所示。

第一类，高水平发达型。该类型区域特征为，具有先天区位优势、扎实的经济基础、优良的生态资源条件，基础设施条件优越，持续保持良好的发展势头。相比之下，在森林公园建设，林业信息化建设，林业科技、教育、法治、宣传等方面投资最多，且文化事业费占财政支出比重、林业旅游与休闲产业接待人数占比等处于绝对领先地位，充分说明本书建立的指标体系较为科学，能够真实、客观地反映省域林业生态文化产业发展现状。

第二类，次发达型。该类型区域特征为，综合指数较高，其中生态资源优势明显，以森林公园旅游业为主的林业生态文化产业相关产值占省域林业产业比重较大，省域人均文化娱乐消费占比较大，且注重对林业信息化建设的投资。处于该发展类型的省份大多在文化产业发展、生态经济发展、林业可持续发展中表现较为突出，且森林公园旅游发展较好。

第三类，一般发展型。该类型区域特征为，林业旅游休闲康养投资额及生态资源储备还处于上位区，从森林公园建设自筹及招商引资情况看，融资能力较强，具备一定的产业发展潜力。

表3—3 2014—2019年我国31个省（区、市）林业生态文化产业聚类结果

类 别	2014年	2015年	2016年	2017年	2018年	2019年
第一类 高水平发达型	广东、北京、吉林	广东、北京、吉林	广东、吉林	广东、浙江、湖南、江苏、吉林、四川、北京、	湖南、广东、北京、浙江、四川、	湖南
第二类 次发达型	湖南、江苏、四川、浙江、上海、黑龙江、贵州、山东	江苏、浙江、湖南、上海、四川、内蒙古、山东、黑龙江、贵州	北京、浙江、江苏、湖南、四川、贵州、上海	上海、贵州、内蒙古、广西、江西、黑龙江	上海、江苏、黑龙江、江西、贵州、陕西、内蒙古、湖北、重庆、山东	广东、浙江、北京、江苏、四川、上海
第三类 一般发展型	内蒙古、重庆、江西、陕西、青海、河北、辽宁、福建、山西、湖北、宁夏、广西、云南、甘肃、新疆、天津	重庆、江西、宁夏、河南、辽宁、湖北、福建、新疆、山西、广西、云南、青海、甘肃、天津	黑龙江、内蒙古、山东、河北、江西、宁夏、重庆、湖北、云南、河南、福建、山西、新疆、青海、广西、甘肃、安徽、天津	湖北、山东、重庆、山西、河南、河北、陕西、甘肃、辽宁、新疆、云南、青海、宁夏、天津、福建、安徽	宁夏、河北、广西、吉林、新疆、安徽、辽宁、福建、山西、河南、云南、甘肃、青海、西藏	内蒙古、吉林、山东、广西、青海、贵州、河南、安徽、黑龙江、湖北、重庆、福建、山西、云南、辽宁、甘肃、河北、新疆、江西、陕西、西藏、宁夏、天津
第四类 低水平欠发达型	西藏、安徽、海南	安徽、西藏、海南	西藏、海南	西藏、海南	海南	海南

第四类，低水平欠发达型。近年来处于该类型的省域只有海南省。从数据结果显示，海南省排名低的主要原因在于几个投资指标偏低，林业生态文化产业相关产值占林业产业总产值比重较低。

3. 结果分析与讨论

从 6 年的聚类结果可以看出，我国林业生态文化产业均衡度整体显著提升。目前，我国文化产业仍处于由文化自然资源和消费者市场需求驱动的集聚状态，存在一定的空间聚集性。省域林业生态文化产业发展不平衡，差距较大。与区域经济发展水平差异相关，即南方林区和西南林区最快，东北林区和华北林区次之，西北林区相对较差，总体呈现"东高西低"的空间分布和"东强西弱、南高北低"的非均衡发展格局，与我国文化产业的综合水平大体一致，充分印证了经济发展是文化发展基础的逻辑机理。黑龙江省林业生态文化产业发展水平基本保持稳定，一直处于次发达型中或者处于一般发展型的第一位。从总结归纳出的各类型产业发展特征来看，与黑龙江重点国有林区生态文化产业发展实际基本相符，省域的地缘优势、当地经济发展水平、人力资源情况，交通等基础设施在林业生态文化产业发展中起到重要作用。由于林业生态文化产业主要依托的森林公园、森林自然保护区等生态资源较为分散，且黑龙江省生态资源形态主要以天然林为主，活立木储量和森林储量受资源约束，成为典型的"大资源小产业"，生态资源优势还未完全释放，产业提升空间较大。

上面通过构建林业生态文化产业发展水平评价指标体系，对全国省域林业生态文化产业发展系统聚类，分析了黑龙江省林业生态文化产业的整体发展在全国所处的位置及发展态势，根据生态文化产业的特点，为后文黑龙江重点国有林区生态文化产业发展机理的影响要素确定、实现路径分析及产业发展对策建议方面提供参考依据和思路借鉴，进一步提升了产业发展机理研究的科学性。

（三）大海林林业局生态文化产业发展简介

大海林林业局按照"场区景观化、景区标准化、全域旅游化"的发展目标，在生态保护的基础上，依托资源优势，持续推进生态文化与相关产业融合，推进林下经济、手工艺等产业园区建设，充分发挥森林食品、林药、野生保健品等资源优势，抢占康养市场，拓展产业发展领域，催生林区文化新业态，将生态文化产业发展作为推动林区企业转型升级的关键，坚定不移走绿色生态发展之路。深入推进旅游厕所革命，完善景区厕所及配套设施；建成 5 万平方米的生态停车场。雪乡景区作为 4A 级旅游风景区，先后荣获全国文明村、"最美生态休闲旅游目的地"、中国十大最美乡村、最具影响力国家森林公园等称号。大海林林业局亦被评为"全国森林旅游示范县"。

"智慧雪乡"引领文化型生态产业蓬勃发展。实施"智慧雪乡电子信息化"建设，增加 720° 全景游项目，启动数字旅游智慧讲解，建立景区网络诚信服务体系与监督平台，实现雪乡主要景点网络高清实况直播。大海林林业局以雪乡为核心全力发展全域全季旅游产业，建设二浪河旅游风景区、太平沟旅游风景区、海浪河漂流风景区等旅游景区，形成一套完整的旅游体系，现已成为林业局发展的支柱产业。加快推进生态文化资源与旅游资源的整合，致力于将雪乡厚重的历史文化、地域文化、民俗文化、红色文化、饮食文化等融入旅游产业发展中，走"文化"与"旅游"融合发展之路。建造雪乡文化展览馆、修建创业时期林区木刻楞观赏房，挖掘雪乡的历史文化内涵、地域特色和历史发展进程，展现北方先民以森林为环境的生存文化，回顾近现代北方森林的开发、创业文化及林业精神；打造七个顶子与日寇战斗遗址、青云山抗联密营遗址、清茶馆抗联驿站等红色旅游景点，开发红色旅游。2016—2020 年，雪乡旅游共接待游客 355.56 万人次。雪乡生态旅游产业逐渐成为大海林林业局停伐后林业转型发展的支柱性产业，旅游收入已从过去单纯的门票收入发展为综合性经营。生态文化产业带动了全局产业发展，安排职工就业 1040 人，经营主体 304 户，从业人员达 5577 人。

"林区特色"推动生态型文化产业内涵式发展。创作雪乡特色文化产品，原创歌曲《美丽的雪乡我的家》，雪乡旅游纪念品入选《美丽中国》邮票邮品系列；推出东北花布产品系列、纸制纪念品系列、风光纪念品系列、木质纪念品系列等具有林区文化特色、雪乡地域标志性文化的生态文化产品，成为吸引游客的新亮点；雪乡景区开发近十余年间，通过建设冰雪影视基地，为《公安局长》《闯关东》《北风那个吹》《智取威虎山》等 20 余部颇具影响力的影视剧作品提供实景拍摄，并充分挖掘影视基地的参与式、体验式文化旅游资源；挖掘冰雪赛事文化资源，多年来，大海林林业局多次举办了马拉雪橇赛、雪乡摄影比赛、书画比赛、吉祥物征集大赛、雪人三项赛、万人徒步穿越等一系列冰雪赛事活动，成为吸引游客观光的又一载体。

二、产业发展规划

黑龙江重点国有林区生态文化产业发展规划，是在依据国家林草局《林草产业发展规划（2021—2025年）》《中国生态文化发展纲要（2016—2020年）》以及《黑龙江省产业振兴行动计划（2022—2026年）》《黑龙江省康养旅游高质量发展行动方案（2022—2026年）》《黑龙江省冰雪经济发展规划（2022—2030年）》等规划纲要基础上，立足于龙江森工、伊春森工现有的区位、资源、经济环境等因素的实际情况，把握市场运行规律，遵循林业产业发展总体规划思路而成。下面围绕产业发展规划总体指导思想、整体产业布局、规划目标、重点任务等方面内容，对黑龙江重点国有林区生态文化产业总体规划及生态旅游产业、冰雪文化产业、康养旅游产业规划进行简要阐述。

黑龙江重点国有林区生态文化产业发展规划总体指导思想：以习近平生态文明思想为指导，深入贯彻落实习近平总书记对于国有林区改革及对黑龙江振兴发展的重要指示批示精神，立足黑龙江重点国有林区新发展阶段，全面贯彻新发展理念，深化林业供给侧结构性改革，以不断提升生态文化产业的综合实力，推动黑龙江重点国有林区的振兴发展。

黑龙江重点国有林区生态文化产业整体产业布局：以市场导向为优化产业布局的根本遵循，因地制宜，科学规划，加快构建优势互补、高质量发展的产业共生发展机制。将生态文化产业作为林区现代公共文化服务体系建设的重要内容，鼓励文化产业示范园区、基地及特色文化产业重点项目与黑龙江重点国有林区生态文化产业项目融合发展。着力打造数字经济与生态文化产业融合发展的经济新引擎，加快信息技术与林业产业融合，推出具有黑龙江重点国有林区文化特色的数字化、网络化的高端生态文化产品；以黑龙江重点国有林区中的全国森林生态旅游示范区（基地）为引领，集中布局生态旅游、冰雪经济、民俗旅游、森林康养等产业，推动产业集群发展；增强"林海雪原"等生态旅游品牌在全国的辐射力、影响力和带动力，推进黑龙江重点国有林区四季旅游和全域旅游项目；以历史文化为脉络，统筹规划东北抗联遗址遗迹、知青故居等红色教育资源，推动红色旅游产业的规模发展；打造优质规范的生态文化教育、体验基地，发挥林区生态科普的育人作用；延伸林业传统产业链条，推进林区生态文化与根雕、玉石、板画及木制品加工业的深度融合；在原有产业发展基础上，推动影视剧基地、花卉苗木基地、黑蜂文化体验基地的建设，不断扩大黑龙江重点国有林区生态文化传播范围。在发展好文化型生态产业的同时，做好生态型文化产业的开发，改革创新出版发行、影视制作、演艺娱乐、会展广告等传统生态文化产业。充分释放黑龙江重点国有林区生态文化资源优势，做好"两山"理论中生态文化资源与生产力的转换，树立生态文化资源就是生产力的价值判断。

（一）森林生态旅游产业规划

1. 规划目标。深度挖掘黑龙江重点国有林区旅游资源，坚持全域全季发展定位，实施黑龙江省"全域旅游产品战略"，打造全域生态旅游品牌。到 2025 年，实现森林生态旅游年接待游客量稳步提升。

2. 重点任务。依托黑龙江重点国有林区中的国家森林公园、国家湿地公园及野生动植物等生态资源，打造原始森林观光、生态小镇体验、四季旅游项目；依托东北抗联遗址遗迹等爱国主义教育基地，开发红色旅游项目；推出一批生态旅游品牌项目、规划森林生态旅游精品线路、打造高品质生态旅游产品，办好"中国森林旅游节"，提高森林生态旅游首位度；加快建设国家森林步道，加强重点景区改造升级，推动林区重点地域交通基础设施及公共文化服务设施建设，提升可达性和安全性；加强森林生态旅游标准体系建设和从业人员培训，带动林区富余职工就业；统筹规划森林生态旅游产业，共享产业发展相关数据和信息，推动黑龙江重点国有林区森林生态旅游产业高质量发展。

（二）冰雪文化产业规划

1. 规划目标。抢抓"后冬奥"时代战略机遇，发展林区冰雪经济，打造省级冰雪经济示范区和冰雪旅游先行区，培育冰雪文化业态。到 2025 年，初步形成林区冰雪文化产业重点产业链，冰雪经济总产值实现突破。

2. 重点任务。依托龙江冰雪文化内涵，发挥重点国有林区的区位优势，将文化与冰雪运动、冰雪旅游、冰雪装备相融合，扶持开发具有龙江地域特点和林区民俗的冰雪文化产品。发展黑龙江重点国有林区区域特色冰雪文化，推动冰雪文化与历史文化、民俗文化、传统文化融合发展，重点培育亚布力林业局、大海林林业局等已经初步开发成型的冰雪文化体验区，进一步丰富高品质冰雪旅游项目及旅游产品，尝试发展冰雪体育赛事经济，开发冰雪培训产业，构建冰雪文化产业在林区协同发展的格局，打造在黑龙江省具有影响力的"冰天雪地也是金山银山"的林区实践模式。

（三）康养旅游产业规划

1. 规划目标。按照黑龙江省提出的"坚持全域全季发展定位，推动旅游康养高质量发展"的任务要求，构建林区康养旅游融合全产业发展格局，打造林区特色的宜居宜行宜游宜养的康养旅游品牌，不断增强综合竞争力，将黑龙江重点国有林区打造成为示范性中国生态康养旅游目的地。

2. 重点任务。建立健全康养旅游标准化体系，完善康养旅游服务配套，创新康养旅游发展模式，推动康养旅游产业规模效益的提升。依托黑龙江重点国有林区丰富的生态资源优势和四季分明的气候优势，建立康养基地、康养小镇等载体，全面发展森林湿地康养游，融合林区富含的森工文化、东北抗联红色精神文化等，开发多元化康养旅游、文化康养项目，加速生态文化资源价值转换，推动产业不断升级。

三、产业资源现状

黑龙江重点国有林区拥有资源类型丰富、底蕴深厚的生态文化资源，为生态文化产业的发展提供了资源保障和文化基础。

（一）自然生态资源

国有林区丰富的生态资源是我国生态文化的载体，资源分布呈现大分散、小集中和串珠状格局的特点。森林是生态文化的发源地。黑龙江省林业草原局官网发布信息显示，截至"十三五"末期，黑龙江省有森林面积2150万公顷，森林覆盖率达到47.3%；有自然湿地面积556万公顷，其中有10处国际重要湿地，居全国之首；全省有各类自然保护地 331 处，其中，国家公园 1 处、自然保护区 134 处、自然公园（森林公园、湿地公园、地质公园）196 处。国有林区以其独有的生态资源优势，为生态文化产业的发展和壮大提供载体。

（二）文化资源

1. 生态文化。黑龙江重点国有林区以森林文化为主体。此外，还有丰富的湿地文化、野生动物文化、花文化等生态文化。

2. 民族文化。黑龙江重点国有林区拥有少数民族文化资源，并且他们在生活中创造了丰富的树皮文化、桦树文化、狩猎文化等。如鄂伦春族古伦木沓节、桦树皮制作技艺非物质文化遗产等。

3. 特色文化。黑龙江标志性的冰雪文化、林区的开发文化、红灯笼文化、莺歌岭文化等。

（三）红色文化教育资源

1. 生态科普资源。如森林博物馆、历史陈列馆、知青博物馆、雪乡文化展览馆、马永顺纪念馆、木雕艺术馆等。

2. 红色文化教育资源。如林海雪原、威虎山等红色旅游资源，东北抗日联军遗址遗迹等。

四、产业发展政策

产业政策扶持属以政府为主体的规划驱动。在国有林区生态文化产业发展中，通过国家产业政策的引导和扶持，加大林区公共设施投入，搭建企业合作交流平台，增强产业区位因素竞争力，促进共生产业链和共生网络的形成。国有林区生态文化产业相关政策涉及林业发展规划、林业产业发展政策、林区经济转型规划、智慧林业发展、生态文明建设规划、自然资源发展规划、生态文化发展规划、文化产业发展规划、乡村产业规划等方面，为产业发展提供保障机制，指导林业产业实现可持续发展。

表 3—4 2000—2021 年我国林业生态文化产业相关政策

时　间	政策名称	核心内容
2003 年 6 月	中共中央、国务院《关于加快林业发展的决定》	提出加快林业发展，要突出发展生态旅游、竹藤花卉等新兴产品产业，培育新的林业经济增长点。
2010 年 12 月	国家发展改革委、国家林业局《大小兴安岭林区生态保护与经济转型规划（2010—2020 年）》	提出要积极培育新兴产业，突出森林、湿地、草原和冰雪等林区特色旅游资源，壮大生态文化旅游业；改善林区基础设施，繁荣文化事业。
2013 年 8 月	国家林业局《中国智慧林业发展指导意见》	提出有效构建智慧林业生态价值体系，打造智慧林业文化建设工程和智慧生态旅游建设工程。
2013 年 9 月	国家林业局《推进生态文明建设规划纲要（2013—2020 年）》	提出加强对森林公园、自然保护区、湿地公园、生态文化博物馆、科技馆、标本馆等文化性林业基础设施建设支持力度。
2014 年 3 月	国家林业局《全国森林等自然资源旅游发展规划纲要（2013—2020 年）》	明确了森林等自然资源旅游发展八大主要任务，提出将森林等自然资源旅游培育成林业支柱产业，使之成为展示美丽中国、传播生态文化的重要窗口的发展目标。

时　间	政策名称	核心内容
2015 年 4 月	中共中央、国务院《关于加快推进生态文明建设的意见》	提出发展林业特色的绿色产业，挖掘优秀传统生态文化思想和资源，将生态文化作为现代公共文化服务体系建设的重要内容，满足人民生态文化需求。
2015 年 9 月	中共中央、国务院《生态文明体制改革总体方案》	提出建立国家公园体制，在试点基础上研究制定建立国家公园体制总体方案。
2016 年 4 月	国家林业局《中国生态文化发展纲要（2016—2020 年）》	指出通过科学规划布局，发展产业集群，改革创新传统生态文化产业，推进生态文化创意产业和新业态发展。
2016 年 5 月	国家林业局《林业发展"十三五"规划》	提出做大做强森林等自然资源旅游，大力推进森林体验和康养，发展集旅游、医疗、康养、教育、文化、扶贫于一体的林业综合服务业，加快产业优化升级，为人们提供丰富多样的生态文化创意产品与服务。

时　间	政策名称	核心内容
2016 年 8 月	国家发改委、国家旅游局《全国生态旅游发展规划（2016—2025 年）》	促进生态旅游与农业、林业、海洋、文化等相关产业和行业融合发展，延伸生态旅游产业链，形成旅游综合服务体系。详细解析了八大生态旅游片区的重点发展方向，如何依托草原、森林、绿洲及冰雪生态旅游资源，打造观光休闲、绿洲度假、雪域体验，打造文化生态体验，探索特色文化与生态旅游融合发展新路径。
2017 年 4 月	文化部《"十三五"时期文化产业发展规划》	提出"十三五"期间要推动文化产业转型升级、提质增效，实现文化产业成为国民经济支柱性产业的战略目标。
2017 年 5 月	中共中央办公厅、国务院办公厅《国家"十三五"时期文化发展改革规划纲要》	将"文化 +"行动列入重大文化产业工程，提出推动文化创意与相关产业有机融合增加文化含量和产业附加值。
2017 年 10 月	《中国共产党第十九次全国代表大会上的报告》	提出健全现代文化产业体系和市场体系，创新生产经营机制，完善文化经济政策，培育新型文化业态。
2017 年 12 月	国家林业局《关于加强林业品牌建设的指导意见》	将把加快培育壮大结合森林文化、花卉文化、竹文化、地方民族文化等的森林旅游地品牌创建作为地方政府主要任务之一。

时　间	政策名称	核心内容
2019 年 1 月	国家林业和草原局《关于国有林场森林经营方案编制和实施工作的指导意见》	指出国有林场森林经营要结合当地实际，大力发展森林旅游，加快发展林下经济，要做好国有林场内建立的自然保护区、森林公园、湿地公园等的统筹衔接工作。
2019 年 10 月	国家发改委《产业结构调整指导目录（2019 年本）》	将文化旅游、健康旅游、乡村旅游、生态旅游、森林旅游、草原旅游列为"鼓励类"产业。
2020 年 1 月	农业农村部办公厅《2020 年乡村产业工作要点》	提出以功能拓展促进农业与文化、旅游、教育、康养、服务等现代产业融合，开发乡土特色文化产业和创意产品。
2020 年 4 月	农业农村部办公厅《社会资本投资农业农村指引的通知》	鼓励社会资本投资发展休闲农业乡村旅游、餐饮民宿、农耕体验、康养基地等重点产业和领域。
2020 年 5 月	国家发改委自然资源部《全国重要生态系统保护和修复重大工程总体规划（2021—2035 年）》	鼓励各地积极推动生态旅游、林下经济、生态种养、生物质能源、沙产业、生态康养等特色产业发展。
2020 年 7 月	农业农村部《全国乡村产业发展规划（2020—2025 年）》	提出开发特色文化，打造乡村休闲旅游精品工程。
2022 年 1 月	国家林业和草原局《林草产业发展规划（2021—2025 年）》	提出生态旅游、森林康养等产业发展布局，大力发展观光旅游、冰雪旅游、休闲度假、生态露营、山地运动、生态文化和自然教育等特色项目。

第三节　黑龙江重点国有林区生态文化产业发展存在的问题

　　黑龙江重点国有林区长期实行事企合一的管理体制和全民所有制的产业经营模式，且承担较多社会职能，致使森工企业管理体制和经营机制明显滞后于市场经济，替代产业呈现"小、散、乱"的产业格局，技术改造和自我发展能力较弱，"大林区小产业"的特征较为明显。在多次实地调研的基础上，梳理出当前黑龙江重点国有林区生态文化产业发展存在的问题。

一、资源的高度相似导致产业发展同质化严重

　　由于林业产业具有发展周期长、见效慢的特点，以及受多年独木经济思维的影响，决定了林区转型将是一个漫长的过程。传统的林业产业过多依赖资源，停伐后，林区成了一个没有产业支撑的社会体系。黑龙江重点国有林区森工企业组建后，在坚持公益性为主的基础上，因地制宜积极发展非林非木替代产业项目。但原字号、粗加工、初级化产品多，下游产业尚未实现接续，还停留在生产原字号产品阶段，产业增收乏力。在生态文化产业发展中，为了实现产业经济效益的提升，出现盲目从众开发森林生态旅游产业，低水平重复建设致使产业结构不合理，缺乏竞争优势和文化特色，形式上遍地开花，实则是无规模扩张。产业层次偏低，总体上还处于技术链、价值链、产业链的中低端，与科学化、规范化、规模化、集约化、市场化的生态文化需求之间存在较大差距。目前，黑龙江重点国有林区生态文化产业多数处于转型起步阶段，产业发展仍停留在探索初期，产业发展不平衡，生态文化资源利用率偏低，尚未形成产业规模效益。由于可利用于产业开发的自然生态景观、（东北抗联）红色遗址遗迹和林区开发历史等生态文化资源高度相似，导致产业竞争优势较弱，各林业局子公司产业发展同质化现象严重。如森林生态旅游产业，点多线长且极为分散，总体看，规模小、景点雷同，投入大于收益，从业人员艰难维持，多元化发展格局尚未形成，不具备抵御市场风险的能力。黑龙江重点国有林区生态文化产业面临着产业开发缺乏整体有效的

规划、文化与科技融合力度不够、文化创意水平低等方面的问题。

二、产业资金来源单一，后续投入不足

国有森工企业的经营生产资金全部依靠国家政策性的采伐限额补贴和天保工程造林、抚育专项补助、补贴，资金来源渠道十分单一，黑龙江重点国有林区自我输血能力非常有限，工资增长主要源自人员的自然减少。延续20多年的天保政策，如今已经进入常规保护阶段。天保一期的产业扶持是在林产工业的基础上进行投资的，当前国家不再给予林区旅游产业专项投资，现有的投入都仅限于森林公园、湿地公园的专项建设资金或自筹经费。停止天然林商业性采伐和国有林区改革管办、事企分开后，林业局的木材销售收入、枝丫材收入等主营收入中断，育林基金提取、油补等相应减少；大量设备资产闲置，部分历史债务无力偿还，企业资产负债包袱沉重，发展动力严重不足。由于国有森工企业承担社会责任的特殊性，重点国有林区改革没能减轻企业的社会负担，生态保护和生态建设任务仍然十分繁重。近年来，国有森工企业主营业务收入大幅缩减，融资能力减弱，接续产业在短期内无法成为主导产业。按目前补贴标准与经营性支出计算，国有森工企业只能维持基本运营，没有足够资金用于发展替代产业，而国有森工企业正处于深化改革和产业转型的攻坚期，转型产业的项目启动资金及配套资金筹集困难，后续投入跟不上。国家对转产项目虽然给予了相关的贷款政策，但由于林区生产条件差，多数森林培育经营措施项目资金不足，贷款比例小，无法满足项目建设需求。缺少对国有林区产业转型发展的专项扶持政策，产业政策缺乏延续性，机构设置不稳定。以森林生态旅游产业为例，因缺少资金投入，无法实现产业升级，新增特色旅游项目及旅游设施改造停滞不前，弱化市场竞争力，难以扩大产业规模。改革后的国有森工企业迫切需要各种利好政策、惠民政策、机会待遇均等政策，为林区发展提供政策保障和正面引导。

三、产业基础设施建设严重滞后

以2020年为例，在林草固定资产投资中，龙江森工集团年初累计完成投资 54 301 万元，其中国家投资占94.84%；伊春森工集团年初累计完成投资 20 332 万元，其中国家投资占35.14%。停伐后，林区许多刚性支出受到影响，

如林区的棚户区改造、危桥涵洞维修改造、林区道路维修等基础设施建设项目资金不足，而这些都是国有林区发展生态文化产业的重要基础设施建设。发展生态文化产业需要前期公共文化设施的基础投入及后续跟进。天保工程实施以来，国家给予林区基础设施一定的投入，林区生产、生活水平有了相当程度的改善和提高。除中小学校移交外，其他公共服务性基础设施仍然由国有森工企业承担维修维护。但多年来，各林业局遵循的是"重生产，轻生活"的发展理念，大部分基础设施建设长期投入不足。从路况看，黑龙江现有道路等级较低，道路和桥涵等大多年久失修，简易公路或季节性冻板道，布局不合理；生态功能区内道路多为沙石路，路面窄，且弯道较多，通行能力差，通信信号弱，阻碍了林业局四通八达的区位优势发挥，早已不能满足黑龙江重点国有林区经济社会发展需要，不仅严重影响资源保护培育和森林防火等各项管理工作的开展，同样也是制约产业发展的重要因素。特别是在林区森林生态旅游产业发展中，景区现有道路硬化、垃圾处理、排水及污水处理、集中供热、自来水、路网、广播电视设备及光缆线路等已不能满足产业发展需要。另外，宾馆、饭店等接待条件及配套基础设施极不完善，很难支撑产业规模的扩大发展。同时，职工活动场所和公共服务设施，如公园、广场急需维修改造，无法满足林区群众日益增长的物质和文化生活需要。

四、产业发展受生态文化资源利用限制

宏观的政策指引在一定程度上起到了推动国有森工企业的市场化转型、规范市场运行等重要作用，但多为计划性、引导性政策，并没有给出具体的指导性战略措施，导致近年来林地农地纠纷、用地审批尺度不一等新问题的发生，还需加快出台有偿使用森林资源的机制办法。林区生态文化产业发展受林业保护力度影响较大，实施保护的主体在理念和方法上的创新与林业生态文化建设的需求之间存在一定差距。国有林区的森林资源绝大多数归国家所有，形成高度统一的森林资源所有权和经营权。在现有国有林区资源使用的政策框架下，国有林权的抵押、流转等严重受限。1992—1999 年，国务院委托林业部对林区所属林业局（自然保护区）核发了国有林权证，确定权属。森工集团只有经营权和管理权，没有森

林资源处置权力，涉及森林采伐、林地占用、资源利用等事项均需上报国家林业和草原局。同时，国家林业和草原局在林区设有森林资源监督专员办事处等业务机构，负责森林资源监管工作。一般情况下，林地使用是依据省级林业主管部门或国家林业和草原局批复来进行（期限分长期和临时）。国有林区的功能定位是生态保护。产业发展主要受制于资源管理体制，在很大程度上受到了占地手续办理和森林（湿地）公园管理办法等政策的制约，特别是非直服项目的林地使用。如湿地公园中合理利用区（旅游项目）和保育区（重点保护），管理权和经营权划分不清。如受东北虎豹国家公园等规划的限制，一部分林业局的森林生态旅游产业、林下种养殖产业、产品采集加工业等都受到严重制约甚至全面停滞。现有产业政策受到保护和利用森林资源矛盾与区位等因素的制约和限制，在林地有效利用、资源有偿使用方面，政策依据不具体、法律法规细化程度不够，难以解决产业转型与资源保护之间尖锐的矛盾冲突。

五、产业发展缺少专业技能型人才

生态文化产业属知识密集型产业，主导生产要素无疑是高层次的人力资本，高素质的文化产业人才，尤其是创意人才、管理人才以及复合型人才，对于生态文化产业的发展有着重要的作用。2015 年，按照中共中央、国务院印发的《国有林区改革指导意见》国有林区改革提出的重点国有林管理"机构只减不增、人员只出不进、社会和谐稳定"的精简高效原则，林区人事冻结，没有再进行人员招聘，连续五年只出不进，机构只减不增。政企分离分立改革启动至今，一部分林业局党政机关和事业单位没有核定编制、明确划分归属，人事工作冻结导致目前尚无引进人才的合理渠道。致使林区职工结构老化严重，多数林业局职工平均年龄 48—50 岁，自然减员后企业从业人员数量急剧减少且平均年龄逐年增长，老龄化趋势会持续相当长一段时间，后备人才梯队建立不完善，林区将面临"后继有林、后继无人"的现象。现有人员普遍专业不对口、基础学历低、技能单一、参与市场经济适用性较差，难以将先进的森林经营理念和技术有效转变为现实生产力，缺乏能够适应林区产业转型发展的市场营销、经营管理、技术培育等一系列高水平专业对口人才。目前，黑龙江重点国有林区所属森工企业距离成为技术创新的主体，在生态文化产业发展中具备独立自主的研发能力方面还有很大差距。

因多年林业经济低迷发展，造成国有林区人才流失严重。改革后林区职工的身份界定、工资收入、福利待遇等都趋于弱势。如林区职工社保缴费难，森工医保报销比例仅为 70%，取暖费还停留在几十年前每人每年 85 元的标准。调研中了解到，大部分林区职工思想认识受传统林业粗放式经营管理模式影响较深，没有意识到发展生态文化产业的必要性和重要性，缺乏发展产业的压力和内生动力，对新时期国有森工企业的经营方式、管理体制，尤其是对生态文化产业这种新兴产业的产业建设、生产作业模式接受得较慢，难以适应精细化、市场化、现代化的林业生产组织管理方式变革。解放思想，转变长期固化的计划经济和政企合一体制的思维观念，以适应国有森工企业的市场化转型发展不是一蹴而就的。

第四节　本章小结

本章在对黑龙江重点国有林区产业发展总体概况分析基础上，从实证分析的角度围绕产业发展效益、产业发展布局、产业规划、资源基础及政策基础等方面总结了生态文化产业发展概况。产业发展现状分析中，首先，从产业效益、产业布局、产品形式三个方面分析生态文化产业现状；其次，基于全国层面的统计数据，通过构建省域林业生态文化产业发展评价体系，研究分析了黑龙江林业生态文化产业发展水平；最后，梳理了龙江森工和伊春森工下属林业局的生态文化产业发展现状及生态文化资源优势情况，具体分析了产业发展规划总体指导思想、整体产业布局、规划目标、重点任务等，进而提出黑龙江重点国有林区生态文化产业发展存在的问题，为后续产业发展机理研究提供现实基础。

第四章　黑龙江重点国有林区生态文化产业发展机理分析及模型构建

第一节　产业发展目标及产业共生发展机制"DCP"解析

一、产业发展目标解析

在国家对林业的总体发展战略进行调整后，林业产业也开始探索转型发展[①]，以资源密集型为主的第一产业及以初级加工为主的木材生产企业陆续退出历史舞台，经济建设和改善民生成为林区发展的重点任务。黑龙江重点国有森工企业正处于支柱产业尚未形成的关键节点和改革推进的重要时期。林业生态文化产业的发展目标就是通过产业间的竞争合作、互惠共生来达到产业经济效益和生态效益"双增长"，最终实现林业产业更高层次的可持续发展。黑龙江重点国有林区生态文化产业发展的目标，可以具体解释为以下四个方面。

（一）实现产业政治效益的增长

国有林区开发建设以来，以木材生产为中心，为新中国的原始积累和国民经济社会发展，提供了大量物质基础，做出了重大历史贡献。当前，国有林区在转型发展中，更应顺应时代需要，成为国家乡村振兴、文化强国的重要力量。通过

[①] 叶元煦，王海 . 关于国有林区产业转型障碍研究 [J]. 数量经济技术经济研究，2001（7）:18—21.

引导黑龙江重点国有林区产业大力发展生态文化产业，林区生态文化产品向多元化、高附加值方向发展，让国有林区成为带头践行"两山"理论的主力军，以战略性新兴产业为突破口，实现人与自然和谐共生的现代化。

（二）实现产业经济效益的增长

创造经济利益是企业生存和发展的重要目标。在健全现代文化产业体系和市场体系背景下，将国有林区生态文化的资源价值、文化价值转化为经济价值，重新审视和拓展生态文化价值，根据产业环境和资源特点提升产业发展效率，从而增加产业经济效益。根据区域要素流动理论，要素的区域流动是朝着更高边际报酬率的方向发展。因此，要素边际报酬是生产要素流动的决定性因素①。建立起良好的共生关系并形成共生体，从而提升各生产要素的边际报酬率，逐渐形成包含林业、生态、文化、旅游等多功能产业发展，增加产业链中间生产或服务环节，使共生产业链条不断延伸，实现黑龙江国有林区产业经济效益的提升。

（三）实现产业社会效益的增长

人们的消费需求是多样化和动态化的，且与收入水平和支付能力相匹配。随着国民生活水平全面进入小康阶段，居民的消费结构逐步优化升级，开始由生存型向享受型转变。与此同时，生态消费中的绿色商品项目，在生态文明教育的不断作用下，呈现出从利己型向公益型的转变趋势，生态消费需求层次已超越以食品等基本生活资料为主的起步阶段，正随着消费的升级而进入多样化发展时期。消费者不断提升的生态文明素养及生态知识水平，日益强烈的人类命运共同体思想下的生态环境保护初衷，有力地促进了生态消费中购买意愿与行为的发生，为生态经济的增长提供了新的需求拉动力量。生态文化产业发展是对人们美好生活需要提供的生态文化供给，也是调节城乡发展不平衡不充分问题的重要战略。产业之间的融合共生发展，能够更好地满足人们的生态文化需要，找到乡村"文化振兴""产业振兴"与市场需求的最佳契合点，打造具有中国特色的生态文化产业，给予大众"最普惠的民生福祉"。重拾林业的多功能性，利用产业融合共生所引发的林业产业新业态，形成林业生态文化新产品、新服务，促使产品与服务的结构升级，满足人们高端精神文化的需要。

---

① 刘建江，罗双成.房价上涨、要素流动与制造业升级 [J].当代经济科学，2018,40（6）:98—106.

（四）实现产业生态效益的增长

国有林区是建设生态文明的关键领域，生态文明在国有林区文化形态中占据了重要地位。当前，国有森工企业已经转型成为具有公益性质的国有企业。国有林区通过开发生态文化产品或服务，所产生的生态效益在维持林业可持续发展、改善生态环境、提升国民生态文明素养中发挥了重要作用。生态文明的本质是产业与生态之间的互利共生①，产业的发展实际是通过资源环境的合理利用，实现区域内产业经济效益与生态效益的协调发展。通过生态文化资源与国有林区产业的共生发展，在提升生态产品文化附加值的同时，使"生态文化产品"成为传承和繁荣生态文化的重要载体；在产业发展中推进国有林区森林步道等基础设施建设，推动森林公园等国家保护区的管理和维护；推广生态文明教育的普及，广泛增强人们的生态意识和责任意识。

二、国有林区生态文化产业共生发展机制"DCP"分析框架

产业共生机制是指产业共生单元之间相互作用的动态方式。从上述分析可以得出，国有林区生态文化产业发展受到多种机制综合作用。本章按照"DCP"机制分析范式②，从产业动力机制（Dynamic Mechanism）、产业约束机制（Constraint Mechanism）、产业保障机制（Protection Mechanism）三个方面，对黑龙江重点国有林区生态文化产业共生发展机制展开分析研究，从而揭示林业生态文化产业发展的内在机理及反映产业共生关系演化的基本规律。由于在产业动态演进过程中，经常会出现同一个影响因素在不同阶段扮演着不同的角色，这些影响因素具有双重或多重属性，如产业政策、市场需求等既是驱动因素又是制约因素。因此，本书研究中根据影响因素作用发挥的大小，选择主要机制重点进行解析。

（一）产业动力机制解析

产业动力机制是各种激励的有机结合及其在产业发展过程中的作用关系，主要表现为产业主体的行为动机和发展趋势。本书突破传统产业组织理论，基于自

---

① 张智光. 基于生态—产业共生关系的林业生态安全测度方法构想 [J]. 生态学报，2013，33（4）:1326—1336.

② 战彦领. 煤炭产业链演化机理与整合路径研究 [D]. 北京：中国矿业大学，2009.

组织—规划共生模型中的综合经济因素、政府管制和中间组织等产业共生组织形成的主要驱动因素[①]，结合生态文化产业发展目标、市场需求变化、政府政策导向等方面因素，将黑龙江重点国有林区生态文化产业共生动力机制细分为效用驱动机制、市场需求拉动机制及政治推动机制来进一步分析研究。

1. 效用驱动机制方面。属于共生体系统协调演化的内生动力机制。产业共生单元出于自我发展的需求，通过构建共生关系和形成共生体，产生规模经济效益，防御产业波动的市场风险。自 2014 年黑龙江重点国有林区率先试点停伐后，国家通过中央财政拨款及相应的政策扶持，在推进林区改革的同时，保障了林区民生，减少停伐后出现的短期负面效应，但提升林区产业的自发展能力，寻找适合的接续替代产业来实现林业的可持续发展的工作仍然迫在眉睫。林业生态文化产业的形成和发展，其实是"生态文化"与传统林业产业融合共生的过程。通过对生态文化资源和国有林区产业资源的优化共生，并以此为基础不断实现产业融合发展，建立起更加紧密的产业共生关系。产业的逐利特性就是偏好流向高收益的领域，在产业共生网络中，产业共生单元会围绕主导单元逐步嵌入共生联盟中，呈现由点共生向线型和网络式共生形态发展的趋势。按照波特竞争优势理论和企业资源依赖理论，企业间价值链上的关联性能够促进合作伙伴的价值提升，只有实现资源优势互补效应，才能形成产业特色竞争优势。作为林业生态文化产业的核心产业，森林生态旅游就是在原有森林旅游产业的基础上，融入无形的生态文化资源。

2. 市场需求拉动机制方面。市场需求是产业发展运行的原动力。生态文化产品和生态文化服务的市场需求结构决定着生态文化产业的结构布局和发展规模。唐·舒尔茨（Don Schultz）指出，市场权力正在过渡变迁到消费者或顾客手中，而这种权力受制于人们日益增长的物质文化需求，直接影响和改变生态文化资源的开发利用程度，生态文化产业的规模、产品或服务类型的演变方向等。恩格斯认为，个人消费需求包括生存资料、发展资料和享受资料的消费需求[②]，生态文化产品的需求属享受资料消费需求，最终消费的物质产品或服务更具个性化消费

---

① 王贵明. 产业生态学研究进展 [J]. 生产力研究，2007（5）:102—105.
② 马克思，恩格斯. 马克思恩格斯全集（第 21 卷）[M]. 北京：人民出版社，1965: 570.

需求特点。目前，我国文化消费缺口仍然巨大。据统计，2020 年全国居民人均可支配收入达 32 189 元，但文化娱乐方面的人均消费支出仅为 2032 元，文化消费需求的增加是促使文化产业发展的重要推力。除社会层面的市场需求外，国有林区作为生态文化产品和服务的主要输出地，同时也享受生态文化产业发展所带来的普惠和红利。国有林区居民文化消费现仍处于基础性消费阶段[①]，林区文化建设相对缓慢。近年来，黑龙江重点国有林区通过实施文化惠民工程，大力加强林场所改造等方式，文化环境已经得到了极大改善，但是从满足林区职工群众精神文化需求方面来看，仍相去甚远。整体形式单一、落后，文化建设还仅限于图书馆、展览馆、文化广场等基础文化工程建设，文化活动还停留在电影放映、送戏下乡等较为原始的文化演出活动。多数局直艺术馆、博物馆因史料不够丰富很难发挥宣传和普及教育的作用。因此，国有林区同样面临较大的生态文化消费的现实需求。

3. 政治推动机制方面。国有林区是发展培育战略性新兴产业的重要领域，生态文化产业最重要的价值不仅是提供产业增加值，还在于文化的传承和弘扬。因此，政治推动也是黑龙江重点国有林区生态文化产业发展的重要动力机制。生态文明建设的目标是在一个区域内，实现产业经济与生态保护之间的互利共生、和谐发展[②]。国有林区生态文化产业的形成和发展，是贯彻落实习近平生态文明思想，从林区生态资源的利用实践上探索生态文化资源价值市场化，证实"两山"理论中生态就是生产力的科学判断。在生态文化产业的发展演化中，履行林业在生态文明社会建设中的责任和担当，完成守护国家生态文化安全的政治使命。通过产业融合共生，挖掘利用生态系统的精神价值，更好地满足人们在美好生活向往中对生态方面的现实需求。同时，生态文化的精神产品也可以继续为国有林区停伐转型后的再次振兴提供强大的精神动力。

[①] 曹玉昆，张亚芳，李博浩等.重点国有林区家庭文化消费影响因素分析 [J].资源开发与市场，2021，37（2）:194—199.

[②] 张智光.人类文明与生态安全:共生空间的演化理论 [J].中国人口·资源与环境，2013，23（7）:1—8.

（二）产业约束机制解析

产业约束机制主要是指产业发展过程中受到的资源和生态环境承载力约束。随着生态文明建设的深入，实现"碳达峰""碳中和"目标和愿景的明确，产业发展的约束机制日趋重要。2021年国务院发布《2030年前碳达峰行动方案》，并陆续推出各细分领域的具体实施方案，进一步推动了我国生态环保产业发展朝着绿色、低碳、可循环方向的全面升级。正确处理好经济发展与生态环境保护之间的关系，坚决摒弃传统粗放型产业发展的老路，既不能"竭泽而渔"，也不能"缘木求鱼"。产业在资源环境承载力范围内，将对生态产生一定的影响作用，生态环境保护与修复、资源高效循环利用的理念更加深入民心，经济社会发展的全面绿色转型需求更加迫切。林业是生态文明的主体，是生态文明的重要物质和文化基础[①]。具体而言，林业产业发展受制于林业产权制度和林业生态环境保护的相关法规约束[②]，以此保障森林资源的科学利用，保护森林生态系统的健康运行。综合黑龙江重点国有林区生态系统的经济增长、改革推进、生态安全以及资源的持续利用等多方面因素，构建经济发展与生态环境保护相协调的生态文化产业共生体系，实现黑龙江重点国有林区经济社会的可持续发展。

（三）产业保障机制解析

产业保障机制主要指产业自身的资源禀赋对产业发展的支撑能力。资源基础理论（Resource-Based View）认为，各种有形和无形资源的汇集构成了企业，正是这些资源成为企业特色发展、可持续发展的优势来源。美国经济学汤姆·蒂坦伯格教授（2016）研究指出，按照自然历史的演化规律，资源的出现应早于产业[③]。因此，在产业的最初发展阶段，资源禀赋基础是产业发展的保障。国有林区生态文化产业发展的资源禀赋及其生态效应，主要体现在林业生态系统的本底条件。如，森林生态系统中的"植被或森林植被""空气负离子浓度""旅游气候舒适度"等生态环境条件对森林生态旅游产业起到重要的产业保障作用[④]。据估算，

---

① 赵树丛.林业夯实生态文明根基 [J].中国林业产业，2013（Z2）:16—19.
② 朱文杰.资源—环境双重约束下我国林业经济发展方式的选择 [J].黑龙江科学，2018,9（6）:60—61.
③ 蒂坦伯格.环境与自然资源经济学（第十版）（经济科学译丛）[M].北京：中国人民大学出版社，2016：63.
④ 吴章文，吴楚材，谭益民等.生态旅游区生态环境本底条件研究 [J].中南林业科技大学学报，2009，29（5）:14—19.

在全国旅游资源总规模中森林、湿地、荒漠、野生动植物等自然资源约占60%。生态旅游有别于一般旅游的本底条件具体体现为，生态旅游区植被覆盖率须在60%以上，其中森林生态旅游区具有游憩保健利用价值的森林面积应在 20hm² 以上，以保证游客对森林环境的需求。黑龙江重点国有林区拥有的自然资源及生态文化资源，为生态文化产业发展奠定了坚实的基础。

第二节　黑龙江重点国有林区生态文化产业共生系统的构建

本书通过进一步明确黑龙江重点国有林区生态文化产业共生基本内涵、描述产业共生的具体表现，分析产业共生要素（产业共生单元、产业共生环境、产业共生模式）及产业共生条件等，构建黑龙江重点国有林区生态文化产业共生系统，为后文深入论述黑龙江重点国有林区生态文化产业发展影响要素作用机理、提出研究假设、构建产业发展机理理论模型奠定研究基础。

一、黑龙江重点国有林区生态文化产业共生的基本内涵

国有林区的产业发展受生态系统、资源系统、经济系统、社会系统（含林区社会系统）的综合作用。本书从产业共生理论视角，将黑龙江重点国有林区生态文化产业看作一个共生系统（如图4—1），用以描述和分析生态文化资源（产业）与林业产业之间的共生关系。黑龙江重点国有林区生态文化产业共生，是以生态与产业和谐共生为发展目标，遵循林业产业和文化产业的产业特点及发展规律，围绕生态文化资源的合理利用，在产业共生研究中培育林业特色产业，用文化产业的"朝阳产业"特质拉动林区经济建设，优化调整黑龙江重点国有林区产业结构，提升林业生态产品文化标识及文化附加值，推动黑龙江国有森工企业改革转型，实现黑龙江重点国有林区的可持续发展。在林区产业共生发展中，既满足社会大众对生态产品的消费需求，又满足黑龙江重点国有林区职工和居民的文化需求。

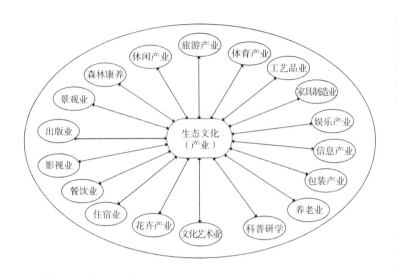

图4—1　生态文化（产业）与林区相关产业共生系统

黑龙江重点国有林区生态文化产业共生表现在两个方面，一是生态文化资源与林业产业的共生发展，具体为资源与产业的共生，整合规划生态文化资源、开发生态文化产品等形成产业共生体（如图4—2所示）；二是生态文化以"文化产业"的形式与林业产业的共生发展，具体为产业融合共生，促进黑龙江重点国有林区内产业交叉融合与跨界重组，通过文化产业与林区各产业的广泛关联和融合，提升林业产业间共生的增值效益（如图4—3所示）。

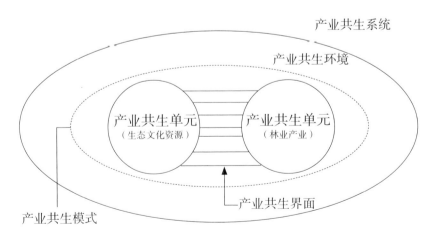

图4—2　国有林区生态文化产业（生态文化资源与林业产业）共生发展示意图

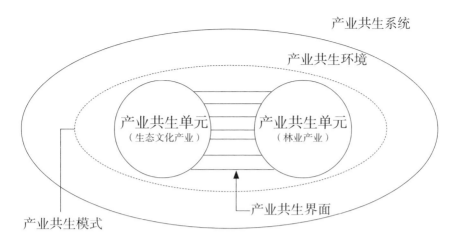

图 4—3　国有林区生态文化产业（生态文化产业与林业产业）共生发展示意图

二、黑龙江重点国有林区生态文化产业共生要素分析

实现产业共生目标，其实质是产业共生单元按照一定的共生模式所产生的共生能量和共生效益。下面从产业共生单元、产业共生环境、产业共生模式等方面对黑龙江重点国有林区生态文化产业共生要素进行分析。

（一）产业共生单元

共生单元是形成共生体的基本物质条件，是维系共生关系的基本生产、交换单位。在黑龙江重点国有林区生态文化产业共生系统中，产业共生单元的形式可以是企业层面，也可以是产业层面，根据产业共生单元形成的不同种组合，划分出不同的共生关系。产业共生单元是相对的而非绝对的。产业共生单元的内在性质和外部特征，可用质参量和象参量来分别描述[①]（如图 4—4）。产业共生单元按照性质和功能的特点可分为同质和异质两种，同质共生单元因替代性占主导大多表现为单元之间的"竞合关系"，异质共生单元因差异性占主导大多表现为单元之间的"和合关系"。根据当前黑龙江重点国有林区生态文化产业发展现状，产业共生大体可以分为两种情况。第一种是生态文化与林区产业之间的共生，也可以说是"资源"与"产业"之间的共生发展。将"生态文化"看作一个共生单元 A，林区现有生态产业为共生单元 B，A 离开 B 只能以资源的形式存在，不能实现其

---

① 王珍珍，鲍星华．产业共生理论发展现状及应用研究 [J]．华东经济管理，2012, 26（10）:131—136.

经济价值；而 B 离开 A 则能够以产业的形式独立存在；当 A 和 B 同时存在，必然产生某种依存关系。也就是说，此时的产业共生是实现生态文化产业化的重要途径。目前，这种产业共生关系比较典型的形式有，林业生态文化中的"花文化"融入林区的花卉观光业，"森林文化"融入森林旅游业，生态文化融入家具制造业、玉石加工业及木质工艺品加工业等，通过融入特色文化资源，增加原有产业的文化附加值，同时，生态文化资源也能够在产业发展和产品生产中得到保护、传承和弘扬。第二种是生态文化将"文化创意产业"的形式看作共生单元 A，林区现有生态产业为共生单元 B，A 和 B 都是能够以产业的形式独立存在，当 A 和 B 同时存在，则在市场机制作用下，自发形成产业融合的共生关系，通过进行资源交换双方利益都有所增加。这种产业共生关系比较典型的形式，比如"文化创意产业"与林业第一产业的共生，形成休闲林业、林业景观建设、林产品开发等；与林业第二产业的共生，延长木质手工艺品加工业、森林生态旅游产品开发的产业链；与林业第三产业的共生，最典型的就是森林生态旅游等新兴业态，也是国有林区生态文化产业的核心产业，并带动与林区博物馆文创产品研发、餐饮业、绿色食品业等关联产业的融合发展，形成多种共生体。

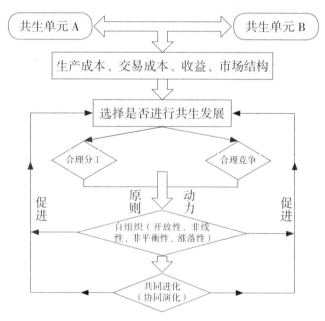

图 4—4　共生单元之间的内在本质联系

（二）产业共生模式

产业共生模式，也称产业共生关系，是指产业共生单元之间相互作用的结构关系，代表了产业共生系统物质能量交换的形式，是产业共生的核心变量和关键要素。如果从狭义的共生（互利共生或偏利共生）角度来看，共生模式反映了共生单元之间互补、兼容的能量和物质交流关系；如果从广义的共生（包含寄生、偏害共生、竞争共生）角度来看，共生模式反映了共生单元之间既竞争又合作的能量和物质交流关系，从而形成了共生单元之间多样化的共生关系形态。因此，黑龙江重点国有林区生态文化产业中的共生关系不是始终不变的，它是随着产业共生单元性质及产业共生环境的改变而动态演化的。

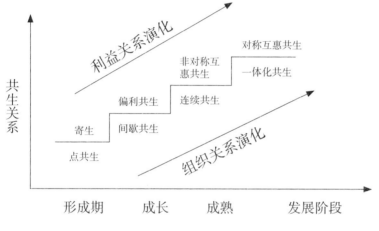

图4—5　产业共生模式发展示意图

产业共生的基本模式有两种，一是反映产业共生组织紧密程度的共生组织模式，按照关联程度从弱到强依次为点共生模式、间歇共生模式、连续共生模式和一体化共生模式（如图4—5、表4—1所示）。一体化共生则主要是指产业的融合现象。本书分析研究的龙江森工集团和伊春森工集团下属各林业局子公司的生态文化产业共生模式，主要指的是一体化共生的产业融合模式，包括生态文化资源与林业产业的融合、文化创意产业与林业产业的融合等。二是描述产业共生主体行为方式的模式，可以分为互利型、偏利型及寄生型产业共生。互利型产业共生是指企业间通过优势互补的物质流交换，形成利益共同体，从而实现互利共存；偏利型产业共生是指在共生关系中有一方获利明显高于另一方；寄生型产业共生是在共生关系中有且仅有一方获利。在黑龙江重点国有林区生态文化产业共生发展中，产业共生单元之间为维持长期稳定的共生关系及完全竞争状态，除少数生产公共文化产品的产业外，只有对称性互惠共生是产业共生系统中较为理想的产业共生行为模式。在此过程中，生态文化资源等产业发展物质或精神要素，生态文化产业相关市场信息，森工企业人力资本、组织资本等能量在产业共生单元之间循环流动，提高系统整体产出，形成的产业共生网络系统最稳定，达到国有林区生态文化产业生存和发展的理想和最优状态。但由于共生单元处于不同的产业寿命周期，产业共生模式也会逐渐向更高阶段演化。根据生态学上的种间竞争分析，在黑龙江重点国有林区生态文化产业共生发展过程中，产业共生单元不干涉，只有在资源总量减少而威胁到竞争对手发展和生存的情况下，会出现资源利用性竞争。

表4—1 共生系统理论存在的 16 种基本状态

组织模式 行为模式	点共生 M1	间歇共生 M2	连续共生 M3	一体化共生 M4
寄生 P1	（P1，M1）	（P1，M2）	（P1，M3）	（P1，M4）
偏利共生 P2	（P2，M1）	（P2，M2）	（P2，M3）	（P2，M4）
非对称互惠 共生 P3	（P3，M1）	（P3，M2）	（P3，M3）	（P3，M4）
对称互惠共 生 P4	（P4，M1）	（P4，M2）	（P4，M3）	（P4，M4）

（三）产业共生环境

产业共生关系需要在一定的共生环境中孕育和发展。产业共生环境由共生单元以外的所有影响因素的总和构成，属于产业共生关系的外生条件。黑龙江重点国有林区生态文化产业中的共生体要根据市场需求、资源环境、产业政策的变化而做出相应调整，以适应产业共生环境的变化。通常产业共生环境可以分为政策环境、市场环境、空间环境和社会规范环境等。政策环境主要包括政府对林区生态文化产业发展的产业政策导向，以及产业专项补贴政策，税收优惠政策，融资优惠政策等，其中市场激励型政策规制可以减少森工企业市场风险，激励森工企业开展产业融合共生。市场环境主要包括消费者不断增长的生态文化需求，人口消费能力和文化消费水平的提高，成熟的产业技术环境带来新的市场机会，市场社会文化环境对消费者生态文化消费倾向的影响，森工企业当前面临的激烈的同类生态文化产品的市场竞争等。空间环境主要包括森工企业发展生态文化产业的生存环境方面，林业局所在地公益性、公共文化等产业配套设施、公共服务、交通区位便利性；当地生态文化产业方面带头企业和代表人物创新力、示范力作用的发挥；当地政府和居民对发展生态文化产业的支持程度；生态文化资源的储备情况等。社会规范环境主要包括政府对林区生态资源使用的约束和限制，国家对环境保护的相关法律、法令和条例，国家对民众生态文明教育和约束提出的明确要求等。根据共生思想，共生环境对共生体的影响一般分为激励型（正向）、抑制型（负向）和中性型三种类型，因此得出产业共生体与产业共生环境的互动关系[①]如表4—2所示。

表4—2 产业共生体与产业共生环境的互动关系

		正 向	中 性	反 向
产业共生体	正向	双向激励	由共生激励	环境反抗正向激励
	中性	由环境激励	激励中性	环境反抗
	反向	共生反抗正向激励	共生反抗	双向反抗

---

① 郎春雷.高技术产业共生理论研究 [D]. 合肥：合肥工业大学，2004.

三、黑龙江重点国有林区生态文化产业共生条件分析

按照共生理论，共生关系的形成必须具备一定的共生条件，即共生的兼容性、有界性以及异质性。共生过程是共生单元的共同进化过程，也是特定时空条件下的必然进化过程。产业共生的条件反映了产业共生单元在形成共生体时应具备的性状要求。根据黑龙江重点国有林区生态文化产业的特点，产业共生条件主要包括以下三个方面：

第一，在产业共生环境下，共生单元的质参量具有兼容性。质参量兼容是共生单元形成共生体的基本条件之一。产业共生单元间至少有一组质参量具备相互表达、相互影响甚至相互决策的能力，结成"共生体"，获得"共生能量"，最终实现"共同进化"。在黑龙江重点国有林区生态文化产业共生系统中，作为核心产业层的森林生态旅游产业，存在多组质参量兼容，除了要拥有丰富的生态文化资源，还需要景观业、制造业、餐饮业、住宿业等其他产业共生单元之间的融合与表达。

第二，产业共生单元间能够通过共生界面实现各种分工合作。在共生理论中，共生界面存在于共生单元之间，为共生要素的交换和传递提供媒介、通道或载体，搭建实现共生愿望的平台，为共生单元间提供更多交流互动的合作机会，以此维系共生关系的延续，是共生关系形成和发展的必要条件。同时，共生界面也是需要共同遵守的规范，对共生系统有着直接的制约作用。对于黑龙江重点国有林区生态文化产业共生系统而言，通过产业共生界面的传导，及时了解生态文化产业共生关系的现状，为产业共生单元的自我调节提供生态文化市场供需是否平衡、生态文化产品结构是否合理、产业共生关系是否稳定等重要信息，实现有效调整生态文化产业共生行为方向，进一步推动黑龙江重点国有林区生态文化产业共生模式不断向对称互惠共生模式优化演进。

第三，产业共生单元之间存在较为明显的异质性。只有共生单元存在异质性，才能形成互补关系，产生强烈的共生意识和愿望。在产业共生过程中，共生单元因为资源或功能的异质性而相互吸引，发挥各自优势，通过产业融合共生刺激市场需求，提高产业收入需求弹性，扩张产业饱和水平，从而提升均衡产量，达到"1+1>2"的协同效应。在黑龙江重点国有林区生态文化产业发展中，生态文化资

源同时具备了价值性、稀缺性及不可替代性这三项短期内无法复制的资源特质[①]，而这些资源特质能够助力黑龙江重点国有林区打造个性化、体验式的高端生态文化产品逐步占领市场，填补传统的单一产业发展所不能满足的消费需求，成为"经济租金"的文化资本[②]。

第三节　黑龙江重点国有林区生态文化产业 发展影响要素的作用机理

本节主要分析在黑龙江重点国有林区生态文化产业发展中，森工企业创新能力、产业共生界面、产业共生能量、产业共生关系程度与生态文化产业共生行为之间的作用机理。参考前文第三章第二节中林业生态文化产业发展水平评价视角，根据"产业生产力"指标中包含的"生态文化资源""人力资源"等生产要素的投入指标，初步确定产业共生能量的要素为森工企业人力资本、组织资本及林区生态文化资源；根据"产业影响力"指标中包含的"经济影响"和"生态影响"产出指标，初步确定产业共生行为的绩效由"产业经济效益"和"产业生态效益"两部分组成；根据"产业驱动力"指标中"市场需求""公共环境""创新环境"等内容，初步确定产业共生界面包含"产业共生动因"及"产业政策环境规制"，在此基础上，深入分析黑龙江重点国有林区生态文化产业发展机理。

一、森工企业创新能力对产业共生行为的直接影响机理

国有森工企业具备环境保护、资源节约、生态延续等多种生态功能。因此，国有森工企业体现出的生态创新具有双重外部性。国有森工企业生态创新属生态和经济导向创新的双元平衡（Balance Dimension of Ambidexterity）和双元互补（Combined Dimension of Ambidexterity），与国有林区生态文化产业发展目标高度一致，即实现生态及经济绩效的双重增长。通过构建共生式的产业生态创新，获

---

① 吕子慧.不可移动性民族文化旅游产品对旅游需求影响的研究 [D].广州：广东技术师范大学，2020.
② 吴宗枝.文化资本导向下历史文化名镇保护与发展研究 [D].重庆：重庆大学，2020.

得更多的技术资源和发展机会，从而更好地迎接技术变革和市场竞争的挑战。发生产业共生的共生单元，在生产过程中保持较高水平的经济和生态导向创新，在共生的过程中产生互补、叠加的效应，体现出国有森工企业生态创新对经济和生态绩效的双元作用。国有林区的产业发展具有的生态和经济共生性特点，既是创造低碳可循环经济效益的过程，也是自然生态系统修复循环发展的过程，两者关系密不可分。

国有森工企业的创新主要表现为对已有生态资源的整合和新资源的开发利用，从而发掘生态文化资源的潜在经济价值，提高生态资源的转化利用率，使其成为国有森工企业的竞争优势。通过将创新理念融入国有森工企业的发展定位、目标、经营思想，使之适应外部环境，在提升产业综合实力和创新能力的同时，产业共生单元之间形成紧密联结，获取更多的知识和信息资源。对于国有森工企业生态创新的影响要素，影响一般创新能力的技术水平、信息来源、人力资源等要素同样是关键因素，也就是说一般创新能力较强的国有森工企业更易于实施生态创新。基于上述分析，本书认为森工企业的创新能力对黑龙江重点国有林区生态文化产业共生行为具有正向显著影响作用。由此，提出如下研究假设：

假设 1：在黑龙江重点国有林区生态文化产业发展中，国有森工企业的创新能力直接正向显著影响产业共生行为。

假设 1—1：在黑龙江重点国有林区生态文化产业发展中，国有森工企业的创新能力直接正向显著影响产业经济效益。

假设 1—2：在黑龙江重点国有林区生态文化产业发展中，国有森工企业的创新能力直接正向显著影响产业生态效益。

二、产业共生界面对产业共生能量的直接影响机理

共生界面实质是不同关联产业间的联结纽带，具体细分为市场服务体系、政府支持体系和社会法制体系等。共生界面是共生单元之间进行物质、信息和能量传导的媒介、通道或载体，是共生关系形成和发展的基础，对共生能量的形成和提升有着直接的制约作用。在产业共生理论下，企业间开展的竞合与共生演进的生态创新活动，需要不同主体的参与及交互，并越发依赖产业的外部环境的构建。

在黑龙江重点国有林区生态文化产业共生发展中，产业共生单元在一定的生态文化产业政策环境规制、产业共生动力机制作用下，结合社会和环境诉求，在培育新的市场机会的同时，大幅提高生态文化资源利用率，提升国有森工企业组织资本和人力资本水平，从而提升林区生态文化产业共生能量。由于林区生态文化产品大都属生态环境的公共产品，使得森工企业产出效率的提高通常远不及生态产品市场需求的增加。这意味着国有森工企业需要依靠政府给予足够的支持和激励，来弥补市场未能起到的对产业融合共生发展的作用。基于上述分析，本书认为在黑龙江重点国有林区生态文化产业发展中，产业共生界面对产业共生能量具有正向显著影响作用。由此，提出如下研究假设：

假设2：在黑龙江重点国有林区生态文化产业发展中，产业共生界面正向显著影响产业共生能量。

假设2—1：在黑龙江重点国有林区生态文化产业发展中，产业政策环境规制正向显著影响森工企业人力资本。

假设2—2：在黑龙江重点国有林区生态文化产业发展中，产业政策环境规制正向显著影响森工企业组织资本。

假设2—3：在黑龙江重点国有林区生态文化产业发展中，产业政策环境规制正向显著影响林区生态文化资源。

假设2—4：在黑龙江重点国有林区生态文化产业发展中，产业共生动力正向显著影响森工企业人力资本。

假设2—5：在黑龙江重点国有林区生态文化产业发展中，产业共生动力正向显著影响森工企业组织资本。

假设2—6：在黑龙江重点国有林区生态文化产业发展中，产业共生动力正向显著影响林区生态文化资源。

三、产业共生能量对产业共生行为的直接影响机理

产业共生能量直接影响产业共生行为。本书借鉴人力资本、组织资本、资源管理等生态创新关键影响因素，分析在黑龙江重点国有林区生态文化产业发展中产业共生能量对产业共生行为的影响机理。同样，这些要素也是国有森工企业在

选择构建产业共生实现生态创新时着重考虑的。

高水平的国有森工企业组织资本能够通过增进企业内部各部门之间、与政府部门之间的沟通配合，了解客户等利益相关者的生态文化需求，提高森工企业管理水平和工作效率，提升国有森工企业运用政策效果。在人力资本中，国有森工企业高素质管理者和员工具备较高的学习能力和创新能力，能够帮助企业开展生态创新活动。国有林区产业发展的市场导向性较强。市场需求反映出的绿色消费容量，能够促进国有森工企业积极呼应消费者对生态产品或服务的需求变化。生态创新涉及跨职能、跨部门之间的高度合作，这也对国有森工企业的高层管理人员提出了更高的要求，需要森工企业家们具备生态创新所需的战略意识及专有技术等，因此国有森工企业高管的认知及组织协调能力对于黑龙江重点国有林区生态创新非常重要。国有森工企业将生态文化资源和生产能力投入到生态文化产业创新领域，以高度的责任感将生态创新纳入发展战略高度。因此，国有森工企业人力资本越丰富，越能较快识别生态文化产业市场机遇，产生创新思维，主动进行生态创新。

国有森工企业的生态创新实质上是有效利用企业资源，创造出新的市场空间、产品和服务或工艺流程的过程。生态文化资源的数量、种类及特性在国有林区生态文化产业发展中产生重要作用。国有森工企业之间存在较高的生态文化资源重叠，资源禀赋差异会导致企业生态创新行为相异而不是趋同。因此，在黑龙江重点国有林区生态文化产业共生发展中，通过与产业上下游企业的参与和合作，建立良好稳定的合作伙伴关系，形成有效的产业共生关系网络，实现良好的沟通可以有效避免产业同质竞争，更好地促进产业共生发展，从而提升黑龙江重点国有林区生态文化资源使用率。当国有森工企业拥有较强的生态位宽度时，往往会忽略与自身资源相似度较高的企业，因此需要森工企业在生态文化产业共生发展中，重视与外部组织的联系沟通，及时准确识别和挖掘有潜在融合发展价值的企业外部资源。与此同时，也能加强合作伙伴对森工企业内部产业发展优势的更多了解，这将为跨组织的技术协同共生带来积极作用。基于上述分析，本书认为在黑龙江重点国有林区生态文化产业发展中，产业共生能量正向显著影响产业共生行为。由此，提出如下研究假设：

假设 3：在黑龙江重点国有林区生态文化产业发展中，产业共生能量正向显著影响产业共生行为。

假设 3—1：在黑龙江重点国有林区生态文化产业发展中，森工企业人力资本正向显著影响产业经济效益。

假设 3—2：在黑龙江重点国有林区生态文化产业发展中，森工企业组织资本正向显著影响产业经济效益。

假设 3—3：在黑龙江重点国有林区生态文化产业发展中，林区生态文化资源正向显著影响产业经济效益。

假设 3—4：在黑龙江重点国有林区生态文化产业发展中，森工企业人力资本正向显著影响产业生态效益。

假设 3—5：在黑龙江重点国有林区生态文化产业发展中，森工企业组织资本正向显著影响产业生态效益。

假设 3—6：在黑龙江重点国有林区生态文化产业发展中，林区生态文化资源正向显著影响产业生态效益。

四、产业共生界面对产业共生行为的直接影响机理

良好的生态环境既是林业产业的竞争优势，也是产业长期效益的体现。国有林区产业发展高度依赖又直接作用影响于生态环境。在黑龙江重点国有林区生态文化产业共生发展中，产业共生界面中的政府支持体系和社会服务体系显得尤为重要。因此，国有林区产业特点会使得国有森工企业有意愿主动遵循政府环境规制政策，更少出现"阳奉阴违"的情况。在黑龙江重点国有林区生态创新过程中，同时考虑生态和经济因素的行为才能够实现国有森工企业的可持续发展目标。政府生态环境规制通常会从社会公平性的角度出发，而非重点考虑国有森工企业的投入产出效率；而对于国有森工企业而言，生态创新不仅要坚持生态效益与经济效益，在规范合法中获取生态资源优势，还要根据关键利益相关者的诉求及偏好选择生态文化资源的呈现方式。在面对现实的困境中，国有森工企业会出现"退耦现象"。与其他创新相比，生态创新更依赖于环境规制，政府必须制定并实施严格的环境政策才能让企业意识到生态保护的重要性，从而实施生态创新。众多研究表明，通常政府环境规制和企业生态创新之间存在正向关系，政府环境规制

越严格，越能够促进企业生态创新的发展。在黑龙江重点国有林区生态文化产业共生发展中，国家林业产业相关宏观指导政策为外部驱动因素；停伐后国有森工企业通过产业转型，走出自身发展困境，寻找替代产业等因素为内部制约因素，共同构成了产业共生动因的主要因素。内外部因素共同作用，推动国有森工企业产业转型，发生产业共生行为，促进国有林区生态文化产业形成和发展。基于上述分析，本书认为在黑龙江重点国有林区生态文化产业发展中，产业共生界面正向显著影响产业共生行为。由此，提出如下研究假设：

假设4：在黑龙江重点国有林区生态文化产业发展中，产业共生界面正向显著影响产业共生行为。

假设4—1：在黑龙江重点国有林区生态文化产业发展中，产业政策环境规制正向显著影响产业经济效益。

假设4—2：在黑龙江重点国有林区生态文化产业发展中，产业共生动力正向显著影响产业经济效益。

假设4—3：在黑龙江重点国有林区生态文化产业发展中，产业政策环境规制正向显著影响产业生态效益。

假设4—4：在黑龙江重点国有林区生态文化产业发展中，产业共生动力正向显著影响产业生态效益。

五、以产业共生能量为中介在产业共生界面与产业共生行为之间的影响机理

国有林区生态文化产业兼具社会福利性，且环境和经济效益高度相关，环境规制是影响国有森工企业生态创新的重要外部因素。以基础设施建设、中介机构、政府等因素为主的产业共生环境，需要一定的产业共生界面对共生体发生作用。产业共生单元通过产业共生界面选择资源交换模式，加强宏观战略的贯彻与实施，从而引发产业共生行为。依据产业共生界面中的环境规制和动力机制，产业共生单元之间通过森工企业优质人力资本流动，可以有效实施生态创新，增强产业链上的协作关系，进而使产业共生单元之间的合作关系更加稳定持久。国有森工企业高层管理者的价值观、经历、环保意识、行为意向、文化水平等个体特征所形成的认知，将会极大地影响其对外部环境情境或政策的解读，对国有森工企业生

态创新产生重要影响。产业共生界面通过作用于产业共生能量，使得国有森工企业在共生行为中履行环境责任和创新行为，有效融合产业共生单元之间产生的知识溢出，从而体现出知识的正外部性；在经营活动中产生的环境溢出，体现出了环境的负外部性。生态创新具备"创新"和"环境改善"双重属性，因此产业共生能量作为产业界面与产业共生行为的通道，帮助国有森工企业获得新的商业机会和竞争优势。基于上述分析，本书认为在黑龙江重点国有林区生态文化产业发展中，产业共生能量在产业共生界面与产业共生行为之间的影响机理中存在中介效应。由此，提出如下研究假设：

假设5：在黑龙江重点国有林区生态文化产业发展中，产业共生能量在共生界面与产业共生行为之间的影响机理中存在中介效应。

假设5—1：在黑龙江重点国有林区生态文化产业发展中，森工企业人力资本在共生界面与产业经济效益之间的影响机理中存在中介效应。

假设5—2：在黑龙江重点国有林区生态文化产业发展中，森工企业组织资本在共生界面与产业经济效益之间的影响机理中存在中介效应。

假设5—3：在黑龙江重点国有林区生态文化产业发展中，林区生态文化资源在共生界面与产业经济效益之间的影响机理中存在中介效应。

假设5—4：在黑龙江重点国有林区生态文化产业发展中，森工企业人力资本在共生界面与产业生态效益之间的影响机理中存在中介效应。

假设5—5：在黑龙江重点国有林区生态文化产业发展中，森工企业组织资本在共生界面与产业生态效益之间的影响机理中存在中介效应。

假设5—6：在黑龙江重点国有林区生态文化产业发展中，林区生态文化资源在共生界面与产业生态效益之间的影响机理中存在中介效应。

六、以产业共生关系程度为调节效应在共生能量与产业共生行为之间的影响机理

（一）产业共生能量与产业共生关系程度

共生能量在共生关系程度的不断强化和稳定中得到提升。在共生网络中，发生共生关系的两个结点，通过有效沟通交流，激发新知识产生，增加获取信息的

机会，从而提升共生企业的生存能力。产业共生单元之间的关系体现为一种供求关系。产业共生单元之间通过形成共生关系，在共生单元之间通过共生介质的有效生产、交换与配置，产生共生能量使产业共生单元获利，从而进一步稳定生态文化产业的共生关系。产业共生单元之间通过产业融合进行联结，建立起较高的关注程度，增强森工企业组织资本水平。在黑龙江重点国有林区生态文化产业发展中，产业共生关系强度是国有森工企业战略规划远见、了解生态文化市场需求程度、激励机制效果水平和能力的一种具体体现，为产业生态创新提供源泉和动力。国有森工企业合理化制定有关生态创新理念和生态文化产业发展的战略规划，及时准确掌握生态文化产业发展的市场需求，具有完善合理的鼓励创新的激励机制，能够有效提升国有森工企业组织资本。产业共生能够促进林区生态文化资源充分共享和合理利用。而在黑龙江重点国有林区生态文化产业中，产业共生能量具体体现在国有森工企业生态文化资源管理方面。森工企业间通过产业共生关系合作，在遵循市场经济法则的前提下，充分调动各类生态文化资源在森工企业间的合理配置和流动。通过产业融合的共生战略规划，分工协作，优势互补，形成产业共生组织模式，提高国有森工企业生态文化资源管理效益，利用共生产业的各自优势共同开发生产林区生态文化产品，有效缓解国有森工企业发展的环境压力。

产业链上下游企业建立的合作伙伴关系，可以进一步丰富国有森工企业关系资本，促使企业进行生态创新。随着生态文明建设的不断推进，绿色产业、低碳产业和循环产业的兴起，为国有林区产业发展带来无限生机。当绿色产品需求较高时，在环境与资源压力下，国有森工企业为了扩大产销量，争夺市场份额，将通过与高等院校、科研院所等研究机构在产品或技术等方面开展生态技术合作创新，加大生态科研力度；通过与金融机构建立长期稳定的合作关系为生态文化产业发展提供资金支持，以此来有效拓展其内部资源，扩大市场需求以及影响政府生态政策，从而直接驱动国有森工企业内部各动力要素，推动国有林区生态创新进程。国有森工企业通过与外部利益相关者的充分互动，及时了解生态文化产品市场的需求状况，把握最佳的创新准入时机。

（二）产业共生关系程度与产业共生行为

共生单元之间的关系程度越强，则有助于共生单元之间的直接联结、深度交流互动，进而有助于企业的技术创新与企业管理方式的创新等，实现生态创新的共生行为。产业共生单元之间的关系规模越大，意味着产业共生单元越多元化，产业共生单元之间的关系资源越丰富，将会产生更多的合作者和公共知识分享平台，更有利于实现产业共生行为。产业共生单元之间的关系稳度越强，说明产业共生单元之间关系越持久稳定，更加相互信任、产生合作、实现生态创新的影响就越显著。

国有森工企业拥有的可用于生态文化产业开发的内部资源，能够为企业选择最佳战略、应对外部需求提供坚实的资源保障，同时也是知识创新和组织能力来源的关键因素。国有林区的生态文化资源是一种高价值稀缺资源，难以模仿和替代的创新性战略资源，是国有森工企业产生异质性并保持可持续竞争优势的重要来源。因此，稳定的产业共生关系可以有效深度挖掘生态文化资源，促进资源整合。国有林区的生态创新，关键是将国有森工企业的资源和技能借助于有效的资源管理，准确识别、整合利用，最大限度地转化为生态产品和生态服务，在满足市场生态需求的同时提升国有森工企业价值。因此，产业共生关系可以帮助国有森工企业有效整合、构建和重新配置各类资源，从而将异质性的生态文化资源优势转化为竞争优势，提高国有森工企业的创新绩效，通过有效的资源管理对国有森工企业生态创新行为发挥作用。基于上述分析，本书认为在黑龙江重点国有林区生态文化产业发展中，产业共生关系程度在共生能量与产业共生行为之间起到了正向的调节作用。由此，提出如下研究假设：

假设6：在黑龙江重点国有林区生态文化产业发展中，产业共生关系程度在共生能量与产业共生行为之间起到了正向的调节作用。

假设6—1：在黑龙江重点国有林区生态文化产业发展中，产业共生关系程度在森工企业人力资本与产业经济效益之间起到了正向的调节作用。

假设6—2：在黑龙江重点国有林区生态文化产业发展中，产业共生关系程度在森工企业组织资本与产业经济效益之间起到了正向的调节作用。

假设6—3：在黑龙江重点国有林区生态文化产业发展中，产业共生关系程度在林区生态文化资源与产业经济效益之间起到了正向的调节作用。

假设6—4：在黑龙江重点国有林区生态文化产业发展中，产业共生关系程度在森工企业人力资本与产业生态效益之间起到了正向的调节作用。

假设6—5：在黑龙江重点国有林区生态文化产业发展中，产业共生关系程度在森工企业组织资本与产业生态效益之间起到了正向的调节作用。

假设6—6：在黑龙江重点国有林区生态文化产业发展中，产业共生关系程度在林区生态文化资源与产业生态效益之间起到了正向的调节作用。

第四节 黑龙江重点国有林区生态文化
产业发展机理理论模型的构建

通过深入分析黑龙江重点国有林区生态文化产业共生发展影响要素的作用机理，基于产业共生理论及生态创新行为的要素分析，按照共生理论的构成要素多维度解析黑龙江重点国有林区生态文化产业发展目标的影响要素，主要以"共生单元—共生能量—共生界面"理论分析范式，构建黑龙江重点国有林区生态文化产业发展机理理论模型，并在此基础上提出各变量之间的假设关系。

一、构建理论模型

基于对黑龙江重点国有林区生态文化产业共生发展中产业共生界面、产业共生能量、产业共生关系程度、产业共生行为（目标）及森工企业创新能力之间相互影响、作用的关系分析，构建出黑龙江重点国有林区生态文化产业发展机理理论模型。通过研究分析，认为在黑龙江重点国有林区生态文化产业共生发展中，各要素之间存在的影响机理如下：

森工企业创新能力对产业共生行为存在直接正向显著的影响机理；产业共生界面直接正向显著影响产业共生行为，且产业共生界面与共生能量间存在直接正向显著的影响机理；产业共生能量对产业共生行为存在直接正向显著的影响机理，同时产业共生能量通过产业共生关系程度的调节作用间接正向显著影响产业共生行为。

本书以产业共生理论为基础，借鉴"UEI"共生理论分析范式，根据文化再生产理论中文化资本转换特点，运用林业可持续理论和产业融合理论，深入剖析黑龙江重点国有林区生态文化产业发展目标和产业融合发展的现状，对黑龙江重点国有林区生态文化产业发展的影响要素进行分析，构建了黑龙江重点国有林区生态文化产业发展机理的理论模型（见图4—6）。

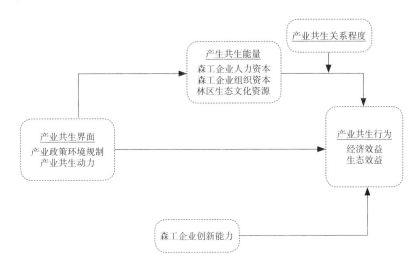

图4—6 黑龙江重点国有林区生态文化产业发展机理理论模型

黑龙江重点国有林区经历了从"限伐"到"停伐"，林区产业中以木材加工制造业为主导的林业产业不断萎缩，与此同时，伴随着林区的体制改革，出现大量职工等待安置就业，倒逼加快发展林区产业，优化林业产业结构。围绕国有林区独特的生态文化资源，利用现代经济理念和产业经营模式，发展国有林区生态文化产业势在必行。黑龙江重点国有林区生态文化产业需要在共生发展中不断提升产业竞争力，而产业竞争力在产业共生关系中表现为产业发展、繁殖的能力，即产业共生能量，具体表现为国有森工企业的人力资本、组织资本及林区生态文化资源等方面。产业共生界面通过产业政策环境规制和产业共生动力作用于产业共生能量，从而间接作用于黑龙江重点国有林区生态文化产业的共生行为，即产业绩效（经济效益和生态效益）。黑龙江重点国有林区生态文化产业的发展，涉及产业共生关系中相关国有森工企业的创新能力和产业共生能量的提高，产业共生界面的有效发挥、适当产业共生关系程度的调节等综合方面因素，因此，构建黑龙江重点国有林区生态文化产业共生发展机理的理论模型具有重要作用。

二、各变量间的假设关系

本书按照产业共生构成要素，综合各变量之间的逻辑关系，提出6组36个假设关系，用以诠释和论证黑龙江重点国有林区生态文化产业发展机理。森工企业创新能力可以有效提升产业共生单元之间的融合发展和交叉思维能力，从而促进生态文化产业共生行为的发生。因此，第1组假设内容主要提出森工企业的创新能力直接正向显著影响生态文化产业共生行为。第2—4组假设内容主要围绕产业共生界面、产业共生能量和产业共生行为三者之间的关系。具体而言，在黑龙江重点国有林区生态文化产业发展中，产业共生界面直接正向显著影响产业共生能量，表现为以产业政策环境规制和产业共生动力为主的产业共生界面，对黑龙江重点国有林区森工企业的人力资本、组织资本和林区生态文化资源具有正向显著影响；产业共生能量直接正向显著影响产业共生行为；产业共生界面直接正向显著影响产业共生行为。第5组假设内容主要提出产业共生能量在产业共生界面与产业共生行为之间的影响机理中存在中介效应。第6组假设内容主要提出产业共生关系程度在产业共生能量与产业共生行为之间起到正向调节效应。各变量之间的假设关系整理汇总如下表4—3所示。

表4—3　黑龙江重点国有林区生态文化产业发展机理研究假设关系汇总表

序　　号	变量间的假设关系内容
假设 1	森工企业创新能力直接正向显著影响产业共生行为
假设 1—1	森工企业创新能力直接正向显著影响产业经济效益
假设 1—2	森工企业创新能力直接正向显著影响产业生态效益
假设 2	产业共生界面正向显著影响产业共生能量
假设 2—1	产业政策环境规制正向显著影响森工企业人力资本
假设 2—2	产业政策环境规制正向显著影响森工企业组织资本
假设 2—3	产业政策环境规制正向显著影响林区生态文化资源
假设 2—4	产业共生动力正向显著影响森工企业人力资本

序　号	变量间的假设关系内容
假设2—5	产业共生动力正向显著影响森工企业组织资本
假设2—6	产业共生动力正向显著影响林区生态文化资源
假设3	产业共生能量正向显著影响产业共生行为
假设3—1	森工企业人力资本正向显著影响产业经济效益
假设3—2	森工企业组织资本正向显著影响产业经济效益
假设3—3	林区生态文化资源正向显著影响产业经济效益
假设3—4	森工企业人力资本正向显著影响产业生态效益
假设3—5	森工企业组织资本正向显著影响产业生态效益
假设3—6	林区生态文化资源正向显著影响产业生态效益
假设4	产业共生界面正向显著影响产业共生行为
假设4—1	产业政策环境规制正向显著影响产业经济效益
假设4—2	产业共生动力正向显著影响产业经济效益
假设4—3	产业政策环境规制正向显著影响产业生态效益
假设4—4	产业共生动力正向显著影响产业生态效益
假设5	产业共生能量在产业共生界面与产业共生行为之间存在中介效应
假设5—1	森工企业人力资本在共生界面与产业经济效益之间存在中介效应

序　号	变量间的假设关系内容
假设 5—2	森工企业组织资本在共生界面与产业经济效益之间存在中介效应
假设 5—3	林区生态文化资源在共生界面与产业经济效益之间存在中介效应
假设 5—4	森工企业人力资本在共生界面与产业生态效益之间存在中介效应
假设 5—5	森工企业组织资本在共生界面与产业生态效益之间存在中介效应
假设 5—6	林区生态文化资源在共生界面与产业生态效益之间存在中介效应
假设 6	产业共生关系程度在产业共生能量与产业共生行为之间起到正向调节效应
假设 6—1	产业共生关系程度在森工企业人力资本与产业经济效益之间起到正向调节效应
假设 6—2	产业共生关系程度在森工企业组织资本与产业经济效益之间起到正向调节效应
假设 6—3	产业共生关系程度在林区生态文化资源与产业经济效益之间起到正向调节效应
假设 6—4	产业共生关系程度在森工企业人力资本与产业生态效益之间起到正向调节效应
假设 6—5	产业共生关系程度在森工企业组织资本与产业生态效益之间起到正向调节效应
假设 6—6	产业共生关系程度在林区生态文化资源与产业生态效益之间起到正向调节效应

通过整理提出黑龙江重点国有林区生态文化产业发展机理中各变量间的假设关系，在此基础上，进一步厘清了黑龙江重点国有林区生态文化产业发展机理的内在逻辑，学理性解构了黑龙江重点国有林区生态文化产业发展机理理论模型，为后续的模型验证提供了分析框架和具体内容。

第五节　本章小结

本章主要内容是对黑龙江重点国有林区生态文化产业发展机理分析及理论模型的构建。首先，从产业政治效益、经济效益、社会效益、生态效益四个方面解析产业发展目标；按照产业共生发展机制"DCP"分析框架，从产业动力机制、产业约束机制、产业保障机制三个方面，分析产业共生发展机制，从而揭示产业发展的内在机理及反映产业共生关系演化的基本规律。其次，通过分析产业共生的基本内涵、产业共生要素、产业共生条件，构建了黑龙江重点国有林区生态文化产业共生系统；归纳总结出企业创新能力、产业共生界面、产业共生能量、产业共生关系程度与产业共生行为之间的作用机理。最后，以"共生单元—共生能量—共生界面"理论分析范式，构建黑龙江重点国有林区生态文化产业发展机理理论模型，并在此基础上提出6组36个各变量之间的假设关系，进一步厘清了产业发展机理的内在逻辑，学理性解构了产业发展机理理论模型，为后续的模型验证提供了分析框架和具体内容。

第五章 黑龙江重点国有林区生态文化产业发展机理模型验证

本章主要内容是验证黑龙江重点国有林区生态文化产业发展机理模型，检验各变量之间提出的假设关系是否成立。借鉴研究相对成熟的"生态创新"影响因素，通过文献梳理，合理设置变量与度量，以问卷调研的形式收集黑龙江重点国有林区生态文化产业发展的相关数据，运用 SPSS 软件进行数据描述性统计分析，信度和效度检验等，通过结构方程模型对黑龙江重点国有林区生态文化产业发展机理模型进行验证。

第一节　调查问卷的设计与数据收集

问卷调研的关键在于调查问卷内容的设计是否科学合理，本书在问卷调研环节，严格遵循问卷量表的设计原则，经过多轮林业产业相关专家学者和黑龙江重点国有林区基层林业局相关工作人员的讨论把关，在实地调研、问卷预调研基础上，于 2021 年 8 月，依托问卷星平台向龙江森工和伊春森工下属的 40 个林业局子公司投放电子问卷完成问卷数据收集，最终得到有效问卷 349 份，问卷有效率为 93.82%，为后续研究的准确性和真实性打下坚实的研究基础。

一、调查问卷的设计

实证研究主要是根据调研的数据类型及样本特点，选择适合的分析方法进行检验分析，从而探索各变量间的抽象关系，验证构建的理论模型，实现对产业发展机理的解释与推理。本书借助调查问卷来获取数据，针对黑龙江重点国有林区生态文化产业发展理论模型构建与变量选择情况，结合生态创新相关文献和理论，通过设计描述黑龙江重点国有林区生态文化产业共生发展的相关选项，供被受访者选择，结合实地调研获取数据。通过调研问卷收集数据和分析数据，以此揭示理论模型中各变量间的内在关系机理。因此，调研问卷的质量直接决定了本书实证分析结果的有效性。按照调查问卷设计的一般步骤，首先，根据黑龙江重点国有林区生态文化产业发展机理研究的主要内容，对产业共生要素之间的逻辑关系、生态文化产业内涵、生态创新影响因素等方面研究的文献资料归纳整理，进一步明确问卷涉及的核心理念，初步设定调研对象范围、问卷的整体框架；其次，采用德尔菲法充分征求林业产业、林业制度改革、林业经济理论与政策等相关研究领域的专家学者，拟受访林业局产业部工作人员及相关产业职工代表等进行论证讨论，使问卷内容更符合黑龙江重点国有林区产业发展现状，问卷内容表达更易被受访者理解和接受；最后，进行问卷预调研，根据预调研反馈情况，再次论证修订，优化测量题项布局，并根据预调研得到的产业发展模式情况适当增设问卷选项，进而确定正式调查问卷的题项和内容。

二、研究变量的设置与度量

在进行结构方程模型分析前，需要先行选定出模型中的因变量、自变量、中介变量及调节变量，并通过各组解释题项对相应变量进行科学度量，奠定数据分析的研究基础。

（一）变量的选取与描述

围绕黑龙江重点国有林区生态文化产业发展机理这一研究目标，结合黑龙江重点国有林区产业发展现状，本书在调查问卷设计中根据产业发展目标，借鉴和参考"生态创新"影响因素的成熟量表及研究成果，分析生态文化产业共生发展中各要素之间的关系及度量。经与专家反复论证后，确定调查问卷中各变量的二级解释维度，在此基础上科学设置测量题项。调查问卷的主体框架及内容分布具体如表5—1所示。

表5—1　黑龙江重点国有林区生态文化产业发展机理研究调查问卷框架及主要内容

分类	变量选取	题项数量
第一部分	企业基本资料	5
第二部分	产业共生关系程度情况	6
第三部分	产业共生能量情况	15
第四部分	产业共生界面情况	11
第五部分	森工企业创新能力	10
第六部分	产业发展绩效情况	7
合　计		54

（二）黑龙江重点国有林区生态文化产业共生行为的度量

黑龙江重点国有林区生态文化产业共生行为主要体现为产业共生发展的目标，即产业发展绩效情况，具体为产业发展最终获得的效益。主要体现在经济和生态之间的同向协调发展，在提高经济绩效的同时，实现生态环境保护。国有森工企业生态创新所需资源的获取，全面体现了企业的资源整合能力，也再次验证了环境资源、市场资源与生态资源之间的正向互动关系。创新驱动成为经济发展的动力[①]，生态创新在培育新的市场机会的同时，能够大幅提高资源利用率，更广

①OECD. Towards　Green Growth［M］. Paris：OECD　Publishing，2011.

泛地创造出经济效益和生态效益，实现经济利益和环境保护之间的协同发展，这也是生态创新与其他创新的本质差异[①]。董玉宽等（2015）认为，生态创新是融合企业社会责任与创新管理特征的领域，能够激活杠杆性资源和催生企业社会合法性[②]。贾菲（Jaffe A.B.，2005）研究认为，企业可以通过生态创新获取资源优势，并沿着社会期望的方向发展[③]，激发企业生态文明建设参与的积极性。本书实证研究对象为龙江森工和伊春森工下属林业局子公司，根据前文对黑龙江重点国有林区生态文化产业发展目标的分析，结合林业产业发展特点和生态创新的概念界定，参考借鉴伦宁（Rennings K，2000）[④]、CIP（2007—2013）[⑤]、廖中举等（2017）[⑥]、程继爽等（2015）[⑦]、盖庆恩（2013）[⑧]、江泽慧等（2013）[⑨]、埃斯法哈尼（Esfahani H.S.，2003）[⑩]、《中国生态文化发展纲要（2016—2020年）》等，将黑龙江重点国有林区生态文化产业共生行为的研究量表分为产业经济效益和产业生态效益两个部分，共设计出7个题项。

①Esfahani H S，Ramírez M T. Institutions，Infrastructure and Economic Growth ［J］. Journal of Development Economics，2003（70）：443—477.

② 董玉宽，刘强，张晓芬. 企业生态文明建设参与行为形成机理——基于 TPB 和杠杆性资源意涵 [J]. 技术经济与管理研究，2015（10）:50—53.

③Jaffe A.B.，Newell R G，Stavins R N. A Tale of Two Market Failures: Technology and Environmental policy［J］. Ecological Economics，2005，54（2/3）：164—174.

④Rennings K. Redefining Innovation——Eco-innovation Research and the Contribution from Ecological Economics [J]. Ecological Economics, 2000, 32（2）: 319—332.

⑤CIP. Competitiveness and Innovation Framework program[R]. Decision No 1639/ 2006/ EC of thc European Parliament and of the Council, of 24 October 2006 Establishing a Competitiveness and Innovation Framework Program（2007 to 2013）.

⑥ 廖中举，黄超. 生态创新的最新研究进展与述评 [J]. 应用生态学报，2017（12）：4150—4156.

⑦ 程继爽，王秋霞. 转型升级政策下企业总体战略的新选择——生态创新战略 [J]. 经济研究参考，2015（59）：81—84.

⑧ 盖庆恩，陈海磊，梁建. 资源、制度与研发强度：来自中国民营企业的证据 [J]. 经济与管理研究，2013（4）：95—105.

⑨ 江泽慧. 生态文明时代的主流文化——中国生态文化体系研究总论 [M]. 北京：人民出版社，2013：26~27，300，301—302.

⑩Esfahani H S，Ramírez M T. Institutions，Infrastructure and Economic Growth ［J］. Journal of Development Economics，2003（70）：443—477.

表 5—2　黑龙江重点国有林区生态文化产业共生行为量表

产业共生行为的维度	题　项	文献基础
产业经济效益	森工企业经济效益明显提高，推动区域经济增长	伦宁（2000）、CIP（2007—2013）、廖中举等（2017）、程继爽等（2015）、盖庆恩（2013）、江泽慧等（2013）、埃斯法哈尼（2003）、《中国生态文化发展纲要（2016—2020年）》、董玉宽等（2015）、贾菲（2005）
产业经济效益	生态产品功能或文化附加值提升，占据市场优势	
产业经济效益	形成特色鲜明的生态文化产品品牌形象	
产业经济效益	为森工企业所在地提供更多的就业机会	
产业生态效益	提升当地居民生态文明意识和居住环境	
产业生态效益	提高生态文化资源利用率，繁荣生态文化，促进国有林区可持续发展	
产业生态效益	履行社会责任，提升国有森工企业价值	

（三）国有森工企业创新能力的度量

按照波特的竞争战略理论，企业主要是通过降低产品成本或提高产品差异化来达到竞争优势的，在黑龙江重点国有林区生态文化产业发展中，主要是通过生态文化资源的特色及产业融合模式的差异化来形成竞争优势。企业对客户特殊需求的了解和满足是差异化优势的主要来源，因此，国有森工企业生态文化产业的市场创新能力尤为关键。丹尼尔斯（Danneels，2001）认为，差异化竞争优势主要通过产品或工艺的新颖性来获得[1]。刘文辉（2009）认为，当环境友好度成为企业产品的区分标准和消费者的偏好时，如果产品价格在消费者支付愿意范围内，那么企业就获得了差异化竞争优势[2]。阿加瓦尔（Agarwal，2009）[3]、雷费尔德（Rehfeld，2007）[4]等的研究证实，在企业发展中所具备的难以被模仿的特定能力，比如研发能力或特殊资源是企业开展创新活动成功的关键因素。生态创新在实现满足消费者生态文化需求、提高森工企业社会责任和声誉等方面提升了国有森工企业价值，而生态文化元素的融入恰恰能够提升黑龙江重点国有林区生态产品或服务的竞争优势和产品差异性。综上所述，本书将国有森工企业创新能力的研究量表设计出 10 个题项。

---

① Danneels E.，Kleinschmidtb E.J. Product Innovativeness from the Firm's Perspective: Its Dimensions and their Relation with Project Selection and Performance ［J］.Journal of Product Innovation Management，2001，18（6）：357—373.

② 刘文辉.企业绿色经营创新研究［D］.青岛：中国海洋大学，2009.

③ Agarwal R，Selen W. Dynamic Capability Building in Service Value Networks for Achieving Service Innovation［J］. Decision Sciences，2009，40（3）：431—475.

④ Rehfeld K. M. Integrated Product Policy and Environmental Product Innovations: An Empirical Analysis[J]. Ecological Economics, 2007, 61（1）：91—100.

表5—3　国有森工企业创新能力量表

维　度	题　项	文献基础
森工企业 创新能力	森工企业能够有效利用生态文化元素，提供特色差异化的生态文化产品或服务	丹尼尔斯（2001）、刘文辉（2009）、阿加瓦尔（2009）、雷费尔德（2007）
	森工企业能够有效利用生态文化元素，打造生态文化产业特色品牌形象和声誉	
	森工企业具有生态创新所需的专有技术	
	森工企业具有生态创新所需的生产设备	
	森工企业具有较高的生态文化产业研发水平	
	森工企业具有足够的资金用于生态创新	
	森工企业能够多渠道进行生态文化产品宣传	
	森工企业选择通过提高社会声誉、承担社会责任来提升企业价值	
	森工企业具备生态创新所需的互联网平台	
	森工企业具备利用新知识开发生态文化产业新产品或新服务项目的能力	

（四）产业共生关系程度的度量

作为直接实施生态创新的组织机体，喻登科等（2020）认为，企业实施生态创新的意愿与组织本身的战略方向密切相关[①]。企业通过与消费者、共生的合作伙伴以及大学等研究机构保持密切联系和良好的沟通关系，能够有效拓展其内部资源，推动创新进程[②]。快速变化的市场需求能够促进企业持续创新，S. X. Zeng 等（2011）[③] 和瓦格纳（Wagner M.，2008）[④] 在研究中指出，随着生态文明意识的不断增强，消费者购买商品时更倾向于绿色环保的生态产品，从而对企业产生压力，但对于国有森工企业而言却是无限生机。当绿色产品需求较高时，在环境与资源压力下，国有森工企业为了扩大销量，争夺市场份额，会通过与上下游企业开展产业融合共生合作，与高等院校、科研院所在产品或技术等方面开展生态技术合作创新，加大生态科研力度，以此来扩大市场需求以及影响政府产业政策，从而直接驱动国有森工企业内部各动力要素，开展生态创新活动；反之，当需求较低时，国有森工企业很可能为了节约成本或是减少资本投入而回避生态创新。因此，国有森工企业生态创新的市场导向性较强，相较于大中型或重污染企业具有其特殊性。彭雪蓉等（2013）[⑤] 认为，企业通过与外部利益相关者的充分互动，及时了解掌握生态文化产品市场的需求状况，建立良好的产业上下游企业的合作伙伴关系同样重要。综上所述，本书将黑龙江重点国有林区生态文化产业共生关系程度的研究量表设计出 6 个题项。

---

① 喻登科，刘江莹. 创新型企业知识资本、组织性格与未来取向 [J]. 科技进步与对策，2020，37（2）：115—124.

②Garcia-Mila T., Mc Guire T J, Porter R H. The Effect of Public Capital in State Level Production Functions Reconsidered［J］. Review of Economics and Statistics，1996，78（1）：177—180.

③Zeng S. X. Meng X H, Zeng R C, et al. How Environmental Management Driving Forces Affect Environmental and Economic Performance of SMEs: A Study in the Northern China District [J]. Journal of Cleaner Production, 2011, 19（13）：1426—1437.

④Wagner M. Empirical Influence of Environmental Management on Innovation: Evidence from Europe [J]. Ecological Economics, 2008, 66（2/3）：392—402.

⑤ 彭雪蓉，黄学. 企业生态创新影响因素研究前沿探析与未来研究热点展望［J］. 外国经济与管理，2013，35（9）：61—71.

表5—4　黑龙江重点国有林区生态文化产业共生关系程度量表

维　度	题　项	文献基础
产业共生关系程度	与其他企业或机构能够达成符合生态文化产业发展理念的战略设想	喻登科等（2020）、S. X. Zeng 等（2011）、瓦格纳（2008）、彭雪蓉等（2013）
	与其他企业或机构，在及时准确掌握林业生态文化产品或服务的市场需求方面交流紧密	
	与其他企业或机构，在制定完善合理的产业发展激励机制方面交流紧密	
	森工企业与高校、科研院所能够建立长期稳定合作关系	
	森工企业与金融机构建立长期稳定的合作关系	
	森工企业与产业链上下游企业建立良好的生态合作伙伴关系	

（五）黑龙江重点国有林区生态文化产业共生能量的度量

在产业共生理论中，产业共生能量是共生单元交流的内容，也是产业生存、繁殖能力的具体体现。本书借鉴生态创新的主要影响因素，将黑龙江重点国有林区生态文化产业共生能量从"森工企业人力资本""森工企业组织资本""林区生态文化资源"三个维度进行描述分析。

1.森工企业人力资本。人力资本是企业实施生态创新的必要条件，主要是指企业管理者及员工所具备的各种技能，包括知识、经验、能力等[1]。汉布里克（Hambrick D.C.，1984）[2]、邢丽云等（2018）[3]、刘易斯（Lewis B.W.，2014）[4]等认

---

①吴晓云,杨岭才,李辉.智力资本的集约化战略:技术领先与开放式创新[J].科学学与科学技术管理，2016, 37（2）:172—180.

②Hambrick D. C., Mason P A. Upper Echelons: The Organization as a Reflection of Its Top Managers［J］. Acade-my of Management Review，1984，9（2）:193—206.

③邢丽云,俞会新.企业绿色创新驱动因素的跨层次分析——以建筑企业为例[J].技术经济，2018（11）: 49—55，115.

④Lewis B.W., Walls J.L., Dowell G. Difference in Degrees: CEO Characteristics and firm Environmental Disclosure [J]. Strategic Management Journal, 2014（35）: 712—722.

为，企业高层管理者的价值观、经历、环保意识、行为意向、文化水平等个体特征所形成的认知，将会极大地影响其对外部环境情境或政策的解读，进而对生态创新产生重要影响。彭雪蓉等（2016）认为，企业高素质管理者和员工具备较高的学习能力和创新能力，能够帮助企业开展生态创新活动[①]。霍尔巴赫（Horbach，2008）研究表明，生态创新需要企业家有生态创新的战略意识，能够获得生态创新专有技术等[②]。总之，国有森工企业人力资本越丰富，越能较快识别生态文化产业市场机遇，产生生态文化产业发展的创新思维，主动进行生态创新，寻求产业共生发展机会。综上所述，本书在借鉴相关研究基础上，将国有森工企业人力资本的量表设计出 6 个题项。

表 5—5 国有森工企业人力资本量表

维　度	题　项	文献基础
森工企业人力资本	森工企业管理者对林业生态文化产业内涵及产业范围认知清楚	汉布里克（1984）、邢丽云等（2018）、刘易斯（2014）、彭雪蓉等（2016）、霍尔巴赫（2008）
	森工企业管理者对林业生态文化产业在国有林区经济转型发展中的战略意义认知清楚	
	森工企业高层管理者具备较强的产业共生发展意识	
	森工企业高层管理者能够把握最佳产业准入时机	
	森工企业拥有高水平生态文化产业研发人员	
	森工企业员工具有良好的教育背景和专业培训	

---

① 彭雪蓉，应天煜，李旭.如何驱动企业生态创新？——基于制度理论与利益相关者理论的个案研究［J］.自然辩证法通讯，2016，38（5）：106—113

②Horbach J. Determinants of Environmental Innovation——New Evidence from German Panel Data Sources［J］. Research Policy, 2008（37）：163—173.

2. 森工企业组织资本。组织资本在创新过程中发挥着权变作用。组织资本是指企业内部结构知识，如制度规范、流程、信息系统等[1]，偏向于把知识积累内化于组织结构中。汉森等人（Hansen E. G. et al.，2009）认为，高水平的组织资本能够提高企业知识管理水平和工作效率，形成积极分享与沟通的组织文化，从而有助于提升生态创新绩效[2]。彭雪蓉等（2013）认为，生态创新涉及跨职能、跨部门之间的高度合作，同时应积极呼应消费者对生态产品需求的变化[3]。综上所述，本书在借鉴相关研究基础上，将国有森工企业组织资本的量表设计出 4 个题项。

表5—6　国有森工企业组织资本量表

维　度	题　项	文献基础
森工企业组织资本	森工企业与当地政府部门保持经常联系	汉森等人（2009）、彭雪蓉等（2013）
	能够从其他企业或机构，获取更多产业相关优惠政策信息	
	森工企业各职能部门之间能够有效地沟通和配合	
	能够从其他企业或机构，获取更多客户需求信息	

3. 林区生态文化资源。企业创新总是与某些特定的资源联系在一起。德尔坎托（Del Canto J.G.，1999）认为，企业自身所拥有的资源及其资源管理能力是企业进行生态创新的基础和关键要素[4]。拥有丰富生态文化资源的国有森工企业，更有能力投入充足的资源进行生态创新，实现生态文化产业共生发展，有效缓解国有森工企业发展的生态环境压力，增强企业生态创新能力。胡元林等（2019）研

---

[1]OECD. Towards Green Growth［M］. Paris：OECD Publishing，2011.

[2]Hansen E. G.，Grosse-Dunker F，Reichwald R. Sustainability Innovation Cube—A Framework to Evaluate Sustainability-oriented Innovations［J］. International Journal of Innovation Management，2009，13（4）：683—713.

[3] 彭雪蓉，黄学. 企业生态创新影响因素研究前沿探析与未来研究热点展望［J］. 外国经济与管理，2013，35（9）：61—71.

[4]Del Canto J.G.，Gonzalez I.S. A Resource-based Analysis of the Factors Determining a Firm's R&D Activities[J]. Research Policy，1999，28（8）：891—905.

究指出，资源种类、资源特性和资源数量都会对企业生态创新造成影响[①]；林萍（2012）[②]、胡元林等（2020）[③]、蒂斯等人（Teece D. et al, 1997）[④]、汪秀婷等（2014）[⑤]在研究中指出，企业不能仅仅是拥有资源禀赋，资源要通过动态的整合、构建和重新配置，将异质性资源转化为竞争优势，才能获得动态和持续的创新绩效。国有森工企业生态创新的关键是将企业的生态文化资源和相关技术借助于资源管理，最大限度地转化为消费者所需要的生态文化产品和生态服务，在满足市场生态需求的同时提升森工企业价值，因此林区生态文化资源需要通过有效的资源管理对生态文化产业共生行为发挥作用。综上所述，本书在借鉴相关研究基础上，将林区生态文化资源的量表设计出5个题项。

表5—7　林区生态文化资源量表

维　度	题　项	文献基础
林区生态文化资源	森工企业拥有丰富的生态文化资源，在种类、特性和数量上占有资源优势	德尔坎托（1999）、胡元林等（2019）、林萍（2012）、胡元林等（2020）、蒂斯等人（1997）、汪秀婷等（2014）
	森工企业能够深度挖掘生态文化资源，并与其他企业或机构实现资源共享或交换	
	森工企业能够有效整合生态文化资源，具有较强的资源管理能力	
	森工企业生态文化资源的存在能够有效缓解企业发展的环境压力	
	森工企业能够将生态文化资源最大限度转化为生态文化产品或服务，满足市场需求	

---

① 胡元林，宋时楠. 基于资源视角的企业生态创新研究综述 [J]. 昆明理工大学学报（社会科学版），2019（3）：46—53.

② 林萍. 企业资源、动态能力对创新作用的实证研究 [J]. 科研管理，2012, 33（10）：72—79.

③ 胡元林，钱丽. 资源观视角下企业生态创新实现路径研究 [J]. 昆明理工大学学报（自然科学版），2020, 45（4）：125—136.

④ Teece D., Pisano G., Shuen A.. Dynamic Capabilities and Strategic Management[J]. Strategic Management Journal, 1997, 18（7）：509—533.

⑤ 汪秀婷，程斌武. 资源整合、协同创新与企业动态能力的耦合机理 [J]. 科研管理，2014, 35（4）：44—50.

（六）黑龙江重点国有林区生态文化产业共生界面的度量

在共生理论中，共生界面是指共生单元之间的接触方式和机制的总和。产业共生界面主要包括市场体系和法治体系，用以反映产业共生关系演化的基本规律。本书在借鉴齐宇（2012）[①]研究结论基础上，根据黑龙江重点国有林区生态文化产业发展现状，将产业共生界面从"产业政策环境规制""产业共生动力"两个维度进行描述分析。

1. 产业政策环境规制。产业共生界面中的政策环境规制，是在产业共生环境作用下形成的，国家或地方政府为保护生态环境制定的一系列行为准则[②]。林枫等（2018）认为，政策环境规制在推动生态创新的开发、传播和应用方面具有重要约束、引导和支持作用[③]。综上所述，结合黑龙江重点国有林区生态文化产业发展环境、资源等的政策要求，本书在参考借鉴艾亚达特等人（Eiadat et al.，2008）[④]、王锋正等（2018）[⑤]、吕承超等（2015）[⑥]、王秋霞等（2018）[⑦]、蒙特罗（Montero，2002）[⑧]等文献基础上，将黑龙江重点国有林区生态文化产业政策环境规制的量表设计出 5 个题项。

---

① 齐宇. 循环经济产业共生网络研究 [M]. 天津：南开大学出版社，2012:48.

② 廖中举，程华. 企业环境创新的影响因素及其绩效研究——基于环境政策和企业背景特征的视角 [J]. 科学学研究，2014（5）：792—800.

③ 林枫，徐悦，张雄林. 环境政策工具对生态创新的影响：研究回顾及实践意义 [J]. 科技进步与对策，2018（14）：152—160.

④ Eiadat, Y., Kelly, A., Roche, R, Eyadat, H.. Green and Competitive? An Empirical Test of the Mediating Role of Environmental Innovation Strategy［J］.Journal of World Business，2008，43（2）:131—145.

⑤ 王锋正，姜涛，郭晓川. 政府质量、环境规制与企业绿色技术创新［J］. 科研管理，2018，V39（1）：26—33.

⑥ 吕承超，徐倩. 新丝绸之路经济带交通基础设施空间非均衡及互联互通政策研究［J］. 上海财经大学学报（哲学社会科学版），2015，17（2）：44—53.

⑦ 王秋霞，张敦力. 外部制度驱动、生态创新与企业财务绩效——基于组织社会学新制度主义理论的视角 [J]. 宏观经济研究，2018（4）：151—162 175.

⑧ Montero J. Permits，Standards，and Technology Innovation[J]. Journal of Environmental Economics and Management，2002，44：23—44.

表5—8　黑龙江重点国有林区生态文化产业政策环境规制量表

维　度	题　项	文献基础
产业政策 环境规制	政府加大对林业生态文化产业优惠政策扶持力度，明确产业发展导向	艾亚达特（2008）、王锋正等（2018）、吕承超等（2015）、王秋霞等（2018）、蒙特罗（2002）
	国家对林业生态文化资源使用的约束和限制能够促进森工企业实现生态文化产业共生发展	
	人们文化消费能力和水平的提高，促使生态文化需求不断增长	
	森工企业所在地公益性、公共文化等产业配套设施齐全，交通区位便利	
	当地生态文化产业具有创新力、示范力强的带头企业和代表人物	

2.产业共生动力。产业共生动力是由产业共生单元的相互作用而形成的，是产业共生发展的原动力。国有林区产业正处在转型升级的关键时期，国家林草局相继下发了《国有林区改革指导意见》《林业产业发展"十三五"规划》《中国生态文化发展纲要（2016—2020年）》《林草产业发展规划（2021—2025年）》等政策文件。对于黑龙江国有林区生态文化产业而言，是在林业产业发展的总体思路和战略目标下，明确林业产业基本特点，构建现代的林业生态文化产业体系，深入挖掘林区生态资源的文化内涵，通过多样化生态文化产品的供给，满足社会多元化的生态文化需求，加快发展国有林区生态文化产业。本书在参考借鉴叶元煦，王海（2001）[①]、李德立，曹莹（2019）[②]、曹玉昆等（2021）[③]、周也等（2020）[④]的

---

① 叶元煦，王海.关于国有林区产业转型障碍研究[J].数量经济技术经济研究，2001（7）:18—21.

② 李德立，曹莹.黑龙江森工林区接替产业发展评价[J].林业经济问题，2019, 39（3）:231—237.

③ 曹玉昆，张亚芳，李博浩等.重点国有林区家庭文化消费影响因素分析[J].资源开发与市场，2021, 37（2）:194—199.

④ 周也，万志芳.黑龙江省国有林区林业产业链产业共生关系研究[J].林业经济问题，2020, 40（2）:216—224.

文献基础上，将黑龙江重点国有林区生态文化产业共生动力的量表设计出 6 个题项。

表5—9　黑龙江重点国有林区生态文化产业共生动力量表

维　度	题　项	文献基础
产业共生动力	全面停伐后，国有林区企业转型、提升经济效益的迫切需要	叶元煦，王海（2001）、李德立，曹莹（2019）、曹玉昆等（2021）、周也等（2020）
	缓解国有林区体制改革后富余职工安置压力	
	国家生态文明建设的迫切需要	
	繁荣林区生态文化，提升文化自信	
	满足人们日益增长的生态文化需求	
	主导产业森林生态旅游的蓬勃发展	

三、实地走访调研

为了提高本书问卷调研的质量和效果，本书在 WWF 东北虎豹国家公园、国家林草局林区民生监测年度重大调研项目、国家林草局改革发展政策调研等专项项目支持下，在论文撰写期间曾三次深入国有林区开展实地走访调研，并得到课题组连续十年国有林区职工家庭入户跟踪大规模数据支持。逐步掌握实证研究对象龙江森工集团和伊春森工集团各林业局生产、生活的第一手资料，加深对林区生态文化产业发展实际的了解，为本书的实证分析奠定现实基础。

（一）第一次调研：龙江森工入户走访

2017 年 12 月，深入龙江森工绥阳林业局太平川经营所、东宁市老黑山镇庙岭村实地调研。通过对 27 户林业局职工家庭和林区当地居民家庭开展入户走访，深入了解了龙江森工下属林业局职工及当地居民的家庭信息、收入来源、林区职工的平均工资收入等基本信息，重点围绕林区公共文化基础设施建设投入，当地生态旅游产业及带动其他相关产业发展情况，国有森工企业其他生产经营情况，"停伐后"林区产业转型出台相关配套政策补贴及政策的执行情况等。基于实地调研，对黑龙江重点国有林区生态文化产业发展现状、林区基础设施建设情况、以东北虎豹国家公园为代表的国家公园在黑龙江重点国有林区生态文化产业发展中的作用有了客观的分析研判。

（二）第二次调研：伊春森工入户走访

2018 年 7—8 月，深入伊春森工双丰林业局、铁力林业局、桃山林业局、朗乡林业局、鹿鸣林场开展实地调研。一是通过企业走访、局直座谈，与林业局基层管理者、产业部负责人、湿地公园负责人、旅游公司代表等生态文化产业相关企业员工开展半结构化访谈的形式，深入了解黑龙江重点国有林区森工企业剥离办社会职能情况；重点了解林业局文化馆、体育馆、博物馆、图书馆、广电中心、职工培训中心等文化场馆的运行情况；林区职工对国家重点国有林区改革指导意见（6 号文件）等产业发展相关政策的认知程度，以及林区生态文化产业转型中的政策需求，如在生态旅游、森林康养和文化体育产业的公共基础设施建设方面，木质工艺品和玉石加工业的研发生产及工厂建设方面，都急需国家政策和资金的扶持。二是通过开展以家庭为单位的入户调研，详细了解林区职工家庭的文化消费和需求情况，特别是当前黑龙江重点国有林区职工家庭消费中文化消费占比，如订阅报刊、购买图书、看电影或文艺演出、旅游支出、有线电视费等"文化娱乐支出"情况；林区职工生态文化产业方面的职业技术培训情况，参与生态文化产品生产经营情况等；对林业局产业发展指导、扶持的满意程度等。

通过调研实践，进一步明确结构化问卷设计的原则，灵活运用计算机辅助面访系统（CAPI）。熟练掌握林区入户调查的基本方法和技巧，如访员如何最大限度得到受访者的支持，如何保持中立的立场提出问题，如何引导受访者充分考虑后作答，如何获取更多的有价值的信息，包括访问时的语气、语速及面部表情的管理等，为本书的实证研究奠定了方法基础，增强了调研真实性。同时，通过实地调研，厘清一些由于林区改革或历史遗留问题出现的专有名词，如"一次性安置""买断""知青""五七工""在册不在岗""抚育人员""家属工"等，为深入了解黑龙江重点国有林区生态文化产业的人员布局及林区历史发展背景做了一定的知识经验积累。

（三）第三次调研：内蒙古国有林区政策调研

2021年7月，通过与林管局、森工企业管理人员座谈，实地考察走访林业局、林场、转型企业、管护站点、抚育样地，与林区基层管理干部、从事森林管护抚育职工、从事农林生产经营职工和转岗人员深度访谈，对国有林区产业转型发展政策扶持、国有森林资源管理体制及资产的有偿使用、国有森工企业人力资源现状进行详细调研。

关于国有林区产业转型发展方面，重点调研产业发展现状，未来产业发展计划；近十年产业转型探索的成功经验及失败教训；生态旅游、休闲康养、自然教育、碳汇交易等产业的发展情况；当前产业发展面临的困难与政策需求。详细了解生态旅游产业基础设施建设情况，及为湿地游憩和森林康养提供休闲步道情况；湿地公园核心景区及合理利用区建设情况；以湿地生态旅游与湿地科普宣教相结合的服务体系建设情况。

关于国有森林资源管理体制及资产有偿使用方面，重点调研森林资源管理体制和经营机制如何促进实现国有林区高质量发展；明确国有森林资源管理的重点及存在的问题，中央政府如何有效监管；厘清当前推进国有森林资源资产有偿使用的障碍；如何协调生态保护与自然资源利用的关系等方面内容。

关于森工企业职工生存发展方面，重点调研当前森工企业人力资源现状与实际人才需求之间的差距，如何有效化解国有林区养人压力与人才短缺的现实矛盾。

四、问卷调研

"黑龙江重点国有林区生态文化产业发展机理调查问卷"采用李克特（Likert）5级量表设计，获取包括黑龙江国有森工企业的"基本资料"以及黑龙江重点国有林区生态文化产业"产业共生关系程度""产业共生能量""产业共生界面""森工企业创新能力""产业发展绩效情况"等五个方面要素的影响数据。

（一）问卷预调研

根据黑龙江重点国有林区生态文化产业发展现状及机理分析，通过阅读大量参考文献，详细梳理关于生态创新影响因素及产业共生发展要素方面已有的研究成果，在问卷设计过程中，多次与龙江森工、伊春森工集团及下属林业局产业方面负责人联系沟通，就问卷具体测量题项及结构布局向林业研究方面的专家教授请教，基于此，初步设计制作了"黑龙江重点国有林区生态文化产业发展机理调查问卷"的初稿。为保证本书调研的有效性，于 2021 年 7 月 17 日—20 日，在龙江森工下属林业局随机派发预调研电子问卷 100 份，回收有效问卷 99 份。选用克隆巴赫（Cronbach's Coefficient Alpha）系数和 KMO 指标，分别检测预调研问卷题项量表变量信度和效度，经检测量表具有较好的信度和效度（详见附录 B）。与此同时，电话回访实地调研的 4 名森工集团高层管理者及 13 名林业局子公司中层以上管理者，围绕调研问卷题项内容进行半结构化访谈；再次与高校林业经济管理及企业管理专业教授共同研究题项的精准性，针对每个变量测量题项的设计与题项之间的适配性逐一讨论，根据专业意见和判断，不断调整问卷的结构与内容直到相对稳定。预调研期间重点对以下问卷内容完善修改：一是运用独立样本 Levene 检验和 t 检验后，结果发现产业共生界面中"产业政策环境规制"题项的鉴别度较差，很难区分被调研者观点的差异性，因此选取 5 个有代表性的题项重新编号。二是结合调研及产业发展现状，在"企业基本资料"部分中，增加题项"企业所涉生态文化产业发展模式"，给出 13 个当前黑龙江重点国有林区生态文化产业所涉及的发展模式选项，以便提升调研的针对性，更加清晰明了地采集到产业发展的相关信息。三是预调研问卷中存在文字过多，不便阅读，重点不突出等语言表达和度量标准方面的问题，在最终问卷形成时也一并完善和优化，使题项更好地体现出生态文化产业发展机理研究的科学性和合理性，表述的准确性。最终修订而成本书的正式调研问卷，详见附录 B。

（二）问卷正式调研

1. 样本选择

本研究调查对象为黑龙江重点国有林区龙江森林工业集团下属的 23 个林业局子公司、黑龙江伊春森工集团下属的 17 个林业局子公司。由于国有林区生态文化产业直接涉及年鉴方面的统计数据较少，且"精神文化"与产业融合后的效益提升也很难具体量化，因此在本书研究中问卷调研显得尤其重要，直接关系到产业发展机理的准确性，问卷样本的选择更加注重科学性和随机性。根据龙江森工和伊春森工集团各林业局子公司发展现状，本书采取系统抽样与随机抽样相结合的方法，样本选择的代表性体现如下：

一是龙江森工和伊春森工集团层面中层以上管理者。为提升问卷的针对性，尽量选择分管产业发展或对生态文化产业相对熟悉的森工集团高层管理者；首选林产工业部、森林资源管理部、森林经营管理部、人力资源部等有较强代表性的森工集团中层管理者。他们站位较高，能够从全局出发的角度，给出问卷题项答案，在林区产业转型发展中扮演着双重角色，既是国家顶层设计的执行者，又是各林业局子公司产业发展的顶层设计者，起到承上启下的重要作用。

二是龙江森工和伊春森工下属各林业局子公司高层、中层及基层管理人员。充分考虑被调查者对问题的熟悉程度，问卷填写对象均选择在森工企业至少工作2年以上，对国有林区的产业发展，特别是体制改革前后林区产业面临的转型机遇拥有亲身感受的森工企业管理者，他们有更深入的产业发展认知和实践经验，能够更准确地理解问卷选项，能够较为客观、真实地反映黑龙江重点国有林区生态文化产业发展现状，从而做出相对准确地判断与回答，为黑龙江重点国有林区生态文化产业发展机理的研究提供重要依据。

2. 数据收集

本书问卷调查时间为2021年8月1日—25日。因龙江森工和伊春森工下属的40个林业局子公司分布于黑龙江省10个地市、37个县（市），受新冠肺炎疫情影响，本书问卷调研采用电子问卷的形式，依托问卷星平台设计并生成问卷二维码，受访者通过识别二维码参与问卷调研。

一是问卷的发放。主要依托课题组实地调研期间与各林业局积累的森工企业资源，以及在校企合作中建立的长期合作关系，直接与林业局相关负责人取得联系。此外，亚布力林业局、鹤立林业局、林口林业局、八面通林业局等12个林业局由黑龙江森工总局森林旅游管理局的工作人员协调联络。分别在各林业局确定1名问卷调研联络人，提前解读问卷注意事项。为避免同一森工企业同一类别群体出现共同方法偏差，减少因被调研者观念、动机、情绪等的一致性带来的变量间的人为共变。按照样本特征，严格限定了问卷的发放数量，在各森工集团层面发放 6 份问卷，总计 12 份；在各林业局子公司层面下发 9 份问卷，总计 360 份。

二是数据的收集。为确保问卷质量及填写对象身份的认定准确，一方面，及时统计调研问卷数据，通过问卷星后台监督答题进程，完成一个开通下一个，逐一开通权限，并与各林业局联络人电话记录核实参与调研人员的具体情况，强化对问卷调查过程的有效性控制，最大限度地确保问卷质量和样本的代表性。另一方面，在调研期间通过查阅各林业局官网、年鉴相关产业数据等方式，了解被调研森工企业的相关信息，确保问卷基本信息填报相对准确。

本次问卷调研共收回 372 份，经过筛选处理剔除无效问卷 23 份，最终得到有效问卷 349 份，问卷有效率为 93.82%。调查问卷中共有题项 49 个，有效样本数约为题项总数的 7.12 倍，符合结构方程模型对样本数量的要求[①]，可以满足黑龙江重点国有林区生态文化产业发展机理研究的基本需要。剔除 23 份问卷主要原因有两个方面：一是在数据筛查时发现有 16 份问卷所选答案完全一样；二是有 7 份问卷所有题项都选择"1"，为确保调研效果，将此类问卷视为无效问卷，做剔除处理。

第二节　机理验证模型的选择

本书通过构建黑龙江重点国有林区生态文化产业发展机理理论模型，明确产业共生能量、产业共生界面、产业共生关系及企业创新能力等产业发展要素间的相互影响，以期揭示产业发展机理。在此基础上，分析产业发展影响路径，提出黑龙江重点国有林区生态文化产业发展的对策与建议，推动产业高质量发展。本书研究的核心内容就是分析产业发展机理，因此，检验理论模型，分析各潜在变量之间的因果关系或相关关系，探索模型内部各变量间可能存在的各种关联等对于本书而言至关重要。在本书的数据分析中，根据研究目的及黑龙江重点国有林

---

① 吴明隆 . SPSS 统计应用实务 [M]. 北京：中国铁道出版社，2000：9.

区生态文化产业特点，数据采集涉及龙江森工和伊春森工下属 40 个林业局子公司；理论模型中的因子不是单独存在，因子间的关系及内部结构共生共存且相互影响；产业发展机理理论模型中存在多个不能进行简单的直观定量表达的变量，如生态效应、生态文明素养、企业创新能力等，观测难度较大，主观性问题居多，题项之间因果关系复杂。综合本书的研究目的、理论模型及数据特点，选用结构方程模型为验证机理理论模型和路径分析的主要研究方法。

近年来，结构方程模型广泛应用于社会科学各研究领域，特别是在解释多个经济变量无法直观测量的研究中，能够有效处理因变量和自变量之间的复杂关系，帮助研究者得出验证性研究结果和探索性分析路径。结构方程模型（Structural Equation Modeling）是通过调研等形式收集到的数据来检验依据理论所构建的模型。结构方程模型是基于变量的协方差矩阵原理处理变量间关系的一种统计方法，融合了因子分析和路径分析等多种统计手段，能够根据模型与数据的一致性程度对模型给出客观评价，从而验证假设的真伪，其强大的验证功能为学者们处理复杂的理论模型提供了有效方法。结构方程模型的优势在于突破了传统多变量统计分析方法的众多局限，一是在潜在变量处理中，可同时处理多个自变量（潜在实体）与因变量之间的关系，常用于对多变量间的定量研究；二是不受假设条件限制，容许变量含测量误差，从而提高了模型的应变度和灵敏度；三是能够实现直接效应和间接效应分开检测。

在运用结构方程模型对黑龙江重点国有林区生态文化产业发展实现路径分析中，路径分析主要是将各变量之间的关系或关联模式，转变为模型化参数，用线性路径进行直观展示，从而实现对模型准确度及关系强弱的检验。变量之间的关系可以分为直接影响路径和间接影响路径。直接影响路径是指两个变量间，可以直接产生作用或影响对方；而间接影响路径则是指两者之间的作用或影响需要通过其他变量才能实现。本书在对黑龙江重点国有林区生态文化产业发展实现路径研究中，运用结构方程模型对以下五个方面内容进行验证分析：一是分别验证产业共生界面与企业创新能力对产业共生行为的直接影响；二是验证产业共生能量对产业共生行为的直接影响；三是验证产业共生界面对产业共生能量的直接影响；

四是验证产业共生能量在产业共生界面对产业共生行为影响中的中介效应；五是验证产业共生关系程度在产业共生能量与产业共生行为之间的调节效应。

第三节　描述性统计分析

关注样本的描述性统计分析，针对黑龙江重点国有林区生态文化产业发展机理研究的问卷设计结构，从受访者基本信息、企业资本资料、变量信息三方面进行描述性统计分析。

一、受访者基本信息

对受访者基本信息进行描述性统计，具体见表5—10。

文化程度方面，大专及以下人数为 210 人，占比为 60.17%；大学本科人数为 134 人，占比为 38.40%；硕士及以上人数为 5 人，占比为 1.43%。由此可见，本次调研样本对象的文化程度在大专及以下居多，森工企业还是普遍存在学历偏低的问题。

职业类型方面，高层管理者人数为 126 人，占比为 36.10%；中层管理者人数为 118 人，占比为 33.81%；基层管理者人数为 105 人，占比为 30.09%。由此可见，本次调研样本对象基本平均分布于森工集团和林业局子公司高层、中层及基层管理者之中。

工作年限方面，0—5 年人数为 65 人，占比为 18.62%；6—10 年人数为 45 人，占比为 12.89%；11—20 年人数为 86 人，占比为 24.64%；21 年以上人数为 153 人，占比为 43.84%。由此可见，本次调研样本对象在林区工作年限达到 5 年以上的占比 81.38%，表明国有森工企业经营状况相对稳定，所提供的国有林区生态文化产业发展信息较为可信。一方面长期的林区工作经历能够保证对所在森工企业生态文化产业实际情况的了解，保证了问卷数据的真实性；另一方面也反映出目前国有森工企业管理层的"老龄化"问题，不排除原有传统林业产业发展理念的一成不变。

表 5—10 受访者基本信息

变　量	题　项	频　率	百分比（%）	有效百分比（%）	累积百分比（%）
文化程度	大专及以下	210	60.17	60.17	60.17
	大学本科	134	38.40	38.40	98.57
	硕士及以上	5	1.43	1.43	100.00
职业类型	高层管理者	126	36.10	36.10	36.10
	中层管理者	118	33.81	33.81	69.91
	基层管理者	105	30.09	30.09	100.00
工作年限	0—5 年	65	18.62	18.62	18.62
	6—10 年	45	12.89	12.89	31.52
	11—20 年	86	24.64	24.64	56.16
	21 年以上	153	43.84	43.84	100.00

二、企业基本资料

首先，关于黑龙江重点国有林区森工企业所涉及的生态文化产业发展模式，"生态文化 + 森林生态旅游"人数为 245 人，占比为 70.20%；"生态文化 + 花卉观光旅游"人数为 7 人，占比为 2.01%；"生态文化 + 展演娱乐服务"人数为 2 人，占比为 0.57%；"生态文化 + 体育健身"人数为 14 人，占比为 4.01%；"生态文化 + 休闲养生"人数为 34 人，占比为 9.74%；"生态文化 + 餐饮业"人数为 22 人，占比为 6.30%；"生态文化 + 创意家具业"人数为 11 人，占比为 3.15%；"生态文化 + 木竹工艺品加工"人数为 7 人，占比为 2.01%；"生态文化 + 玉石加工"人数为 6 人，占比为 1.72%；"生态文化 + 绿色产品生产包装"人数为 35 人，占比为

10.03%；"生态文化＋影视出版业"人数为2人，占比为0.57%；"生态文化＋博物馆（普及教育）"人数为11人，占比为3.15%。

关于国有森工企业是否开始产业生态化转型，有315人选择开始生态化转型，占比90.26%。

关于国有森工企业规模（近三年平均销售额），样本平均近三年平均销售额为2850万元。

关于国有森工企业存续时间，样本平均存续时间为32.79年。

关于国有森工企业性质，森工集团总部（原森工总局）人数为12人，占比为3.44%；下属林业局子公司（原森工林业局）人数为337人，占比为96.56%。由此可见，本次调研样本对象企业性质集中在下属林业局子公司（原森工林业局）。

三、变量信息

对变量信息进行描述性统计，结果见表5—11。整体而言，所有变量的均值都大于2.5，说明调研对象对问卷结构了解，且对变量设计熟知，对变量观念认同。在产业共生界面方面，两个子维度中"产业政策环境规制"的均值为2.67，"产业共生动力"的均值为3.63，由此可以看出，调研对象在产业共生界面方面更加注重对产业共生动力的研判。在产业共生能量方面，三个子维度中"森工企业人力资本"的均值为2.66，"森工企业组织资本"的均值为2.80，"林区生态文化资源"的均值为3.06，由此可以看出，调研对象在产业共生能量方面更加注重林区生态文化资源的整合与利用。在产业共生行为方面，两个子维度中"产业经济效益"的均值为3.11，"产业生态效益"的均值为2.91，由此可以看出，调研对象在产业共生行为方面更加注重生态文化产业的经济效益。同时，关注所有变量的标准差，所有变量和题目的标准差均小于3，可以说明测量样本有比较好的离散状态，可以进行下一阶段分析。

表 5—11 变量信息

变 量	均 值	标准差	变 量	均 值	标准差
森工企业创新能力	2.58	0.78	产业经济效益	3.11	0.85
EIP1	2.65	0.99	EN1	3.06	0.95
EIP2	2.56	1.01	EN2	3.16	0.98
EIP3	2.55	1.12	EN3	3.08	1.00
EIP4	2.60	1.03	EN4	3.13	1.01
EIP5	2.64	1.00	产业生态效益	2.91	0.89
EIP6	2.56	0.98	E1	2.89	0.95
EIP7	2.52	1.10	E2	2.94	1.03
EIP8	2.51	1.04	E3	2.89	1.01
EIP9	2.62	0.97	森工企业人力资本	2.66	0.86
EIP10	2.56	0.96	HR1	2.76	1.01
产业政策环境规制	2.67	0.73	HR2	2.67	1.05
EI1	2.67	0.89	HR3	2.69	1.15
EI2	2.85	0.92	HR4	2.64	1.04
EI3	2.59	0.84	HR5	2.62	1.09
EI4	2.68	0.91	HR6	2.60	1.10
EI5	2.57	0.89	森工企业组织资本	2.80	0.73
产业共生动力	3.63	1.45	OR1	2.79	0.88
IS1	3.66	1.54	OR2	2.89	0.93

变　量	均　值	标准差	变　量	均　值	标准差
IS2	3.55	1.47	OR3	2.79	0.86
IS3	3.63	1.48	OR4	2.74	0.85
IS4	3.62	1.48	林区生态文化资源	3.06	0.72
IS5	3.64	1.50	RM1	3.14	0.97
IS6	3.65	1.51	RM2	2.73	0.91
产业共生关系程度	3.90	1.16	RM3	3.14	0.98
DIS1	3.95	1.19	RM4	3.11	0.94
DIS2	3.94	1.20	RM5	3.18	0.95
DIS3	3.87	1.28			
DIS4	3.85	1.21			
DIS5	3.89	1.21			
DIS6	3.93	1.22			

第四节　信度和效度检验

经过对样本描述性统计分析之后，本节主要针对样本数据的有效性和可靠性进一步确定。具体而言，就是对黑龙江重点国有林区生态文化产业发展机理理论模型中的潜变量进行效度和信度的检验，即对森工企业创新能力、产业政策环境规制、产业共生动力、产业共生关系程度、产业经济效益、产业生态效益、森工企业人力资本、森工企业组织资本、林区生态文化资源多个变量的量表进行信度和效度检验。

一、信度检验

量表的信度分析代表问卷的可信程度或可靠程度。通常学术界采用内部一致性系数来衡量量表的内在信度。一般而言，该指标大于 0.7 较为理想。同时，修正后的题项与总分的相关性（CITC）需要大于 0.3，以及删除该题项后的内部一致性系数变化需要小于对应的系数。

首先，对各变量进行内部一致性系数分析。由表 5—12 可以看出，各变量内部一致性系数依次为，森工企业创新能力（0.918）、产业政策环境规制（0.878）、产业共生动力（0.988）、产业共生关系程度（0.980）、产业经济效益（0.882）、产业生态效益（0.871）、森工企业人力资本（0.889）、森工企业组织资本（0.846）、林区生态文化资源（0.809），均大于 0.7 的标准。其次，对各变量修正后的题项与总分的相关性以及删除该题项后的内部一致性系数的变化进行比较。从表 5—4 可以看出，每个题目修正后的该题项与总分的相关性均大于 0.3，同时删除题项后的内部一致性系数小于各题目对应的删除题项后的系数。综上所述，森工企业创新能力、产业政策环境规制、产业共生动力、产业共生关系程度、产业经济效益、产业生态效益、森工企业人力资本、森工企业组织资本、林区生态文化资源等变量具有良好的信度。

表 5—12 信度分析表

变　量	题　项	修正后的题项与总计相关性	删除题项后的 Cronbach´s Coefficient Alpha	Cronbach´s Coefficient Alpha
森工企业创新能力	EIP1	0.766	0.906	0.918
	EIP2	0.729	0.908	
	EIP3	0.726	0.908	
	EIP4	0.662	0.912	
	EIP5	0.671	0.911	

续表

变　量	题　项	修正后的题项 与总计相关性	删除题项后的 Cronbach's Coefficient Alpha	Cronbach's Coefficient Alpha
	EIP6	0.673	0.911	
	EIP7	0.691	0.910	
	EIP8	0.641	0.913	
	EIP9	0.684	0.911	
	EIP10	0.708	0.909	
产业政策 环境规制	EI1	0.662	0.863	
	EI2	0.669	0.862	
	EI3	0.793	0.833	0.878
	EI4	0.667	0.862	
	EI5	0.764	0.838	
产业共生 动力	IS1	0.946	0.986	
	IS2	0.935	0.987	
	IS3	0.970	0.984	0.988
	IS4	0.975	0.983	
	IS5	0.969	0.984	
	IS6	0.948	0.986	

变 量	题 项	修正后的题项与总计相关性	删除题项后的 Cronbach′s Coefficient Alpha	Cronbach′s Coefficient Alpha
产业共生关系程度	DIS1	0.929	0.977	0.980
	DIS2	0.949	0.975	
	DIS3	0.929	0.977	
	DIS4	0.914	0.978	
	DIS5	0.927	0.977	
	DIS6	0.955	0.974	
产业经济效益	EN1	0.717	0.859	0.882
	EN2	0.757	0.843	
	EN3	0.769	0.838	
	EN4	0.733	0.853	
产业生态效益	EL1	0.728	0.842	0.871
	EL2	0.766	0.808	
	EL3	0.769	0.804	

续表

变　量	题　项	修正后的题项与总计相关性	删除题项后的 Cronbach's Coefficient Alpha	Cronbach's Coefficient Alpha
森工企业人力资本	HR1	0.633	0.880	0.889
	HR2	0.744	0.863	
	HR3	0.783	0.856	
	HR4	0.680	0.873	
	HR5	0.693	0.871	
	HR6	0.696	0.871	
森工企业组织资本	OR1	0.566	0.833	0.846
	OR2	0.615	0.836	
	OR3	0.780	0.762	
	OR4	0.787	0.760	
林区生态文化资源	RM1	0.753	0.720	0.809
	RM2	0.316	0.808	
	RM3	0.786	0.708	
	RM4	0.575	0.777	
	RM5	0.573	0.778	

二、效度检验

分别对森工企业创新能力、产业政策环境规制、产业共生动力、产业共生关系程度、产业经济效益、产业生态效益、森工企业人力资本、森工企业组织资本、林区生态文化资源量表进行效度分析。

首先，对各变量数据进行 KMO 检验，所有变量的 KMO 值均大于 0.5，表示变量间具有共同因素存在，变量适合进行因子分析。同时，所有变量的因子载荷量均大于 0.45 的标准，故全部保留。最后，所有变量的 CR 值均大于 0.7，AVE 值均大于 0.5。综上所述，森工企业创新能力、产业政策环境规制、产业共生动力、产业共生关系程度、产业经济效益、产业生态效益、森工企业人力资本、森工企业组织资本、林区生态文化资源等变量具有良好的效度。

表 5—13　效度检验表

变　量	题　项	KMO 值	因子载荷量	CR 值	AVE 值
森工企业创新能力	EIP1	0.733	0.824	0.932	0.579
	EIP2		0.796		
	EIP3		0.781		
	EIP4		0.724		
	EIP5		0.745		
	EIP6		0.745		
	EIP7		0.749		
	EIP8		0.706		
	EIP9		0.754		
	EIP10		0.776		

续表

变　量	题　项	KMO 值	因子载荷量	CR 值	AVE 值
产业政策 环境规制	EI1	0.755	0.776	0.912	0.676
	EI2		0.784		
	EI3		0.888		
	EI4		0.782		
	EI5		0.873		
产业共生 动力	IS1	0.932	0.962	0.990	0.942
	IS2		0.954		
	IS3		0.980		
	IS4		0.983		
	IS5		0.979		
	IS6		0.964		
产业共生 关系程度	DIS1	0.929	0.951	0.984	0.911
	DIS2		0.965		
	DIS3		0.951		
	DIS4		0.940		
	DIS5		0.950		
	DIS6		0.969		

变　量	题　项	KMO 值	因子载荷量	CR 值	AVE 值
产业经济效益	EN1	0.838	0.841	0.919	0.739
	EN2		0.868		
	EN3		0.877		
	EN4		0.852		
产业生态效益	EL1	0.738	0.877	0.921	0.795
	EL2		0.898		
	EL3		0.900		
森工企业人力资本	HR1	0.652	0.743	0.915	0.643
	HR2		0.832		
	HR3		0.860		
	HR4		0.782		
	HR5		0.796		
	HR6		0.793		
森工企业组织资本	OR1	0.697	0.725	0.899	0.692
	OR2		0.768		
	OR3		0.907		
	OR4		0.910		

变　量	题　项	KMO 值	因子载荷量	CR 值	AVE 值
林区生态 文化资源	RM1	0.697	0.879	0.892	0.626
	RM2		0.659		
	RM3		0.908		
	RM4		0.749		
	RM5		0.734		

第五节　变量相关性分析

初步验证森工企业创新能力、产业政策环境规制、产业共生动力、产业共生关系程度、产业经济效益、产业生态效益、森工企业人力资本、森工企业组织资本、林区生态文化资源等变量之间的关系。本书采用相关分析法对变量进行分析。相关分析法可以衡量两个变量因素的相关密切程度，对变量间的关系进行初步预测，有利于回归分析的初步验证。各变量之间的相关分析验证如表5—14所示。

从相关性分析的结果，可以初步判定黑龙江重点国有林区生态文化产业发展机理理论模型的逻辑关系具有一定的合理性。各变量相关系数的绝对值在 0.103—0.783 之间，说明自变量、因变量、中介变量和调节变量之间具有不同程度的相关性。同时，从相关分析可以得出，产业政策环境规制、产业共生动力、产业经济效益、产业生态效益、森工企业人力资本、森工企业组织资本、林区生态文化资源、产业共生关系程度与森工企业创新能力呈现正向且显著的相关关系（$p < 0.01$），两者之间的相关系数分别为 0.264、0.370、0.282、0.308、0.400、0.148、0.349、0.255。因此，可以初步判断自变量、因变量、中介变量、调节变量的正向关系。

表 5—14　相关分析表

	1	2	3	4	5	6	7	8	9
森工企业创新能力	1								
产业政策环境规制	0.264**	1							
产业共生动力	0.370**	0.329**	1						
产业经济效益	0.282**	0.382**	0.502**	1					
产业生态效益	0.308**	0.409**	0.497**	0.783**	1				
森工企业人力资本	0.400**	0.224**	0.173**	0.441	0.303**	1			
森工企业组织资本	0.148**	0.346**	0.338**	0.480**	0.464**	0.465**	1		
林区生态文化资源	0.349**	0.233**	0.244**	0.405**	0.332**	0.416**	0.392**	1	
产业共生关系程度	0.255**	0.235**	0.618**	0.404**	0.380**	0.103	0.233**	0.187**	1

注：** 表示 $p < 0.01$。

第六节 假设模型验证分析

根据前文对信度、效度及相关性的分析可以看出，黑龙江重点国有林区生态文化产业发展机理理论模型中各变量的量表具有较好的信度和效度。因此，每个潜在变量对应的观测变量分别是，潜在自变量森工企业创新能力的观测变量是：EIP1、EIP2、EIP3、EIP4、EIP5、EIP6、EIP7、EIP8、EIP9、EIP10；潜在自变量产业政策环境规制的观测变量是：EI1、EI2、EI3、EI4、EI5；潜在自变量产业共生动力的观测变量是：IS1、IS2、IS3、IS4、IS5、IS6；潜在调节变量产业共生关系程度的观测变量是：DIS1、DIS2、DIS3、DIS4、DIS5、DIS6；潜在因变量产业经济效益的观测变量是：EN1、EN2、EN3、EN4；潜在因变量产业生态效益的观测变量是：EL1、EL2、EL3；潜在中介变量森工企业人力资本的观测变量是：HR1、HR2、HR3、HR4、HR5、HR6；潜在中介变量森工企业组织资本的观测变量是：OR1、OR2、OR3、OR4；潜在中介变量林区生态文化资源的观测变量是：RM1、RM2、RM3、RM4、RM5。因此，潜在变量和对应的题目关系见表5—15。

表5—15 潜在变量和对应的题目关系

变 量	题 项	具体题目
森工企业创新能力	EIP1	森工企业能够有效利用生态文化元素，提供特色差异化的生态文化产品或服务
	EIP2	森工企业能够有效利用生态文化元素，打造生态文化产业特色品牌形象和声誉
	EIP3	森工企业具有生态创新所需的专有技术
	EIP4	森工企业具有生态创新所需的生产设备
	EIP5	森工企业具有较高的生态文化产业研发水平
	EIP6	森工企业具有足够的资金用于生态创新

变 量	题 项	具体题目
	EIP7	森工企业能够多渠道进行生态文化产品宣传
	EIP8	森工企业选择通过提高社会声誉、承担社会责任来提升企业价值
	EIP9	森工企业具备生态创新所需的互联网平台
	EIP10	森工企业具备利用新知识开发生态文化产业新产品或新服务项目的能力
产业政策环境规制	EI1	政府加大对林业生态文化产业优惠政策扶持力度，明确产业发展导向
	EI2	国家对林业生态文化资源使用的约束和限制能够促进森工企业实现生态文化产业共生发展
	EI3	人们文化消费能力和水平的提高，促使生态文化需求不断增长
	EI4	森工企业所在地公益性、公共文化等产业配套设施齐全，交通区位便利
	EI5	当地生态文化产业具有创新力、示范力强的带头企业和代表人物
产业共生动力	IS1	全面停伐后，国有林区企业转型、提升经济效益的迫切需要
	IS2	缓解国有林区体制改革后富余职工安置压力
	IS3	国家生态文明建设的迫切需要
	IS4	繁荣林区生态文化，提升文化自信
	IS5	满足人们日益增长的生态文化需求
	IS6	主导产业森林生态旅游的蓬勃发展

续表

变　量	题　项	具体题目
产业共生关系程度	DIS1	森工企业制定有利于生态创新、符合生态文化产业发展理念的战略规划
	DIS2	森工企业能够及时准确掌握林业生态文化产品或服务的市场需求
	DIS3	森工企业具有完善合理的鼓励生态创新的激励机制
	DIS4	森工企业与高校、科研院所能够建立长期稳定合作关系，开展生态合作创新
	DIS5	森工企业与金融机构建立长期稳定的合作关系
	DIS6	森工企业与产业链上下游企业建立良好的生态合作伙伴关系
产业经济效益	EN1	森工企业经济效益明显提高，推动区域经济增长
	EN2	生态产品功能或文化附加值提升，占据市场优势
	EN3	形成特色鲜明的生态文化产品品牌形象
	EN4	为森工企业所在地提供更多的就业机会
产业生态效益	EL1	提升当地居民生态文明意识和居住环境
	EL2	提高生态文化资源利用率，繁荣生态文化，促进国有林区可持续发展
	EL3	履行社会责任，提升国有森工企业价值
森工企业人力资本	HR1	森工企业管理者对林业生态文化产业内涵及产业范围认知清楚
	HR2	森工企业管理者对林业生态文化产业在国有林区经济转型发展中的战略意义认知清楚
	HR3	森工企业高层管理者具备较强的产业共生发展意识
	HR4	森工企业高层管理者能够把握最佳生态创新准入时机
	HR5	森工企业拥有高水平生态文化产业研发人员
	HR6	森工企业员工具有良好的教育背景和专业培训

续表

变 量	题 项	具体题目
森工企业组织资本	OR1	森工企业与当地政府部门保持经常联系
	OR2	森工企业能够有效运用国家相关产业补贴及税收优惠政策
	OR3	森工企业各职能部门之间能够有效地沟通和配合
	OR4	森工企业与客户保持良好关系，能够进一步了解客户需求
林区生态文化资源	RM1	森工企业拥有丰富的生态文化资源，在种类、特性和数量上占有资源优势
	RM2	森工企业能够深度挖掘生态文化资源
	RM3	森工企业能够有效整合生态文化资源，具有较强的资源管理能力
	RM4	森工企业生态文化资源的存在能够有效缓解企业发展的环境压力
	RM5	森工企业能够将生态文化资源最大限度转化为生态文化产品或服务，满足市场需求

基于此，本书得出黑龙江重点国有林区生态文化产业发展机理理论模型的结构方程路径图，如图 5—1 所示。

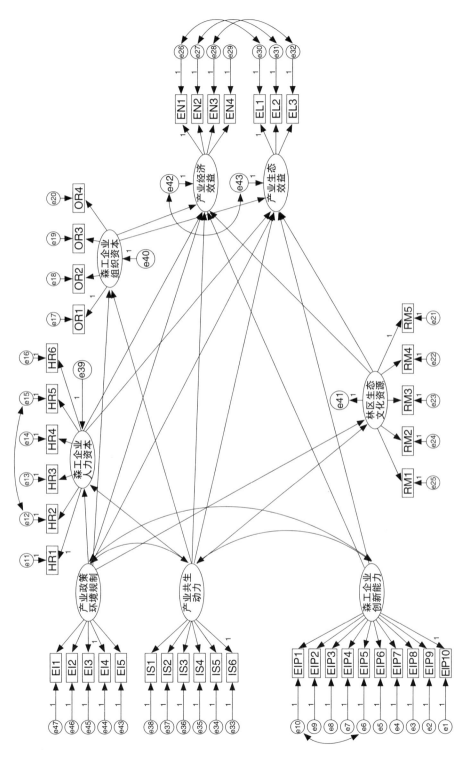

图 5—1　黑龙江重点国有林区生态文化产业发展机理理论模型结构模型图

一、测量模型分析

前文分别对量表进行了信度、效度和相关性分析，在此基础之上，运用 AMOS21.0 分析软件对测量模型进行验证性因子分析，具体可以将黑龙江重点国有林区生态文化产业发展机理的理论模型分成五个主要部分。第一部分，包括潜在自变量森工企业创新能力；第二部分，包括潜在自变量产业政策环境规制、产业共生动力；第三部分，包括潜在调节变量产业共生关系程度；第四部分，包括转型行为的潜在因变量产业生态效益、产业经济效益；第五部分，包括转型行为的潜在中介变量森工企业人力资本、森工企业组织资本、林区生态文化资源。运用最大似然估计法对黑龙江重点国有林区生态文化产业发展机理理论模型进行验证性因子分析。

（一）企业创新能力分析

根据前文黑龙江重点国有林区生态文化产业发展机理理论模型的构建内容，将本书问卷调研收集到的数据与森工企业创新能力的量表进行模型匹配，运用 AMOS21.0 对该模型进行验证性因子分析，利用最大似然估计法进行参数估计，运算结果如图 5—2 和表 5—17 所示。关于拟合度方面，根据表 5—16，$\chi 2/Df$、GFI、NFI、IFI、CFI、RMSEA 不符合理想要求。对模型修正后得出指标，$\chi 2/Df=2.220 < 3$，GFI=0.912 > 0.80，NFI=0.946 > 0.90，IFI=0.932 > 0.90，CFI=0.932 > 0.90，RMSEA=0.079 < 0.08，达到理想值，能够反映出该模型的结构效度理想。

随后，为了检验变量之间的聚敛效度，对验证性因子分析的指标进行整理，如表 5—17 所示。观察各变量的标准化载荷是否大于 0.5，如果是，则表明各潜变量所对应的题项均具有较高的代表性，同时，T 值均达到了 3.29 以上，回归系数分别在 0.001 的水平上达到了显著，代表该测量模型的验证性因子分析呈现出较好的结构效度。

表 5—16　森工企业创新能力模型拟合度

原始结构方程模型				修正后的结构方程模型			
统计指标	适配的标准或临界值	检验结构数据	判断	统计指标	适配的标准或临界值	检验结构数据	判断
χ^2/Df	< 3	54.785	否	χ^2/Df	< 3	2.220	是
GFI	> 0.8	0.530	否	GFI	> 0.8	0.912	是
NFI	> 0.9	0.483	否	NFI	> 0.9	0.946	是
IFI	> 0.9	0.487	否	IFI	> 0.9	0.932	是
CFI	> 0.9	0.486	否	CFI	> 0.9	0.932	是
RMSEA	< 0.08	0.393	否	RMSEA	< 0.08	0.079	是

表 5—17　森工企业创新能力聚敛效度

代码			Estimate	S.E.	C.R.	P	标准化系数
EIP1	←	企业创新能力	1.000				0.727
EIP2	←	企业创新能力	0.722	0.066	10.936	***	0.519
EIP3	←	企业创新能力	0.933	0.075	12.503	***	0.619
EIP4	←	企业创新能力	1.303	0.080	16.327	***	0.822
EIP5	←	企业创新能力	1.114	0.080	13.911	***	0.762
EIP6	←	企业创新能力	0.761	0.075	10.208	***	0.526
EIP7	←	企业创新能力	0.899	0.077	11.728	***	0.604
EIP8	←	企业创新能力	1.489	0.089	16.728	***	0.897
EIP9	←	企业创新能力	1.156	0.031	36.821	***	0.792
EIP10	←	企业创新能力	0.925	0.073	12.587	***	0.660

注：*** 表示 p < 0.001。

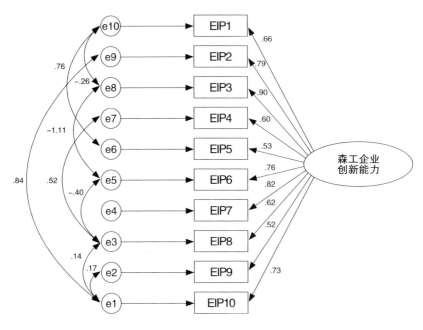

图5—2　森工企业创新能力验证性因子分析

（二）产业共生界面分析

根据前文黑龙江重点国有林区生态文化产业发展机理理论模型的构建内容，将本书问卷调研收集到的数据与产业共生界面（产业政策环境规制、产业共生动力）的量表进行模型匹配，运用AMOS21.0对该模型进行验证性因子分析，利用最大似然估计法进行参数估计，运算结果如图5—3和表5—19所示。关于拟合度方面，根据表5-18，χ^2/Df、RMSEA不符合理想要求。对模型修正后得出指标，$\chi^2/Df=2.689 < 3$，GFI=0.950 > 0.80，NFI–0.982 > 0.90，IFI=0.989 > 0.90，CFI=0.989 > 0.90，RMSEA=0.070 < 0.08，达到理想值，能够反映出该模型的结构效度理想。

随后，为了检验变量之间的聚敛效度，对验证性因子分析的指标进行整理，如表5—19所示，运用同样的方法观察各变量的标准化载荷、T值、回归系数等，得出各潜变量所对应的题项均具有较高的代表性，该测量模型的验证性因子分析呈现出较好的结构效度。

表5—18　产业共生界面模型拟合度

原始结构方程模型				修正后的结构方程模型			
统计指标	适配的标准或临界值	检验结构数据	判断	统计指标	适配的标准或临界值	检验结构数据	判断
χ^2/Df	< 3	6.789	否	χ^2/Df	< 3	2.689	是
GFI	> 0.8	0.859	是	GFI	> 0.8	0.950	是
NFI	> 0.9	0.948	是	NFI	> 0.9	0.982	是
IFI	> 0.9	0.956	是	IFI	> 0.9	0.989	是
CFI	> 0.9	0.955	是	CFI	> 0.9	0.989	是
RMSEA	< 0.08	0.129	否	RMSEA	< 0.08	0.070	是

表5—19　产业共生界面聚敛效度

代码			Estimate	S.E.	C.R.	P	标准化系数
IS1	←	产业共生动力	1.000				0.949
IS2	←	产业共生动力	1.019	0.019	52.360	***	0.972
IS3	←	产业共生动力	1.025	0.020	51.397	***	0.990
IS4	←	产业共生动力	1.017	0.021	47.892	***	0.980
IS5	←	产业共生动力	0.970	0.025	38.734	***	0.946
IS6	←	产业共生动力	1.020	0.026	39.373	***	0.948
EI1	←	产业政策环境规制	1.000				0.569
EI2	←	产业政策环境规制	1.591	0.128	12.390	***	0.980
EI3	←	产业政策环境规制	1.014	0.091	11.124	***	0.568
EI4	←	产业政策环境规制	0.947	0.085	11.140	***	0.550
EI5	←	产业政策环境规制	1.638	0.132	12.413	***	0.957

注：*** 表示 p < 0.001。

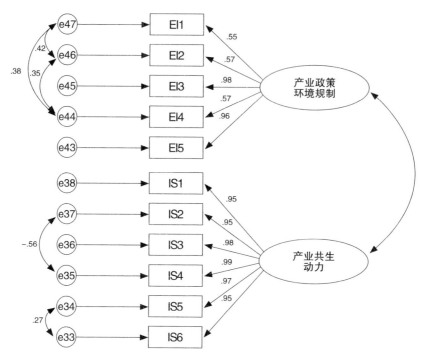

图 5—3　产业共生界面验证性因子分析

（三）产业共生关系程度分析

根据前文黑龙江重点国有林区生态文化产业发展机理理论模型的构建内容，将本书问卷调研收集到的数据与产业共生关系程度的量表进行模型匹配，运用 AMOS21.0 对该模型进行验证性因子分析，利用最大似然估计法进行参数估计，运算结果如图 5—4 和表 5—21 所示。关于拟合度方面，根据表 5—20，$\chi 2/Df$、RMSEA 不符合理想要求。对模型修正后得出指标，$\chi 2/Df=2.356 < 3$，GFI=0.985 > 0.80，NFI=0.995 > 0.90，IFI=0.997 > 0.90，CFI=0.997 > 0.90，RMSEA=0.047 < 0.08，达到理想值，能够反映出该模型的结构效度理想。

表 5—20 产业共生关系程度模型拟合度

原始结构方程模型				修正后的结构方程模型			
统计指标	适配的标准或临界值	检验结构数据	判断	统计指标	适配的标准或临界值	检验结构数据	判断
χ2/Df	< 3	7.522	否	χ2/Df	< 3	2.356	是
GFI	> 0.8	0.944	否	GFI	> 0.8	0.985	是
NFI	> 0.9	0.980	否	NFI	> 0.9	0.995	是
IFI	> 0.9	0.983	否	IFI	> 0.9	0.997	是
CFI	> 0.9	0.983	否	CFI	> 0.9	0.997	是
RMSEA	< 0.08	0.137	否	RMSEA	< 0.08	0.047	是

随后，为了检验变量之间的聚敛效度，对验证性因子分析的指标进行整理，如表 5-21 所示，运用同样的方法观察各变量的标准化载荷、T 值、回归系数等，得出各潜变量所对应的题项均具有较高的代表性，该测量模型的验证性因子分析呈现出较好的结构效度。

表 5—21 产业共生关系程度聚敛效度

代码			Estimate	S.E.	C.R.	P	标准化系数
DIS1	←	产业共生关系程度	1.000				0.941
DIS2	←	产业共生关系程度	1.039	0.025	41.476	***	0.969
DIS3	←	产业共生关系程度	1.078	0.030	36.378	***	0.942
DIS4	←	产业共生关系程度	1.014	0.029	34.816	***	0.934
DIS5	←	产业共生关系程度	1.009	0.029	34.471	***	0.930
DIS6	←	产业共生关系程度	1.039	0.027	38.725	***	0.955

注：*** 表示 p < 0.001。

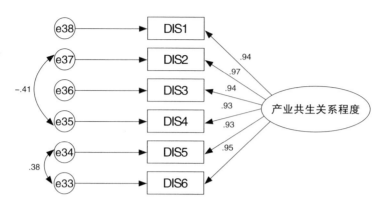

图5—4　产业共生关系程度验证性因子分析

（四）产业共生行为分析

根据前文黑龙江重点国有林区生态文化产业发展机理理论模型的构建内容，将本书问卷调研收集到的数据与产业共生行为（产业经济效益、产业生态效益）的量表进行模型匹配，运用AMOS21.0对该模型进行验证性因子分析，利用最大似然估计法进行参数估计，运算结果如图5—5和表5—23所示。关于拟合度方面，根据表5-22，$\chi2/Df$、GFI、NFI、IFI、CFI、RMSEA不符合理想要求。对模型修正后得出指标，$\chi2/Df$=1.298＜3，GFI=0.989＞0.80，NFI=0.994＞0.90，IFI=0.999＞0.90，CFI=0.999＞0.90，RMSEA=0.029＜0.08，达到理想值，能够反映出该模型的结构效度理想。

表5—22　产业共生行为模型拟合度

原始结构方程模型				修正后的结构方程模型			
统计指标	适配的标准或临界值	检验结构数据	判断	统计指标	适配的标准或临界值	检验结构数据	判断
$\chi2/Df$	＜3	46.207	否	$\chi2/Df$	＜3	1.298	是
GFI	＞0.8	0.741	否	GFI	＞0.8	0.989	是
NFI	＞0.9	0.727	否	NFI	＞0.9	0.994	是
IFI	＞0.9	0.732	否	IFI	＞0.9	0.999	是
CFI	＞0.9	0.731	否	CFI	＞0.9	0.999	是
RMSEA	＜0.08	0.360	否	RMSEA	＜0.08	0.029	是

随后，为了检验变量之间的聚敛效度，对验证性因子分析的指标进行整理，如表 5—23 所示，运用同样的方法观察各变量的标准化载荷、T 值、回归系数等，得出各潜变量所对应的题项均具有较高的代表性，该测量模型的验证性因子分析呈现出较好的结构效度。

表 5—23　产业共生行为聚敛效度

代码			Estimate	S.E.	C.R.	P	标准化系数
EN1	←	产业经济效益	1.000				0.791
EN2	←	产业经济效益	1.055	0.057	18.659	***	0.826
EN3	←	产业经济效益	1.044	0.055	19.151	***	0.823
EN4	←	产业经济效益	1.040	0.064	16.166	***	0.792
E1	←	产业生态效益	1.000				0.812
E2	←	产业生态效益	1.122	0.056	19.932	***	0.844
E3	←	产业生态效益	1.074	0.053	20.298	***	0.844

注：*** 表示 p < 0.001。

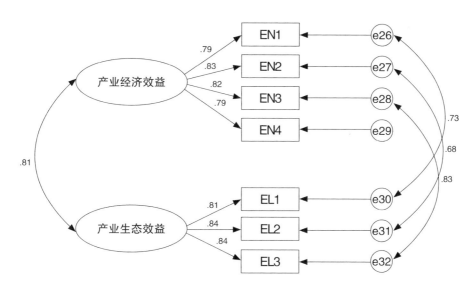

图 5—5　产业共生行为验证性因子分析

（五）产业共生能量分析

根据前文黑龙江重点国有林区生态文化产业发展机理理论模型的构建内容，将本书问卷调研收集到的数据与产业共生能量（森工企业人力资本、森工企业组织资本、林区生态文化资源）的量表进行模型匹配，运用 AMOS21.0 对该模型进行验证性因子分析，利用最大似然估计法进行参数估计，运算结果如图 5—6 和表 5—25 所示。关于拟合度方面，根据表 5—24，$\chi 2/Df$、NFI、IFI、CFI、RMSEA 不符合理想要求。对模型修正后得出指标，$\chi 2/Df$=2.924 < 3，GFI=0.913 > 0.80，NFI=0.932 > 0.90，IFI=0.953 > 0.90，CFI=0.953 > 0.90，RMSEA=0.078 < 0.08，达到理想值，能够反映出该模型的结构效度理想。

表 5—24　产业共生能量模型拟合度

原始结构方程模型				修正后的结构方程模型			
统计指标	适配的标准或临界值	检验结构数据	判断	统计指标	适配的标准或临界值	检验结构数据	判断
$\chi 2/Df$	< 3	8.678	否	$\chi 2/Df$	< 3	2.924	是
GFI	> 0.8	0.808	是	GFI	> 0.8	0.913	是
NFI	> 0.9	0.791	否	NFI	> 0.9	0.932	是
IFI	> 0.9	0.770	否	IFI	> 0.9	0.953	是
CFI	> 0.9	0.809	否	CFI	> 0.9	0.953	是
RMSEA	< 0.08	0.149	否	RMSEA	< 0.08	0.078	是

随后，为了检验变量之间的聚敛效度，对验证性因子分析的指标进行整理，如表 5—25 所示，运用同样的方法观察各变量的标准化载荷、T 值、回归系数等，得出各潜变量所对应的题项均具有较高的代表性，该测量模型的验证性因子分析呈现出较好的结构效度。

表5—25 产业共生能量聚敛效度

代码			Estimate	S.E.	C.R.	P	标准化系数
HR1	←	森工企业人力资本	1.000				0.636
HR2	←	森工企业人力资本	1.067	0.099	10.752	***	0.655
HR3	←	森工企业人力资本	1.712	0.121	14.205	***	0.960
HR4	←	森工企业人力资本	1.066	0.090	11.913	***	0.661
HR5	←	森工企业人力资本	0.886	0.099	8.930	***	0.527
HR6	←	森工企业人力资本	1.423	0.110	12.995	***	0.830
OR1	←	森工企业组织资本	1.000				0.509
OR2	←	森工企业组织资本	1.167	0.117	9.964	***	0.562
OR3	←	森工企业组织资本	1.844	0.174	10.572	***	0.958
OR4	←	森工企业组织资本	1.844	0.175	10.569	***	0.965
RM1	←	林区生态文化资源	1.000				0.887
RM2	←	林区生态文化资源	0.563	0.060	7.712	***	0.534
RM3	←	林区生态文化资源	1.150	0.047	24.627	***	0.993
RM4	←	林区生态文化资源	0.601	0.051	11.827	***	0.551
RM5	←	林区生态文化资源	0.581	0.052	11.121	***	0.525

注：*** 表示 p < 0.001。

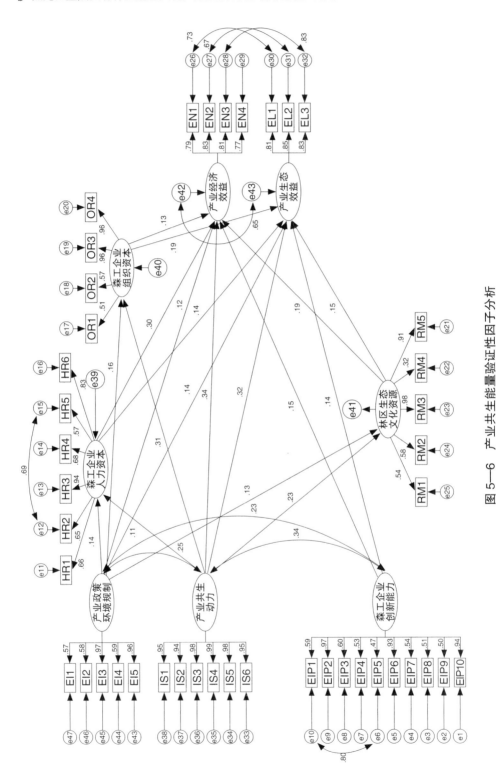

图 5—6 产业共生能量验证性因子分析

二、结构模型分析

根据黑龙江重点国有林区生态文化产业发展机理理论模型中的9个潜在变量，包括森工企业创新能力、产业政策环境规制、产业共生动力、产业共生关系程度、产业经济效益、产业生态效益、森工企业人力资本、森工企业组织资本、林区生态文化资源，其中产业共生关系程度作为调节变量不放在结构模型图中。通过AMOS21.0分析软件运算，得到各项指标的拟合程度具体如表5—26所示。其中 $\chi 2/Df$、NFI、IFI、CFI、RMSEA不符合理想要求，对模型修正后得出指标，$\chi 2/Df=2.975 < 3$，GFI=0.918 > 0.80，NFI=0.926 > 0.90，IFI=0.943 > 0.90，TLI=0.942 > 0.90，RMSEA=0.079 < 0.08，达到理想值，能够反映出该模型的结构效度理想。修正后的结构方程模型图如图5—7所示。

表5—26 结构模型拟合度

原始结构方程模型				修正后的结构方程模型			
统计指标	适配的标准或临界值	检验结构数据	判断	统计指标	适配的标准或临界值	检验结构数据	判断
$\chi 2/Df$	< 3	5.591	否	$\chi 2/Df$	< 3	2.975	是
GFI	> 0.8	0.659	是	GFI	> 0.8	0.918	是
NFI	> 0.9	0.714	否	NFI	> 0.9	0.926	是
IFI	> 0.9	0.752	否	IFI	> 0.9	0.943	是
CFI	> 0.9	0.751	否	CFI	> 0.9	0.942	是
RMSEA	< 0.08	0.115	否	RMSEA	< 0.08	0.079	是

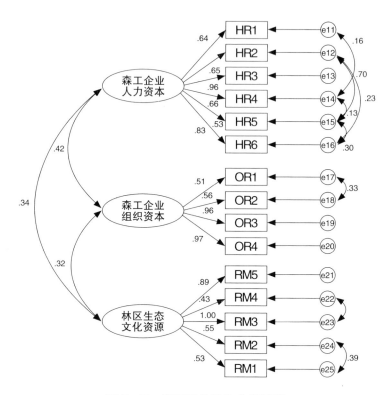

图 5—7　修正后的结构方程模型

表 5—27　修正后的结构方程模型路径系数

路　　径			Estimate	S.E.	C.R.	P	标准化系数
产业生态效益	←	森工企业创新能力	0.117	0.043	2.735	0.006	0.138
产业经济效益	←	森工企业创新能力	0.123	0.040	3.095	0.002	0.147
产业经济效益	←	产业政策环境规制	0.172	0.068	2.526	0.012	0.121
产业生态效益	←	产业政策环境规制	0.197	0.074	2.668	0.008	0.137
产业经济效益	←	产业共生动力	0.177	0.027	6.477	***	0.336

路　径			Estimate	S.E.	C.R.	P	标准化系数
产业生态效益	←	产业共生动力	0.170	0.029	5.806	***	0.319
森工企业人力资本	←	产业共生动力	0.052	0.026	1.969	0.049	0.113
森工企业组织资本	←	产业共生动力	0.096	0.019	5.098	***	0.305
林区生态文化资源	←	产业共生动力	0.142	0.034	4.234	***	0.232
森工企业人力资本	←	产业政策环境规制	0.174	0.073	2.378	0.017	0.140
森工企业组织资本	←	产业政策环境规制	0.131	0.048	2.754	0.006	0.156
林区生态文化资源	←	产业政策环境规制	0.217	0.092	2.358	0.018	0.132
产业经济效益	←	森工企业人力资本	0.343	0.057	5.995	***	0.301
产业生态效益	←	森工企业人力资本	0.165	0.057	2.879	0.004	0.143
产业经济效益	←	森工企业组织资本	0.217	0.082	2.659	0.008	0.130
产业生态效益	←	森工企业组织资本	0.318	0.091	3.499	***	0.187
产业经济效益	←	林区生态文化资源	0.164	0.040	4.114	***	0.191
产业生态效益	←	林区生态文化资源	0.133	0.043	3.111	0.002	0.153

注：*** 表示 $p < 0.001$。

表 5—27 显示了修正后的结构方程模型路径系数，由此可知，关于自变量与因变量的关系中，森工企业创新能力正向影响产业生态效益（β =0.138，p < 0.01）与产业经济效益（β =0.147，p < 0.01）；产业政策环境规制正向影响产业经济效益（β =0.121，p < 0.05）与产业生态效益（β =0.137，p < 0.01）；产业共生动力正向影响产业经济效益（β =0.336，p < 0.001）与产业生态效益（β =0.319，p < 0.001）。关于自变量与中介变量的关系中，产业政策环境规制正向影响森工企业人力资本（β =0.113，p < 0.05）、森工企业组织资本（β =0.305，p < 0.001）与林区生态文化资源（β =0.232，p < 0.001）；产业共生动力正向影响森工企业人力资本（β =0.140，p < 0.05）、森工企业组织资本（β =0.156，p < 0.01）与林区生态文化资源（β =0.132，p < 0.05）。关于中介变量与因变量的关系中，森工企业人力资本正向影响产业经济效益（β =0.301，p < 0.001）与产业生态效益（β =0.143，p < 0.01）；林区生态文化资源正向影响产业经济效益（β =0.130，p < 0.01）与产业生态效益（β =0.187，p < 0.001）；森工企业组织资本正向影响产业经济效益（β =0.191，p < 0.001）与产业生态效益（β =0.153，p < 0.01）。

在黑龙江重点国有林区生态文化产业发展机理理论模型中，通过问卷数据与变量量表的模型匹配，经过相关性分析和结构模型分析，得出各指标均达到理想值，模型结构效度理想，各个潜变量所对应的题目都具有很高的代表性，测量模型的验证性因子分析呈现出较好的结构效度，因此，判定黑龙江重点国有林区生态文化产业发展机理理论模型的逻辑关系的合理性。通过分析运算，对模型进行修正，得到产业政策环境规制、产业共生动力、产业经济效益、产业生态效益、森工企业人力资本、森工企业组织资本、林区生态文化资源、产业共生关系程度与森工企业创新能力等 9 个潜在变量最终的结构方程模型图。表明本书构建的黑龙江重点国有林区生态文化产业发展机理理论模型及提出的各要素之间的假设关系，与当前国有森工企业发展实际较为符合。

第七节 本章小结

本章主要对黑龙江重点国有林区生态文化产业发展机理进行验证分析。首先，设计国有林区生态文化产业发展机理调查问卷，通过问卷调研来获取研究数据。其次，选用结构方程模型研究方法，确定模型中的因变量、自变量、中介变量及调节变量，并通过各组解释题项对相应变量进行科学度量，奠定数据分析的研究基础。再次，对调研数据进行描述性统计分析、信度和效度检验，确定样本数据的有效性和可靠性；在此基础上，对变量进行相关性分析，初步验证各变量之间的关系。由结构方程模型的分析结果可知，本书调研数据的实证分析中，大部分的理论假设被验证通过，表明本书构建的黑龙江重点国有林区生态文化产业发展机理理论模型及提出的各要素之间的假设关系，与当前国有森工企业发展实际较为符合。最后，基于实证研究结果，进行深层次的研究与探讨，使研究结果对黑龙江重点国有森工企业的生态文化产业发展更具有指导意义。

第六章 黑龙江重点国有林区生态文化产业发展的实现路径分析

第一节 直接效应影响路径分析

本节运用 AMOS21.0 分析软件对黑龙江重点国有林区生态文化产业发展机理中的直接效应进行分析，包括产业共生界面对产业共生能量的直接效应影响路径分析、森工企业创新能力对产业共生行为的直接效应影响路径分析、产业共生能量对产业共生行为的直接效应影响路径分析、产业共生界面对产业共生行为的直接效应影响路径分析等四个方面内容。

一、产业共生界面对产业共生能量的直接效应影响路径分析

讨论产业共生界面对产业共生能量的直接效应影响路径分析，即探索在黑龙江重点国有林区生态文化产业发展机理中，产业政策环境规制、产业共生动力对国有森工企业人力资本、森工企业组织资本、林区生态文化资源的直接作用关系。根据假设关系，运用 AMOS21.0 分析软件，构建初始结构方程模型如图 6—1 所示，修正后得出产业共生界面对产业共生能量的影响路径模型。

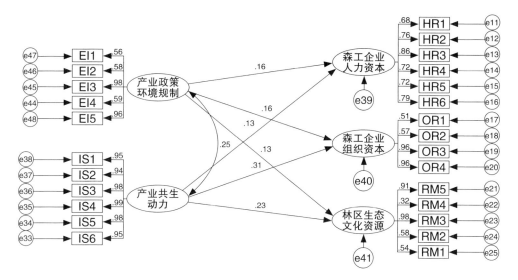

图 6—1 产业共生界面对产业共生能量的初始结构方程模型

通过 AMOS21.0 分析软件的运算，得到各项指标的拟合程度具体如表 6-1 所示。拟合度方面 $\chi 2/Df$、GFI、NFI、IFI、CFI、RMSEA 不符合理想要求。对模型修正后得出指标，$\chi 2/Df=2.935 < 3$，GFI=0.909 > 0.80，NFI=0.920 > 0.90，IFI=0.931 > 0.90，CFI=0.929 > 0.90，RMSEA=0.079 < 0.08，达到理想值，能够反映出该模型的结构效度理想。得到修正后的产业共生界面对产业共生能量的影响路径模型图如图 6—2 所示。

表 6—1 结构模型拟合度

原始结构方程模型				修正后的结构方程模型			
统计指标	适配的标准或临界值	检验结构数据	判断	统计指标	适配的标准或临界值	检验结构数据	判断
$\chi 2/Df$	< 3	4.638	否	$\chi 2/Df$	< 3	2.935	是
GFI	> 0.8	0.788	否	GFI	> 0.8	0.909	是
NFI	> 0.9	0.858	否	NFI	> 0.9	0.920	是
IFI	> 0.9	0.842	否	IFI	> 0.9	0.931	是
CFI	> 0.9	0.885	否	CFI	> 0.9	0.929	是
RMSEA	< 0.08	0.102	否	RMSEA	< 0.08	0.079	是

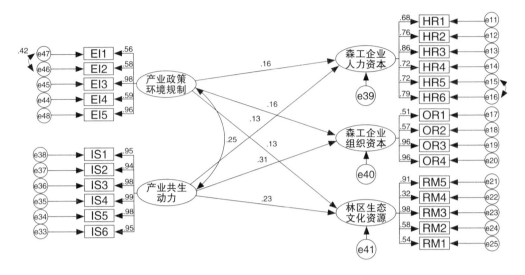

图 6—2　修正后的产业共生界面对产业共生能量的结构方程模型

表 6—2　修正后的结构方程模型路径系数

路　径			Estimate	S.E.	C.R.	P	标准化系数
森工企业人力资本	←	产业共生动力	0.064	0.028	2.290	0.022	0.133
森工企业组织资本	←	产业共生动力	0.096	0.019	5.106	***	0.306
林区生态文化资源	←	产业共生动力	0.143	0.034	4.246	***	0.233
森工企业人力资本	←	产业政策环境规制	0.205	0.078	2.620	0.009	0.157
森工企业组织资本	←	产业政策环境规制	0.131	0.048	2.730	0.006	0.154
林区生态文化资源	←	产业政策环境规制	0.217	0.093	2.343	0.019	0.131

注：*** 表示 p < 0.001。

修正后的产业共生界面对产业共生能量的结构方程模型路径系数如表6—2所示，由此可知，产业共生界面对产业共生能量的直接效应，产业共生动力正向影响森工企业人力资本（β=0.133，p＜0.05）、森工企业组织资本（β=0.306，p＜0.001）与林区生态文化资源（β=0.233，p＜0.001）；产业政策环境规制正向影响森工企业人力资本（β=0.157，p＜0.01）、森工企业组织资本（β=0.154，p＜0.01）与林区生态文化资源（β=0.131，p＜0.05）。

综上所述，假设2、假设2—1、假设2—2、假设2—3、假设2—4、假设2—5、假设2—6均得到验证。因此，可以得出在黑龙江重点国有林区生态文化产业发展中，产业共生界面对产业共生能量起到直接影响，也就是说通过执行产业政策环境规制及激发产业共生动力，可以直接提升森工企业人力资本、组织资本水平及加强林区生态文化资源的管理利用。如今"四分开"的体制改革打破了黑龙江重点国有林区长期僵化、落后的"政企合一"的体制格局，国有森工企业甩掉了"社会包袱"轻装上阵，在国有林区管理体制改革所营造的良好产业转型的经济发展环境中，独立市场运营，成为积极培育和壮大接续替代产业的市场经营主体，在生态文化产业发展中实现产业融合共生，延长传统林业产业链条，丰富生态文化产业业态，为黑龙江重点国有林区创造更大的就业空间，安置森工体制改革后的富余职工，从而改善林区民生，推动林区社会稳定发展。森工集团及各下属林业局应注重对国家林业和草原局、国家发改委、国家文化和旅游部、国家农业农村部等部委，发布的与国有林区产业转型、生态文化产业、文化产业相关的政策信息，用好悟透产业专项补贴、融资优惠等扶持政策，以此推进黑龙江国有森工企业管理者战略思维及产业发展意识的培养，做好国有林区生态文化资源的整合与价值转换，不断更新国有林区生态文化产业发展理念。

二、森工企业创新能力对产业共生行为的直接效应影响路径分析

讨论森工企业创新能力对产业共生行为的直接效应影响路径分析，即国有森工企业创新能力对黑龙江重点国有林区生态文化产业经济效益、产业生态效益的直接作用关系。根据假设关系，运用AMOS21.0分析软件，构建初始结构方程模型如图6—3所示，修正后得出森工企业创新能力对产业共生行为的影响路径模型。

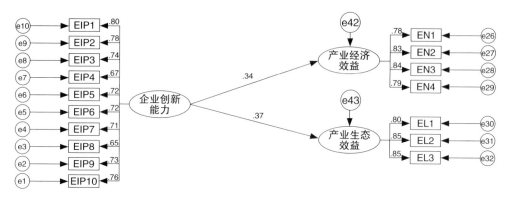

图 6—3　森工企业创新能力对产业共生行为的初始结构方程模型

通过 AMOS21.0 分析软件的运算，得到各项指标的拟合程度具体如表 6—3 所示。拟合度方面 χ2/Df、GFI、NFI、IFI、CFI、RMSEA 不符合理想要求。对模型修正后得出指标，χ2/Df=2.935 < 3，GFI=0.932 > 0.80，NFI=0.959 > 0.90，IFI=0.988 > 0.90，CFI=0.989 > 0.90，RMSEA=0.062 < 0.08，达到理想值，能够反映出该模型的结构效度理想。修正后森工企业创新能力对产业共生行为的结构方程模型图如图 6—4 所示。

表 6—3　结构模型拟合度

原始结构方程模型				修正后的结构方程模型			
统计指标	适配的标准或临界值	检验结构数据	判断	统计指标	适配的标准或临界值	检验结构数据	判断
χ2/Df	< 3	24.820	否	χ2/Df	< 3	2.230	是
GFI	> 0.8	0.571	否	GFI	> 0.8	0.932	是
NFI	> 0.9	0.517	否	NFI	> 0.9	0.959	是
IFI	> 0.9	0.528	否	IFI	> 0.9	0.988	是
CFI	> 0.9	0.526	否	CFI	> 0.9	0.989	是
RMSEA	< 0.08	0.262	否	RMSEA	< 0.08	0.623	是

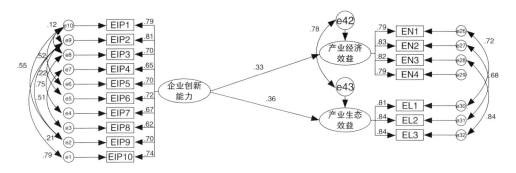

图6—4　修正后的森工企业创新能力对产业共生行为结构方程模型

表6—4　修正后的结构方程模型路径系数

路　径			Estimate	S.E.	C.R.	P	标准化系数
产业生态效益	←	森工企业创新能力	0.397	0.067	5.898	***	0.363
产业经济效益	←	森工企业创新能力	0.355	0.067	5.324	***	0.329

注：*** 表示 p < 0.001。

修正后的森工企业创新能力对产业共生行为结构方程模型路径系数如表6—4所示，由此可知，森工企业创新能力对产业共生行为的直接效应，森工企业创新能力正向影响产业生态效益（β=0.363，p < 0.001）与产业经济效益（β=0.329，p < 0.001）。

综上所述，假设1、假设1—1、假设1—2均得到验证。因此，可以得出在黑龙江重点国有林区生态文化产业发展中，森工企业的创新能力对产业共生行为起到直接影响。目前，黑龙江重点国有林区生态文化产业发展大部分还是依靠模仿，缺乏原创性的产业技术成果。各林业局具有相似的自然条件及资源属性，停伐后有着类似的产业转型发展境域。森工集团及各下属林业局应注重对森工企业管理者的创新意识和创新能力的培养，打破原有"等、靠、要"的传统理念，变被动创新为主动创新，以技术创新为核心，重视新材料技术、互联网多媒体信息技术、文化产业方面的新兴技术、生态环保技术等；逐步适应现有的企业体制改革及市场化经营，在生态文化资源的挖掘、文化元素的有效运用、用数字经济打造互联网营销平台等多个方面提升产业发展的创新理念，进一步推动国有林区生态文化产品的特色发展和高水平发展。

三、产业共生能量对产业共生行为的直接效应影响路径分析

讨论产业共生能量对产业共生行为的直接效应影响路径分析，即探索国有森工企业人力资本、企业组织资本、林区生态文化资源对黑龙江重点国有林区生态文化产业经济效益、生态效益的直接作用关系。根据假设关系，运用 AMOS21.0 分析软件，构建初始结构方程模型如图 6—5 所示，修正后得出产业共生能量对产业共生行为的影响路径模型。

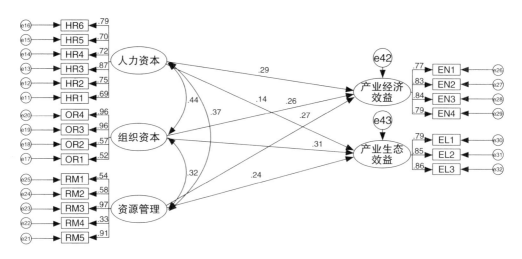

图 6—5　产业共生能量对产业共生行为的初始结构方程模型

通过 AMOS21.0 分析软件的运算，得到各项指标的拟合程度具体如表 6—5 所示。拟合度方面 χ^2/Df、GFI、NFI、IFI、CFI、RMSEA 不符合理想要求。对模型修正后得出指标，$\chi^2/Df=2.904 < 3$，GFI=0.869 > 0.80，NFI=0.909 > 0.90，IFI=0.938 > 0.90，CFI=0.938 > 0.90，RMSEA=0.074 < 0.08，达到理想值，能够反映出该模型的结构效度理想。修正后的产业共生能量对产业共生行为结构方程模型图如图 6—6 所示。

表 6—5 结构模型拟合度

原始结构方程模型				修正后的结构方程模型			
统计指标	适配的标准或临界值	检验结构数据	判断	统计指标	适配的标准或临界值	检验结构数据	判断
$\chi 2/Df$	< 3	8.821	否	$\chi 2/Df$	< 3	2.904	是
GFI	> 0.8	0.739	否	GFI	> 0.8	0.869	是
NFI	> 0.9	0.712	否	NFI	> 0.9	0.909	是
IFI	> 0.9	0.736	否	IFI	> 0.9	0.938	是
CFI	> 0.9	0.735	否	CFI	> 0.9	0.938	是
RMSEA	< 0.08	0.150	否	RMSEA	< 0.08	0.074	是

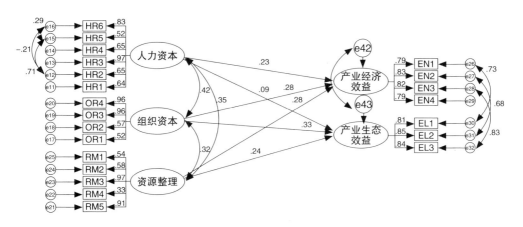

图 6—6 修正后的产业共生能量对产业共生行为结构方程模型

表 6—6　修正后的结构方程模型路径系数

路　径			Estimate	S.E.	C.R.	P	标准化系数
产业经济效益	←	森工企业人力资本	0.279	0.069	4.010	***	0.235
产业生态效益	←	森工企业人力资本	0.199	0.098	2.030	0.049	0.093
产业经济效益	←	森工企业组织资本	0.466	0.103	4.506	***	0.275
产业生态效益	←	森工企业组织资本	0.565	0.113	5.017	***	0.330
产业经济效益	←	林区生态文化资源	0.244	0.047	5.142	***	0.279
产业生态效益	←	林区生态文化资源	0.211	0.050	4.246	***	0.240

注：*** 表示 $p < 0.001$。

　　修正后的产业共生能量对产业共生行为结构方程模型路径系数如表 6—6 所示。由此可知，产业共生能量对产业共生行为的直接效应，森工企业人力资本正向影响产业经济效益（ β =0.235，$p < 0.001$）与产业生态效益（ β =0.093，$p < 0.05$）；森工企业组织资本正向影响产业经济效益（ β =0.275，$p < 0.001$）与产业生态效益（ β =0.330，$p < 0.001$）；林区生态文化资源正向影响产业经济效益（ β =0.279，$p < 0.001$）与产业生态效益（ β =0.240，$p < 0.001$）。

　　综上所述，假设 3、假设 3—1、假设 3—2、假设 3—3、假设 3—4、假设 3—5、假设 3—6 均得到验证。因此，可以得出在黑龙江重点国有林区生态文化产业发展中，产业共生能量对产业共生行为起到直接影响，也就是说森工企业的人力资本、组织资本及林区生态文化资源，直接影响国有林区生态文化产业的经济效益和生态效益。国有森工企业要建设成为"现代林业体系 + 现代企业制度"的现代化新森工，黑龙江重点国有林区要成为"两山"理论价值转换的"践行地"，就必须注重森工企业人力资本的提升，不断完善森工企业人才引进机制和人才使用机制，让专业的人干专业的事；建立人才培养机制，构建合理的森工人才梯队结构，多方面多维度选人用人、培养管理人才，努力让人力资本为龙江森工集团和伊春森工集团的永续发展提供不竭动力。积极对接当地政府相关部门，争取产业共生发展最大的支持力度，激发森工企业内部不同部门、不同类别企业间的相互合作交流，在增强生态文化产业融合发展共生中，提升国有森工企业生存能力。与其他产业的发展相比，生态文化产业由于其文化产业的特殊属性，更需要国有森工企业在资本投入、资源挖掘、整合管理方面提高林区生态文化资源的优化配置，在相关产业培育等方面建立一套完善的市场化经营管理体系，提升森工企业的现代管理水平。

四、产业共生界面对产业共生行为的直接效应影响路径分析

讨论产业共生界面对产业共生行为的直接效应影响路径分析，即探索在黑龙江重点国有林区生态文化产业发展中产业政策环境规制、产业共生动力对产业经济效益、产业生态效益的直接作用关系。根据假设关系，运用 AMOS21.0 分析软件，构建初始结构方程模型如图 6—7 所示。修正后得出产业共生界面对产业共生行为的影响路径模型。

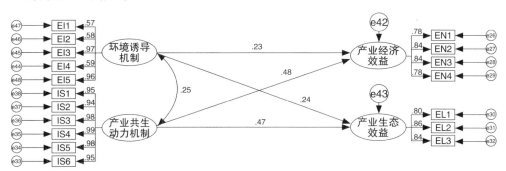

图 6—7　产业共生界面对产业共生行为的初始结构方程模型

通过 AMOS21.0 分析软件的运算，得到各项指标的拟合程度具体如表 6—7 所示。拟合度方面 χ2/Df、GFI、NFI、IFI、CFI、RMSEA 不符合理想要求。对模型修正后得出指标，χ2/Df=2.842 ＜ 3，GFI=0.899 ＞ 0.80，NFI=0.956 ＞ 0.90，IFI=0.971 ＞ 0.90，CFI=0.971 ＞ 0.90，RMSEA=0.073 ＜ 0.08，达到理想值，能够反映出该模型的结构效度理想。修正后的产业共生界面对产业共生行为结构方程模型图如图 6—8 所示。

表 6—7　结构模型拟合度

原始结构方程模型				修正后的结构方程模型			
统计指标	适配的标准或临界值	检验结构数据	判断	统计指标	适配的标准或临界值	检验结构数据	判断
χ2/Df	< 3	9.595	否	χ2/Df	< 3	2.842	是
GFI	> 0.8	0.751	否	GFI	> 0.8	0.899	是
NFI	> 0.9	0.846	否	NFI	> 0.9	0.956	是
IFI	> 0.9	0.834	否	IFI	> 0.9	0.971	是
CFI	> 0.9	0.859	否	CFI	> 0.9	0.971	是
RMSEA	< 0.08	0.157	否	RMSEA	< 0.08	0.073	是

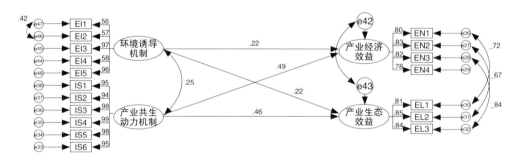

图 6—8　修正后的产业共生界面对产业共生行为结构方程模型

表6—8　修正后的结构方程模型路径系数

路　径			Estimate	S.E.	C.R.	P	标准化系数
产业经济效益	←	产业共生动力	0.262	0.029	9.162	***	0.486
产业生态效益	←	产业共生动力	0.250	0.029	8.712	***	0.461
产业经济效益	←	产业政策环境规制	0.321	0.078	4.122	***	0.220
产业生态效益	←	产业政策环境规制	0.325	0.079	4.095	***	0.221

注：*** 表示 $p < 0.001$。

修正后的产业共生界面对产业共生行为结构方程模型路径系数如表6—8所示。由此可知，产业共生界面对产业共生行为的直接效应，产业共生动力正向影响产业经济效益（ $\beta=0.486$ ， $p < 0.001$ ）与产业生态效益（ $\beta=0.461$ ， $p < 0.001$ ）；产业政策环境规制正向影响产业经济效益（ $\beta=0.220$ ， $p < 0.001$ ）与产业生态效益（ $\beta=0.221$ ， $p < 0.001$ ）。

综上所述，假设4、假设4—1、假设4—2、假设4—3、假设4—4均得到验证。因此，可以得出在黑龙江重点国有林区生态文化产业发展中，产业共生界面对产业共生行为起到直接影响，也就是说产业政策环境规制和产业共生动力直接影响生态文化产业的经济效益和生态效益。生态文化产业属中国特色文化产业的一种，国家文化产业的蓬勃发展，让森工企业更具备发展好国有林区生态文化产业的底气和信心。因此，国家或政府的产业政策导向仍然是黑龙江重点国有林区生态文化产业发展的重要推动力。生态文化产业具有典型的可持续性和公益性特征，在产业本身获得发展的同时，所产生的经济收益和大众生态文明素养的提升，可以有效反哺国家生态建设，在产业经济发展与生态环境保护之间实现融合共生。森工企业仍是国有森林资产经营管理的中央直属企业，其职能定位受国家生态战略型的微观和宏观背景影响，也由此决定了国有森工企业的主要经营目标之一就是在实现国有资产的保值增值的同时，获取更高的经济利润。全面停伐后，国有林区实行从计划经济向市场经济、从政府经济向社会经济的转变。重新审视思考应如何在完成经营保护森林资源、推进生态建设重要艰巨任务的同时，又要保障林区社会经济的稳定发展。林区产业发展要始终围绕满足停伐后的转型需要，在产业融合共生中，积极寻求生态文化产业市场的发展机会，充分考虑个性化生态文化方面的社会需求，缓解国有林区体制改革后的职工安置压力等产业共生动力因素，推动生态文化产业融合共生发展。实现产业融合共生后，可以从社会经济领域这样一个更宽泛的视角审视森工企业转型期间所面临的以往发展阶段中都未曾经历过的复杂风险，如内部组织机构改革、外部林业发展战略的调整等内外部双重不确定风险，让森工企业尝试多种经营成为企业发展常态。

第二节　产业共生能量的中介效应影响路径分析

根据第四章提出的黑龙江重点国有林区生态文化产业发展机理理论模型，验证产业共生能量的中介效应。通过 AMOS21.0 分析软件的运算，得到各项指标的拟合程度具体如表 6—9 所示。拟合度方面 $\chi 2/Df$、NFI、IFI、CFI、RMSEA 不符合理想要求。对模型修正后得出指标，$\chi 2/Df=2.536 < 3$，GFI=0.829 > 0.80，NFI=0.903 > 0.90，IFI=0.939 > 0.90，CFI=0.938 > 0.90，RMSEA=0.066 < 0.08，达到理想值，能够反映出该模型的结构效度理想。修正后的产业共生能量中介效应结构方程模型图如图 6—9 所示。

表 6—9　结构模型拟合度

原始结构方程模型				修正后的结构方程模型			
统计指标	适配的标准或临界值	检验结构数据	判断	统计指标	适配的标准或临界值	检验结构数据	判断
$\chi 2/Df$	< 3	5.023	否	$\chi 2/Df$	< 3	2.536	是
GFI	> 0.8	0.739	是	GFI	> 0.8	0.829	是
NFI	> 0.9	0.804	否	NFI	> 0.9	0.903	是
IFI	> 0.9	0.836	否	IFI	> 0.9	0.939	是
CFI	> 0.9	0.836	否	CFI	> 0.9	0.938	是
RMSEA	< 0.08	0.108	否	RMSEA	< 0.08	0.066	是

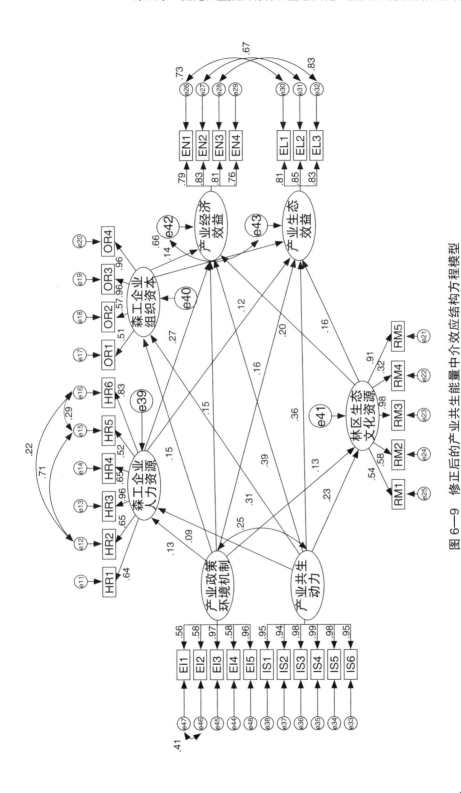

图6—9　修正后的产业共生能量中介效应结构方程模型

表 6—10 修正后的结构方程模型路径系数

路　径			Estimate	S.E.	C.R.	P	标准化系数
产业经济效益	←	产业政策环境规制	0.208	0.069	3.015	0.003	0.147
产业生态效益	←	产业政策环境规制	0.230	0.074	3.091	0.002	0.160
产业经济效益	←	产业共生动力	0.203	0.027	7.566	***	0.388
产业生态效益	←	产业共生动力	0.194	0.029	6.787	***	0.363
森工企业人力资本	←	产业共生动力	0.052	0.026	1.969	0.049	0.113
森工企业组织资本	←	产业共生动力	0.096	0.019	5.111	***	0.306
林区生态文化资源	←	产业共生动力	0.143	0.034	4.245	***	0.233
森工企业人力资本	←	产业政策环境规制	0.159	0.071	2.226	0.026	0.130
森工企业组织资本	←	产业政策环境规制	0.130	0.048	2.721	0.006	0.153
林区生态文化资源	←	产业政策环境规制	0.218	0.093	2.346	0.019	0.131
产业经济效益	←	森工企业人力资本	0.313	0.057	5.457	***	0.271
产业生态效益	←	森工企业人力资本	0.145	0.058	2.516	0.012	0.123
产业经济效益	←	森工企业组织资本	0.234	0.083	2.809	0.005	0.141
产业生态效益	←	森工企业组织资本	0.330	0.092	3.584	***	0.194
产业经济效益	←	林区生态文化资源	0.168	0.040	4.173	***	0.197
产业生态效益	←	林区生态文化资源	0.136	0.043	3.147	0.002	0.156

注：*** 表示 p < 0.001。

修正后的产业共生能量中介效应结构方程模型路径系数如表6—10所示。由此可知，在自变量与因变量的关系中，产业政策环境规制正向影响产业经济效益（β=0.147，p < 0.01）与产业生态效益（β=0.160，p < 0.01）；产业共生动力正向影响产业经济效益（β=0.388，p < 0.001）与产业生态效益（β=0.363，p < 0.001）。在自变量与中介变量的关系中，产业政策环境规制正向影响森工企业人力资本（β=0.130，p < 0.05）、森工企业组织资本（β=0.153，p < 0.01）与林区生态文化资源（β=0.131，p < 0.05）；产业共生动力正向影响森工企业人力资本（β=0.113，p < 0.05）、森工企业组织资本（β=0.306，p < 0.001）与林区生态文化资源（β=0.233，p < 0.001）。在中介变量与因变量的关系中，森工企业人力资本正向影响产业生态效益（β=0.123，p < 0.05）与产业经济效益（β=0.271，p < 0.001）；森工企业组织资本正向影响产业生态效益（β=0.194，p < 0.001）与产业经济效益（β=0.141，p < 0.01）；林区生态文化资源正向影响产业生态效益（β=0.156，p < 0.05）与产业经济效益（β=0.197，p < 0.001）。

由上可知，自变量对因变量、自变量对中介变量均呈现正向显著，可以在此基础上继续进行中介效应检验。本书使用AMOS21.0做中介效应分析，采用BOOTSTRAP方法验证中介结果，具体验证如表6—11所示。

关注森工企业人力资本在产业共生界面与产业经济效益之间的影响机理的中介效应。产业政策环境规制—森工企业人力资本—产业经济效益的Boot上下区间为（0.025，0.109），没有包括0，即证明产业政策环境规制—森工企业人力资本—产业经济效益的中介效应是显著的（p < 0.05），中介效应量为0.054。产业共生动力—森工企业人力资本—产业经济效益的Boot上下区间为（0.009，0.046），没有包括0，即证明产业共生动力—森工企业人力资本—产业经济效益的中介效应是显著的（p < 0.05），中介效应量为0.023。因此，假设5—1得到验证。意味着在黑龙江重点国有林区生态文化产业发展中，产业发展政策导向、环境规制、市场环境、企业生存环境及产业发展的动力因素，都能够通过森工企业管理者和员工的贯彻落实、有效实施，进一步提升生态文化产业的经济效益。

表 6—11 中介效应检验

路　径	非标准化系数	标准误	区间下限	区间上限
产业政策环境规制—森工企业人力资本—产业经济效益	0.054	0.020	0.025	0.109
产业共生动力—森工企业人力资本—产业经济效益	0.023	0.009	0.009	0.046
产业政策环境规制—森工企业组织资本—产业经济效益	0.097	0.029	0.046	0.161
产业共生动力—森工企业组织资本—产业经济效益	0.052	0.055	−0.055	0.160
产业政策环境规制—林区生态文化资源—产业经济效益	0.047	0.018	0.017	0.094
产业共生动力—林区生态文化资源—产业经济效益	0.021	0.009	0.007	0.042
产业政策环境规制—森工企业人力资本—产业生态效益	0.038	0.012	0.016	0.065
产业共生动力—森工企业人力资本—产业生态效益	0.016	0.009	0.003	0.037
产业政策环境规制—森工企业组织资本—产业生态效益	0.363	0.066	0.233	0.493
产业共生动力—森工企业组织资本—产业生态效益	0.055	0.014	0.029	0.085
产业政策环境规制—林区生态文化资源—产业生态效益	0.165	0.064	0.040	0.290
产业共生动力—林区生态文化资源—产业生态效益	0.008	0.007	−0.004	0.025

关注森工企业组织资本在产业共生界面与产业经济效益之间的影响机理的中介效应。产业政策环境规制—森工企业组织资本—产业经济效益的 Boot 上下区间为（0.046，0.161），没有包括 0，即证明产业政策环境规制—森工企业组织资本—产业经济效益的中介效应是显著的（p < 0.05），中介效应量为 0.097。产业共生动力—森工企业组织资本—产业经济效益的 Boot 上下区间为（−0.055，0.160）包括 0，即证明产业共生动力—森工企业组织资本—产业经济效益的中介效应是不显著的（p > 0.05）。因此，假设 5—2 证伪。意味着在黑龙江重点国有林区生态文化产业发展中，政策导向可以通过提升森工企业多方面的组织协调、沟通联络能力，从而带动产业经济效益；而产业发展的动力因素并没有起到提升森工企业的组织资本水平的推动作用，还没有认识到黑龙江重点国有林区产业转型发展的紧迫性以及生态文化资源价值转化的重要性。

关注林区生态文化资源在产业共生界面与产业经济效益之间的影响机理的中介效应。产业政策环境规制—林区生态文化资源—产业经济效益的 Boot 上下区间为（0.017，0.094），没有包括 0，即证明产业政策环境规制—林区生态文化资源—产业经济效益的中介效应是显著的（p < 0.05），中介效应量为 0.047。产业共生动力—林区生态文化资源—产业经济效益的 Boot 上下区间为（0.007，0.042），没有包括 0，即证明产业共生动力—林区生态文化资源—产业经济效益的中介效应是显著的（p < 0.05），中介效应量为 0.021。因此，假设 5—3 得到验证。意味着在黑龙江重点国有林区生态文化产业发展中，由于森林、湿地等生态资源直接由国家统一管理，政策导向及环境规制等能够有效约束国有森工企业的资源管理，从而作用于产业经济效益的提升。同时，产业共生发展的动力因素可以促使森工企业加大资源挖掘和价值转换力度，提升产业经济效益。

关注森工企业人力资本在产业共生界面与产业生态效益之间的影响机理的中介效应。产业政策环境规制—森工企业人力资本—产业生态效益的 Boot 上下区间为（0.016，0.065），没有包括 0，即证明产业政策环境规制—森工企业人力资本—产业生态效益的中介效应是显著的（p < 0.05），中介效应量为 0.038。产业共生动力—森工企业人力资本—产业生态效益的 Boot 上下区间为（0.003，0.037），没有包括 0，即证明产业共生动力—森工企业人力资本—产业生态效益

的中介效应是显著的（$p < 0.05$），中介效应量为 0.016。因此，假设 5—4 得到验证。意味着在黑龙江重点国有林区生态文化产业发展中，产业发展政策导向、环境规制及产业发展的动力因素，都能够通过森工企业管理者和员工的贯彻落实、有效实施，进一步提升生态文化产业发展的生态效益。

关注森工企业组织资本在产业共生界面与产业生态效益之间的影响机理的中介效应。产业政策环境规制—森工企业组织资本—产业生态效益的 Boot 上下区间为（0.233，0.493），没有包括 0，即证明产业政策环境规制—森工企业组织资本—产业生态效益的中介效应是显著的（$p < 0.05$）），中介效应量为 0.363。产业共生动力—森工企业组织资本—产业生态效益的 Boot 上下区间为（0.029，0.085），不包括 0，即证明产业共生动力—森工企业组织资本—产业生态效益的中介效应是显著的（$p < 0.05$），中介效应量为 0.055。因此，假设 5—5 得到验证。意味着在黑龙江重点国有林区生态文化产业发展中，政策导向、环境规制及产业发展的动力因素可以促进森工企业多方面的组织协调、沟通联络能力的提升，从而带动生态文化产业的生态效益。

关注林区生态文化资源在产业共生界面与产业生态效益之间的影响机理的中介效应。产业政策环境规制—林区生态文化资源—产业生态效益的 Boot 上下区间为（0.040，0.290），没有包括 0，即证明产业政策环境规制—林区生态文化资源—产业生态效益的中介效应是显著的（$p < 0.05$），中介效应量为 0.165。产业共生动力—林区生态文化资源—产业生态效益的 Boot 上下区间为（-0.004，0.025），包括 0，即证明产业共生动力—林区生态文化资源—产业经济效益的中介效应是不显著的（$p > 0.05$）。因此，假设 5—6 证伪。意味着在黑龙江重点国有林区生态文化产业发展中，政策导向及环境规制等能够有效约束国有森工企业生态资源管理，从而直接作用于产业生态效益的提升；而产业共生发展的动力因素中，大多数是出于对生态文化产业经济效益的需要，因此对促进产业生态效益的提升影响不够明显。

综上所述，假设 5 部分验证，假设 5—1、假设 5—3、假设 5—4、假设 5—5 得到验证，假设 5—2、假设 5—6 证伪。综合判断分析，在黑龙江重点国有林区生态文化产业发展中，产业共生能量在产业共生界面与产业共生行为之间起到了中介作用，各组假设关系的验证结果，为后文根据影响路径分析，提出黑龙江重点国有林区生态文化产业发展对策建议提供依据。在黑龙江重点国有林区生态文化产业发展中，产业政策环境规制的具体内容及产业共生动力的释放，需要作用于森工企业通过人力资本、组织资本的提升及林区生态文化资源的有效管理，促进生态文化产业的融合共生发展，从而实现产业经济效益和生态效益的提升。林业产业作为规模最大的循环经济体，森林生态资源的可再生性及生态文化产业的可持续性，有力促进了林业产业的循环经济发展。产业政策环境规制对黑龙江重点国有林区的产业发展起到直接影响，及时有效的政策倾斜能够化解国有森工企业在转型期遇到的困难，积极在产业投资、社会保障、产业项目开发、专项人才技术引进、金融招商等方面创造产业共生发展的机遇。例如，当前国有森工企业大多数是国有林区政企分离改革后成立的，在生态文化产业发展中普遍面临着贷款融资困难、项目开发机遇有限、专业技术培训不到位等问题迫切需要解决，这些都能通过政府相应的扶持政策给予引导，从而缓解森工企业的生存发展压力。

第三节　产业共生关系程度的调节效应影响路径分析

在对黑龙江重点国有林区生态文化产业发展机理理论模型的直接效应和中介效应验证和路径分析基础上，本节主要通过对自变量和调节变量进行中心化处理、计算交互项及层级回归，分析产业共生关系程度在产业共生能量与产业共生行为间的调节效应。

一、产业共生关系程度在森工企业人力资本与产业经济效益之间的调节作用

分析产业共生关系程度在森工企业人力资本与产业经济效益之间的调节作用，如表6—12所示。其产业共生关系程度在森工企业人力资本与产业经济效益之间作用显著，因此产业共生关系程度在森工企业人力资本—产业经济效益之间存在调节作用。依据检验程序及调节效果进行检验，形成三元一次多项式：

Y=1.214+0.360X+0.153X*M+0.241M，即 Y=1.214+（0.360+0.153*M）X+0.241M。根据描述性统计结果得到的调节变量产业共生关系程度的标准差为1.163，将 M=1.163 代入多项式，得到 X 的系数为 a=0.537939，将 M=−1.163 代入多项式，得到 X 的系数为 b＝0.182061。因为 a 的绝对值大于 b 的绝对值，说明在调节变量产业共生关系程度低（M=−1.163）的情况下，森工企业人力资本对产业经济效益的影响减弱，在产业共生关系程度高（M=1.163）的情况下，森工企业人力资本对产业经济效益的影响增强。因此，假设6—1 得到验证。意味着在黑龙江重点国有林区生态文化产业发展中，产业共生关系程度的大小将影响国有森工企业人力资本对产业经济效益的作用，产业共生关系程度越持久、稳固、规模越大，越能促使国有森工企业建立完备的激励机制、良好的生态合作伙伴关系以及为企业管理者带来更多的产业信息，从而提升生态文化产业的经济效益。

表6—12　产业共生关系程度在森工企业人力资本与产业经济效益之间的调节作用

模　型		非标准化系数		标准系数	t	Sig.
		B	标准误			
1	常　量	1.954	0.133		14.711	0.000
	森工企业人力资本	0.434	0.047	0.441	9.144	0.000
2	常　量	1.022	0.167		6.122	0.000
	森工企业人力资本	0.397	0.044	0.403	9.078	0.000
	产业共生关系程度	0.264	0.032	0.363	8.167	0.000
3	常　量	1.214	0.171		7.098	0.000
	森工企业人力资本	0.360	0.044	0.365	8.182	0.000
	产业共生关系程度	0.241	0.032	0.331	7.481	0.000
	森工企业人力资本＊产业共生关系程度	0.153	0.040	0.175	3.871	0.000

二、产业共生关系程度在森工企业组织资本与产业经济效益之间的调节作用

分析产业共生关系程度在森工企业组织资本与产业经济效益之间的调节作用，如表6—13所示。其产业共生关系程度在森工企业组织资本与产业经济效益之间作用显著，因此产业共生关系程度在森工企业组织资本—产业经济效益之间存在调节作用。依据检验程序及调节效果进行检验，形成三元一次多项式：Y=0.226+0.689X+0.286X*M+0.281M，即 Y=0.226+（0.689+0.286*M）X+0.281M。根据描述性统计结果得到的调节变量产业共生关系程度的标准差为1.163，将M=1.163代

表6—13 产业共生关系程度在森工企业组织资本与产业经济效益之间的调节作用

模　　型		非标准化系数		标准系数	t	Sig.
		B	标准误			
1	常　　量	1.954	0.133		14.711	0.000
	森工企业组织资本	0.434	0.047	0.441	9.144	0.000
2	常　　量	0.590	0.177		3.330	0.001
	森工企业组织资本	0.275	0.047	0.280	5.852	0.000
	产业共生关系程度	0.322	0.057	0.277	5.664	0.000
3	常　　量	0.226	0.032	0.311	7.140	0.000
	森工企业组织资本	0.689	0.177		3.901	0.000
	产业共生关系程度	0.281	0.046	0.285	6.062	0.000
	森工企业组织资本 * 产业共生关系程度	0.286	0.057	0.246	5.025	0.000

入多项式，得到 X 的系数为 a=1.021618，将 M=−1.163 代入多项式，得到 X 的系数为 b = 0.356382。因为 a 的绝对值大于 b 的绝对值，说明在调节变量产业共生关系程度低（M=−1.163）的情况下，森工企业组织资本对产业经济效益的影响减弱，在产业共生关系程度高（M=1.163）的情况下，森工企业组织资本对产业经济效益的影响增强。因此，假设 6—2 得到验证。意味着在黑龙江重点国有林区生态文化产业发展中，产业共生关系程度的大小将影响国有森工企业组织资本对产业经济效益的作用，产业共生关系程度越持久、稳固、规模越大，越能促使国有森工企业与当地政府保持经常联系，提升与企业内部各部门、合作伙伴及客户的沟通协调能力，以此获得更多的产业共生机会和客户需求，从而提升生态文化产业的经济效益。

三、产业共生关系程度在林区生态文化资源与产业经济效益之间的调节作用

分析产业共生关系程度在林区生态文化资源与产业经济效益之间的调节作用，如表 6—14 所示。其产业共生关系程度在林区生态文化资源与产业经济效益之间作用显著，因此产业共生关系程度在林区生态文化资源—企业产业经济效益之间存在调节效应。依据检验程序及调节效果进行检验，形成三元一次多项式：Y=0.242+0.744X+0.223X*M+0.319M，即 Y=0.242+（0.744+0.223*M）X+0.319M。根据描述性统计结果得到的调节变量产业共生关系程度的标准差为 1.163，将 M=1.163 代入多项式，得到 X 的系数为 a=1.003349，将 M=−1.163 代入多项式，得到 X 的系数为 b = 0.484651。因为 a 的绝对值大于 b 的绝对值，说明在调节变量产业共生关系程度低（M=−1.163）的情况下，林区生态文化资源对产业经济效益的影响减弱，在产业共生关系程度高（M=1.163）的情况下，林区生态文化资源对产业经济效益的影响增强。因此，假设 6—3 得到验证。意味着在黑龙江重点国有林区生态文化产业发展中，产业共生关系程度的大小将影响国有森工企业资源管理对产业经济效益的作用，产业共生关系程度越持久、稳固、规模越大，越能促使国有森工企业整合资源，发挥生态资源优势，有效缓解国有森工发展的环境压力，从而提升生态文化产业的经济效益。

表6—14 产业共生关系程度在林区生态文化资源与产业经济效益之间的调节作用

模　型		非标准化系数		标准系数	t	Sig.
		B	标准误			
1	常　量	1.954	0.133		14.711	0.000
	林区生态文化资源	0.434	0.047	0.441	9.144	0.000
2	常　量	0.569	0.193		2.950	0.003
	林区生态文化资源	0.314	0.047	0.319	6.733	0.000
	产业共生关系程度	0.249	0.057	0.210	4.384	0.000
3	常　量	0.242	0.032	0.332	7.575	0.000
	林区生态文化资源	0.744	0.201		3.692	0.000
	产业共生关系程度	0.319	0.046	0.324	6.899	0.000
	林区生态文化资源 * 产业共生关系程度	0.223	0.057	0.189	3.918	0.000

四、产业共生关系程度在森工企业人力资本与产业生态效益之间的调节作用

分析产业共生关系程度在森工企业人力资本与产业生态效益之间的调节作用，如表6—15所示。其产业共生关系程度在森工企业人力资本与产业生态效益之间作用显著，因此产业共生关系程度在森工企业人力资本—产业生态效益之间存在调节作用。依据检验程序及调节效果进行检验，形成三元一次多项式：$Y=1.346+0.255X+0.129X*M+0.231M$，即 $Y=1.346+（0.255+0.129*M）X+0.231M$。根据描述性统计结果得到的调节变量产业共生关系程度的标准差为1.163，将 M=1.163

代入多项式，得到 X 的系数为 a=0.405027，将 M=－1.163 代入多项式，得到 X
的系数为 b = 0.104973。因为 a 的绝对值大于 b 的绝对值，说明在调节变量产业
共生关系程度低（M=－1.163）的情况下，森工企业人力资本对产业生态效益的
影响减弱，在产业共生关系程度高（M=1.163）的情况下，森工企业人力资本对
产业生态效益的影响增强。因此，假设 6—4 得到验证。意味着在黑龙江重点国
有林区生态文化产业发展中，产业共生关系程度的大小将影响国有森工企业人力
资本对产业生态效益的作用，产业共生关系程度越持久、稳固、规模越大，越能
促使国有森工企业建立完备的激励机制、履行企业的社会责任及致力于生态文化
的传承，从而提升生态文化产业的生态效益。

表 6—15　产业共生关系程度在森工企业人力资本与产业生态效益之间的调节作用

模　型		非标准化系数		标准系数	t	Sig.
		B	标准误			
1	常　量	2.074	0.148		14.041	0.000
	森工企业人力资本	0.313	0.053	0.303	5.930	0.000
2	常　量	1.125	0.189		5.970	0.000
	森工企业人力资本	0.275	0.049	0.267	5.577	0.000
	产业共生关系程度	0.269	0.036	0.352	7.361	0.000
3	常　量	1.346	0.206		6.537	0.000
	森工企业人力资本	0.255	0.050	0.247	5.134	0.000
	产业共生关系程度	0.231	0.039	0.304	5.934	0.000
	森工企业人力资本＊产业共生关系程度	0.129	0.050	0.133	2.561	0.011

五、产业共生关系程度在森工企业组织资本与产业生态效益之间的调节作用

分析产业共生关系程度在森工企业组织资本与产业生态效益之间的调节作用，如表6—16所示。其产业共生关系程度在森工企业组织资本与产业生态效益之间作用不显著，因此产业共生关系程度在森工企业组织资本—产业生态效益之间不存在调节效应。因此，假设6—5不成立。意味着在黑龙江重点国有林区生态文化产业发展中，国有森工企业组织资本对产业生态效益的作用不受产业共生关系程度大小的影响，也就是说，国有森工企业通过与当地政府保持经常联系，提升与企业内部各部门、合作伙伴及客户的沟通协调能力，在提高生态资源利用率的同时，繁荣生态文化，履行国有森工企业社会责任，从而提升生态文化产业的生态效益，但这与产业共生关系程度是否持久、稳固、规模大并无直接关联。

表6—16 产业共生关系程度在森工企业组织资本与产业生态效益之间的调节作用

模　型		非标准化系数		标准系数	t	Sig.
		B	标准误			
1	常　量	2.074	0.148		14.041	0.000
	森工企业组织资本	0.313	0.053	0.303	5.930	0.000
2	常　量	0.563	0.197		2.858	0.005
	森工企业组织资本	0.117	0.052	0.114	2.239	0.026
	产业共生关系程度	0.420	0.063	0.344	6.633	0.000
3	常　量	0.219	0.035	0.288	6.231	0.000
	森工企业组织资本	0.630	0.222		2.844	0.005
	产业共生关系程度	0.112	0.053	0.109	2.115	0.035
	森工企业组织资本 * 产业共生关系程度	0.415	0.064	0.341	6.514	0.000

六、产业共生关系程度在林区生态文化资源与产业生态效益之间的调节作用

分析产业共生关系程度在林区生态文化资源与产业生态效益之间的调节作用，如表6—17所示。其产业共生关系程度在林区生态文化资源与产业生态效益之间作用显著，因此产业共生关系程度在林区生态文化资源—产业生态效益之间存在调节作用。依据检验程序及调节效果进行检验，形成三元一次多项式：$Y=0.247+1.036X+0.182X*M+0.205M$，即 $Y=0.247+（1.036+0.182*M）X+0.205M$。根据描述性统计结果得到的调节变量产业共生关系程度的标准差为1.163，将M=1.163代入多项式，得到X的系数为a=1.247666，将M=−1.163代入多项式，得到X的系数为b=0.824334。因为a的绝对值大于b的绝对值，说明在调节变量产业共生关系程度低（M=−1.163）的情况下，林区生态文化资源对产业生态效益的影响减弱，在产业共生关系程度高（M=1.163）的情况下，林区生态文化资源对产业生态效益的影响增强。因此，假设6—6得到验证。意味着在黑龙江重点国有林区生态文化产业发展中，产业共生关系程度的大小将影响国有森工企业生态文化资源对产业经济效益的作用，产业共生关系程度越持久、稳固、规模越大，越能促使国有森工企业整合生态文化资源，发挥资源优势，有效缓解国有森工发展的环境压力，从而提升生态文化产业的生态效益。

综上，假设6部分验证，假设6—1、假设6—2、假设6—3、假设6—4、假设6—6得到验证，假设6—5证伪。综合判断分析，在黑龙江重点国有林区生态文化产业发展中，产业共生关系程度在产业共生能量与产业共生行为之间起到了调节作用，各组假设关系的验证结果，为后文根据影响路径分析，提出黑龙江重点国有林区生态文化产业发展对策与建议提供依据。在黑龙江重点国有林区生态文化产业发展中，产业共生关系的强度、规模及稳定程度能够影响森工企业人力资本、组织资本、林区生态文化资源管理等方面因素作用于产业共生行为所产生的经济效益和生态效益。林业产业本身就有投资大、回报周期长的特点。因此，在森工企业生态文化产业发展中，能否制定出长远的产业融合战略规划，准确识别生态文化产业的市场需求，运用好鼓励产业融合共生的激励机制，与高校、科研院所以及金融机构建立持久稳定的合作关系，都将在很大程度上影响产业共生

表6—17　产业共生关系程度在林区生态文化资源与产业生态效益之间的调节作用

模　型		非标准化系数		标准系数	t	Sig.
		B	标准误			
1	常　量	2.074	0.148		14.041	0.000
	林区生态文化资源	0.313	0.053	0.303	5.930	0.000
2	常　量	0.691	0.219		3.148	0.002
	林区生态文化资源	0.196	0.053	0.190	3.690	0.000
	产业共生关系程度	0.239	0.065	0.192	3.693	0.000
3	常　量	0.247	0.036	0.325	6.811	0.000
	林区生态文化资源	1.036	0.234		4.425	0.000
	产业共生关系程度	0.205	0.052	0.199	3.938	0.000
	林区生态文化资源 * 产业共生关系程度	0.182	0.065	0.147	2.789	0.006

单元之间的共生关系强度、规模及稳定程度，也只有持久、稳固、大规模的产业融合共生，才能实现黑龙江重点国有林区生态文化产业发展的经济效益、政治效益、社会效益和生态效益目标。

第四节　路径分析讨论及假设检验结果的进一步分析

前文主要运用结构方程模型对黑龙江重点国有林区生态文化产业发展机理和影响路径进行验证分析，包括产业共生界面各维度对黑龙江重点国有林区生态文化产业共生行为的影响程度，产业共生界面各维度对产业共生能量的影响程度，国有森工企业创新能力对产业共生行为的影响程度，产业共生能量各维度对产业共生行为的影响程度等方面内容，本节在此基础上对路径分析及假设检验结果进行深入分析探讨。

一、黑龙江重点国有林区生态文化产业实现路径分析结果讨论

根据前文全国省域林业生态文化产业发展水平评价分析，黑龙江省近年来产业发展较为稳定，在全国 31 个省区市中排名处于中上游位置。通过对比研究发现，处于"高水平发达型"的省份，如湖北省、广东省等，在林业信息化建设、基础设施建设方面投入力度较大，且在全国文化产业发展指数聚类、生态经济发展排名及林业可持续发展能力评估中均居于前列。当前，如何发挥生态文化资源优势、优化产业发展结构、提高生态文化产业相关产值占比，成为黑龙江重点国有林区生态文化产业发展亟待破解的难题。在此基础上，进一步对黑龙江重点国有林区生态文化产业的直接影响路径、中介效应影响路径和调节作用路径进行具体分析讨论。

第一，"森工企业创新能力→产业共生行为"直接影响路径分析。模型验证结果表明，国有森工企业的创新能力对黑龙江重点国有林区生态文化产业共生行为具有正向直接显著影响。具体而言，在"森工企业创新能力→产业经济效益""森工企业创新能力→产业生态效益"的直接影响路径中，路径系数分别为 0.329 和 0.363，说明在黑龙江重点国有林区生态文化产业发展中，森工企业创新能力对产业经济效益、生态效益的影响基本相当。以往国有森工企业的经济增长属典型的粗放型经营，主要单方面依靠物质要素的大量投入，表现出林业产业结构单一、林产品不能满足当前人们的消费需求的弊端。根深蒂固的资源型经济发展模式及

长期实行的"政企合一"的管理体制，很难在短时间内得到改变。在实地调研中能够感受到，目前森工集团发展产业的主观能动性并不十分迫切，国有森工企业的员工大部分长期工作生活在林区，可以说"以林为生、以林为继"，长达半个多世纪的由森林资源采伐支撑的产业体系，对林区、林区资源以及对国家生态建设方面的财政支持产生了高度的依赖感。生态文化产业的发展能够有效应对林产工业资源断档引发的林区经济下滑的风险，但从产业链末端往前赶超，完成国有林区产业结构调整需要一个漫长的发展过程。经济社会化其实是资本的社会化[①]。因此，要激发社会人口、劳动力向国有林区、森工企业的流动，补充新鲜血液，促进转变陈旧保守的产业发展观念，加快现代林业产业体系的构建。国有林区各类生态文化资源向生态文化资本过渡转化，从而实现国有林区生态文化资源的经济价值。国有森工企业逐步适应现有的企业体制改革及市场化经营模式，在生态文化资源的挖掘、文化元素的有效运用、用数字经济打造互联网营销平台等多个方面提升产业发展的创新思维和创新理念，对黑龙江重点国有林区生态文化产业经济效益和生态效益都具有重要的正向推动作用。因此，本书的研究结论支持了假设1、假设1—1、假设1—2。

第二，"产业共生界面→产业共生能量"直接影响路径分析。模型验证结果表明，在黑龙江重点国有林区生态文化产业发展中，产业共生界面与产业共生能量具有正向直接显著影响。具体而言，在"产业共生动力→森工企业人力资本""产业共生动力→森工企业组织资本""产业共生动力→林区生态文化资源"的直接影响路径中，路径系数分别为0.113、0.306和0.233。相比较而言，产业共生动力对森工企业的组织资本影响更大，这一结果呼应了在黑龙江重点国有林区生态文化产业实际发展过程中，产业共生的源动力能够促进企业有效运用国家产业政策、积极与政府及客户保持联系，以此增加国有森工企业的组织资本。在"产业政策环境规制→森工企业人力资本""产业政策环境规制→森工企业组织资本""产业政策环境规制→林区生态文化资源"的直接影响路径中，路径系数分别为0.157、0.154和0.131。相比较而言，产业政策环境规制对林区生态文化资源的影响相对较弱。主要原因在于，作为国有林区生态文化资源重要组成部分的森林景观资源，

---

① 周天勇.改革的方向——以资本社会化为核心的经济社会化[J].财经问题研究，2000（7）：13—16.

所有权归国家，产业政策环境规制中的政策、法规及市场环境等因素主要对资源的管护约束方面产生较大影响，相对而言管理的灵活度较低。因此，本书的研究结论支持了假设2、假设2—1、假设2—2、假设2—3、假设2—4、假设2—5、假设2—6。

黑龙江重点国有林区自产业转型后积极推进非林非木产业发展，逐渐形成了种植养殖、森林食品、森林旅游、林药等为代表的产业格局，但森工企业在实施经营体制改革过程中，普遍存在产业发展起点低的问题，且依然是安置林区主要人口就业的重要渠道。通过发展生态文化产业融合共生，有利于国有森工企业集中优势，在严格遵循森林资源分类中商品林、公益林的划分和利用的基础上，剥离产业竞争力不强、优势资源利用率不高的经营项目，轻装上阵。同时，林业局局址与地方政府之间区域发展不均衡，各林业局所属地方政府的治理水平、社会保障、经济发展等方面存在着较为显著的发展差异。各林业局生态文化产业的发展受资源禀赋、专业技术、人才及区位等因素的综合影响。前文在全国林业生态文化产业发展评价研究中可以得出，国有林区生态文化产业发展的重要影响因素包含了地方经济发展水平，地方经济的发展可以有效带动国有森工企业摆脱沉重社会负担后，获取更多的资源和要素，从而尽快融入地方经济发展。因此，产业融合共生可以促进国有林区与地方经济的一体化发展，激发国有林区发展活力，加强与地方经济的产业融合互动，缓解林区社会就业、改善民生方面的压力，打破国有林区与地方经济发展长久以来形成的二元发展特征。

第三，"产业共生能量→产业共生行为"直接影响路径分析。修正后的结构方程模型显示，国有森工企业人力资本、企业组织资本、林区生态文化资源对黑龙江重点国有林区生态文化产业经济效益、产业生态效益具有正向直接显著影响。具体而言，在"森工企业人力资本→产业经济效益""森工企业人力资本→产业生态效益"的直接影响路径中，路径系数分别为0.235和0.093；在"森工企业组织资本→产业经济效益""森工企业组织资本→产业生态效益"的直接影响路径中，路径系数分别为0.275和0.330；在"林区生态文化资源→产业经济效益""林区生态文化资源→产业生态效益"的直接影响路径中，路径系数分别为0.279和0.240。在森工企业人力资本、组织资本、林区生态文化资源对产业经济效益的直接影响路径中，路径系数分别为 0.235、0.275 和 0.279；在森工企业人力资本、组织资本、林区生态文化资源对产业生态效益的直接影响路径中，路径系数分别为 0.093、0.330 和 0.240。说明在黑龙江重点国有林区生态文化产业发展中，国有森工企业人力资本并没有在产业生态效益中发挥应有的作用，森工企业高水平管理者和产业人才仍然是制约林业生态文化产业高质量发展的关键。因此，本书的研究结论支持了假设 3、假设 3—1、假设 3—2、假设 3—3、假设 3—4、假设 3—5、假设 3—6。

在国有林区生态文化产业发展中，人力资本发挥着管理和支配生态文化资源、选择产业共生对象、拓展产业共生领域的主导地位，成为产业经济效益和生态效益增长的关键要素。目前，黑龙江重点国有林区的森工企业主要还是依靠国家扶持，缺乏长远的战略规划，特别在引人用人政策激励方面，对于如何留住外来人才、吸引人才思考不够，与涉林高校定向培养方案设施效果不显著。在调研中发现，一部分林区子弟有意愿回森工企业工作，这部分群体相对稳定，但学历和专业等方面不符合林区招工条件。而招聘的外来人员，特别是重点院校毕业的研究生，落户森工企业之后，大多从事林区工作时间并不长，有机会就会选择更好的去处，稳定队伍成为当前人才工作的关键。

林业资源与区域特征有关，黑龙江国有森工企业资源特征相似，生态文化产品特征也相似。因此，统一规划、整体推进，解决各林业局森工企业的各自为战、信息不对称的现状。系统应提供各森工企业的基本信息，集成黑龙江国有森工企业生态文化资源状况数据库，包括国家森林公园等森林景观资源，接待游客人数、主营业务以及历史文化资源的利用情况等。森林生态系统是一个统一的整体，森林景观与林地资源、林下空间资源都同属森林生态系统的一部分，对森林景观类森林资源的合理利用，要从根本上解决黑龙江重点国有林区森林资源的产权问题，让生态资源成为推动生态文化产业共生发展的重要因素。以森林生态旅游为例，虽然市场完善程度不断提高，市场需求也在逐年扩大，但对于资本市场发育的成熟度而言，依然还需要依托合理的产业布局，资源配置的优化，促进市场机制的进一步完善。

第四，"产业共生界面→产业共生行为"直接影响路径分析。修正后的结构方程模型显示，黑龙江重点国有林区生态文化产业政策环境规制、产业共生动力对产业经济效益、产业生态效益具有正向直接显著影响。具体而言，在"产业共生动力→产业经济效益""产业共生动力→产业生态效益"的直接影响路径中，路径系数分别为 0.486 和 0.461；在"产业政策环境规制→产业经济效益""产业政策环境规制→产业生态效益"的直接影响路径中，路径系数分别为 0.220 和 0.221。说明在黑龙江重点国有林区生态文化产业发展中，产业共生动力对产业共生行为的发生影响更大，也可以说是产业共生行为的主要源动力。因此，本书的研究结论支持了假设 4、假设 4—1、假设 4—2、假设 4—3、假设 4—4。

通过路径分析，准确识别黑龙江重点国有林区生态文化产业共生发展的动力，激活生态文化资源，解决林区当前最迫切需要解决的问题。要促进森工企业向多目标的管理决策转变，兼顾营林、护林及转型生产。结合生态文化产业自身特点，国有林区生态文化产品的特殊性，在于对林地和林区文化资源的高度依赖。生态文化产业的发展就是森工企业市场化发展的体现，使国有林区的产业发展更好地融入市场需求、社会需求。政府在国有森工企业的发展中起到关键作用，特别是在森工企业产业发展投入方面，但仅仅依靠国家、政府的资金投入是远远不够的，还需要国有森工企业积极拓宽渠道，主动融资，提升国有森工企业管理决策水平，以此适应企业经营机制的市场化转型。激发森工集团和森工企业扩大黑龙江国有森工企业生态文化产业的整体竞争力。如龙江森工集团在引资合作方面不断实现新突破。该集团成立招商引资产业发展工作专班，与中林集团积极对接，就共同设立林业产业投资平台、深度推动双方业务板块融合、产业布局协同等合作事项达成意向。

第五，"产业共生界面→产业共生能量→产业共生行为"的中介效应影响路径分析。修正后的结构方程模型显示，在黑龙江重点国有林区生态文化产业发展中，当加入中介变量——产业共生能量后，产业共生界面对产业共生行为的影响作用减弱，路径系数变化如下，在"产业政策环境规制→产业经济效益"的影响路径中，路径系数由 0.220 变为 0.147；在"产业政策环境规制→产业生态效益"的影响路径中，路径系数由 0.221 变为 0.160；在"产业共生动力→产业经济效益"的影响路径中，路径系数由 0.486 变为 0.388；在"产业共生动力→产业生态效益"

的影响路径中，路径系数由 0.461 变为 0.363。因此，在黑龙江重点国有林区生态文化产业发展中，产业共生能量在产业共生界面与产业共生行为之间起到了部分中介作用。

具体而言，在"产业政策环境规制→森工企业人力资本→产业经济效益"的间接影响路径中，中介效应量为 0.054；在"产业共生动力→森工企业人力资本→产业经济效益"的间接影响路径中，中介效应量为 0.023，假设 5-1 验证成立，即森工企业人力资本在共生界面与产业经济效益之间起到一定的中介作用。在"产业政策环境规制→森工企业组织资本→产业经济效益"的间接影响路径中，中介效应量为 0.097；在"产业共生动力→森工企业组织资本→产业经济效益"的间接影响路径中，中介效应不显著，假设 5—2 不成立。在"产业政策环境规制→林区生态文化资源→产业经济效益"的间接影响路径中，中介效应量为 0.047；在"产业共生动力→林区生态文化资源→产业经济效益"的间接影响路径中，中介效应量为 0.021，假设 5—3 验证成立，即林区生态文化资源在共生界面与产业经济效益之间起到一定的中介作用。在"产业政策环境规制→森工企业人力资本→产业生态效益"的间接影响路径中，中介效应量为 0.038；在"产业共生动力→森工企业人力资本→产业生态效益"的间接影响路径中，中介效应量为 0.016，假设 5—4 验证成立，即森工企业人力资本在共生界面与产业生态效益之间起到一定中介作用。在"产业政策环境规制→森工企业组织资本→产业生态效益"的间接影响路径中，中介效应量为 0.363；在"产业共生动力→森工企业组织资本→产业生态效益"的间接影响路径中，中介效应量为 0.055，假设 5—5 验证成立，即森工企业组织资本在共生界面与产业生态效益之间起到一定的中介作用。在"产业政策环境规制→林区生态文化资源→产业生态效益"的间接影响路径中，中介效应量为 0.165；在"产业共生动力→林区生态文化资源→产业生态效益"的间接影响路径中，中介效应不显著，假设 5—6 不成立。

综上，在黑龙江重点国有林区生态文化产业发展中，国有森工企业人力资本在共生界面与产业共生行为的影响路径中，对产业经济效益和生态效益均起到一定的中介作用；国有森工企业组织资本在共生界面与产业生态效益的影响路径中起到一定的中介作用；林区生态文化资源在共生界面与产业经济效益的影响路径中起到一定的中介作用。因此，假设 5 部分验证成立，假设 5—1、假设 5—3、假设 5—4、假设 5—5 验证成立，假设 5—2、假设 5—6 不成立。

通过中介效应量的比较可知，森工企业组织资本在产业政策环境规制与生态文化产业生态效应之间的中介作用最明显。因此，在黑龙江重点国有林区生态文化产业发展中，通过加强与林业局所在地政府的沟通联络，加强企业内部各部门的沟通配合，提升生态文化产业相关政策、生态环境规制等内容的具体落地和实施，以此提升森工企业的组织资本水平。以林区生态文化产业的发展带动当地居民生态文明意识的提高，促进生态文化的繁荣以及进一步履行森工企业的社会责任及提升企业价值，实现林区生态文化产业的生态效益目标。

第六，产业共生关系程度在产业共生能量与产业共生行为的调节效应路径分析。经过计算处理，得出在黑龙江重点国有林区生态文化产业发展中，产业共生关系程度在产业共生能量与产业共生行为中存在一定的调节作用。具体分析结果为，产业共生关系程度在森工企业人力资本与产业经济效益之间作用显著，产业共生关系程度在森工企业组织资本与产业经济效益之间作用显著，产业共生关系程度在林区生态文化资源对产业经济效益之间作用显著，产业共生关系程度在森工企业人力资本与产业生态效益之间作用显著，产业共生关系程度在林区生态文化资源与产业生态效益之间作用显著。产业共生关系程度在森工企业组织资本与产业生态效益之间作用不显著，不存在调节作用。产业共生关系程度低（M=−1.163）的情况下，在森工企业人力资本、组织资本、林区生态文化资源对产业经济效益的影响减弱；产业共生关系程度高（M=1.163）的情况下，在森工企业人力资本、组织资本、林区生态文化资源对产业经济效益的影响增强；产业共生关系程度低（M=−1.163）的情况下，在森工企业人力资本、林区生态文化资源对产业生态效益的影响减弱；产业共生关系程度高（M=1.163）的情况下，在森工企业人力资本、林区生态文化资源对产业生态效益的影响增强。也就是说，在黑龙江重点国有林区生态文化产业发展中，国有森工企业人力资本和林区生态文化资源随着产业共生关系程度的不断强化而得到提升，产业共生单元间的关系程度越强，则说明产业共生单元之间关系越持久稳定，越有助于产业共生行为的发生，从而实现国有林区生态文化产业发展目标。而产业共生关系程度很难对国有森工企业的组织资本起到调节作用，随着国有林区体制改革和产业转型发展的不断深入和推进，林区在产业发展过程中，势必要与地方政府保持经常联系，不断提升内外部沟通能力。因此，假设 6 部分验证，假设 6—1、假设 6—2、假设 6—3、假设 6—4、假设 6—6 验证成立，假设 6—5 不成立。

森工企业很难独自完成生态文化产业的高质量发展，需要通过产业融合共生来激发创新理念、交换市场信息、共享技术创新和资源等，而这种联系不同共生单元的共生关系，要深入分析产业共生的动因及共生行为的目的，明确产业共生主要发生在产业链分工的具体环节，原材料供应、销售渠道或是技术支持，不同的协作其共生关系强度也是不同的。各产业共生单元联结的数量，以及不同单元间结成关系网络的多样性，都是随着共生关系成熟度和共生能量的提升而不断增多的，在长期共生关系中形成的"信任""忠诚"以及森工企业自带的国有企业的属性优势，能够在强烈的"互惠互利"目标的一致性下，催生出产业共生的稳定剂。因此，产业共生关系程度在产业共生能量与产业共生行为中存在一定的调节作用，在黑龙江重点国有林区生态文化产业的实际发展中得到充分验证。如龙江森工集团山河屯林业局与中林集团达成合作，通过产业融合修建观景台、主题公园，开发科技体验展览馆等文化项目，打造林区特色旅游经济带；龙江森工集团亚布力林业局实现旅游业与林区一、二、三产业融合发展，全面推进"休闲农业""养生度假农业""旅居养老产业"等产业开发，在产业共生中达到增进销售渠道、拓宽产品项目、提升景区经营管理等方面的互利合作。以上实例都是在生态文化产业融合共生发展中，从不同层面扩大产业共生合作规模、强化共生关系程度和稳固度，从而提升产业发展的经济效益和生态效益。

二、假设检验结果的进一步分析

经过前文对理论模型直接效应、中介效应和调节效应的验证和路径分析，修正各个指标的拟合程度较好，并通过显著性检验，且路径系数基本可以代表各要素的关系特征和强度。结果显示，在本书提出的 36 组假设关系中，大部分假设关系得到验证和支持，在中介效应和调节效应的假设关系中，出现部分假设验证不通过，共有 3 组假设关系不成立。具体假设关系验证结果汇总如下表。

表6—18　黑龙江重点国有林区生态文化产业发展机理研究假设关系检验结果汇总表

序　号	变量间的假设关系内容	检验结果
假设1	森工企业创新能力直接正向显著影响产业共生行为	假设成立
假设1—1	森工企业创新能力直接正向显著影响产业经济效益	假设成立
假设1—2	森工企业创新能力直接正向显著影响产业生态效益	假设成立
假设2	产业共生界面正向显著影响产业共生能量	假设成立
假设2—1	产业政策环境规制正向显著影响森工企业人力资本	假设成立
假设2—2	产业政策环境规制正向显著影响森工企业组织资本	假设成立
假设2—3	产业政策环境规制正向显著影响林区生态文化资源	假设成立
假设2—4	产业共生动力正向显著影响森工企业人力资本	假设成立
假设2—5	产业共生动力正向显著影响森工企业组织资本	假设成立
假设2—6	产业共生动力正向显著影响林区生态文化资源	假设成立
假设3	产业共生能量正向显著影响产业共生行为	假设成立
假设3—1	森工企业人力资本正向显著影响产业经济效益	假设成立
假设3—2	森工企业组织资本正向显著影响产业经济效益	假设成立
假设3—3	林区生态文化资源正向显著影响产业经济效益	假设成立
假设3—4	森工企业人力资本正向显著影响产业生态效益	假设成立
假设3—5	森工企业组织资本正向显著影响产业生态效益	假设成立
假设3—6	林区生态文化资源正向显著影响产业生态效益	假设成立
假设4	产业共生界面正向显著影响产业共生行为	假设成立
假设4—1	产业政策环境规制正向显著影响产业经济效益	假设成立
假设4—2	产业共生动力正向显著影响产业经济效益	假设成立
假设4—3	产业政策环境规制正向显著影响产业生态效益	假设成立
假设4—4	产业共生动力正向显著影响产业生态效益	假设成立

序　号	变量间的假设关系内容	检验结果
假设 5	产业共生能量在共生界面与产业共生行为之间的影响机理中存在中介效应	部分假设成立
假设 5—1	森工企业人力资本在共生界面与产业经济效益之间的影响机理中存在中介效应	假设成立
假设 5—2	森工企业组织资本在共生界面与产业经济效益之间的影响机理中存在中介效应	假设不成立
假设 5—3	林区生态文化资源在共生界面与产业经济效益之间的影响机理中存在中介效应	假设成立
假设 5—4	森工企业人力资本在共生界面与产业生态效益之间的影响机理中存在中介效应	假设成立
假设 5—5	森工企业组织资本在共生界面与产业生态效益之间的影响机理中存在中介效应	假设成立
假设 5-6	林区生态文化资源在共生界面与产业生态效益之间的影响机理中存在中介效应	假设不成立
假设 6	产业共生关系程度在共生能量与产业共生行为之间起到了正向的调节作用	部分假设成立
假设 6—1	产业共生关系程度在森工企业人力资本与产业经济效益之间起到了正向的调节作用	假设成立
假设 6—2	产业共生关系程度在森工企业组织资本与产业经济效益之间起到了正向的调节作用	假设成立
假设 6—3	产业共生关系程度在林区生态文化资源与产业经济效益之间起到了正向的调节作用	假设成立
假设 6—4	产业共生关系程度在森工企业人力资本与产业生态效益之间起到了正向的调节作用	假设成立
假设 6—5	产业共生关系程度在森工企业组织资本与产业生态效益之间起到了正向的调节作用	假设不成立
假设 6—6	产业共生关系程度在林区生态文化资源与产业生态效益之间起到了正向的调节作用	假设成立

通过对前文提出的黑龙江重点国有林区生态文化产业发展机理假设关系的验证，以及对假设结果的进一步分析，可知本书构建的黑龙江重点国有林区生态文化产业发展机理理论模型，与实际产业发展情况基本一致，能够为后文提出推进黑龙江重点国有林区生态文化产业发展的对策与建议提供学理基础。

第五节　本章小结

本章主要对黑龙江重点国有林区生态文化产业发展的实现路径分析研究。通过运用AMOS21.0分析软件，对黑龙江重点国有林区生态文化产业发展机理中的直接效应、中介效应、调节效应进行影响路径分析，经修正各个指标的拟合程度较好，并通过显著性检验，且路径系数基本可以代表各要素的关系特征和强度。得到数据处理结果后，对假设检验结果进一步分析，在本书提出的36组假设关系中，大部分假设关系得到验证和支持，在中介效应和调节效应的假设关系中，有3组假设关系不成立。

第七章　推动黑龙江重点国有林区生态文化产业发展的对策与建议

黑龙江重点国有林区产业发展，涉及国家产业政策调控、林区资源开发利用和满足社会生态需求等多个层面，与林业经济可持续发展，黑龙江重点国有林区职工生计密切相关。林业生态文化产业的高质量发展，也是推动林区产业转型，促进区域经济增长的重要渠道。在充分考虑实证分析结果的基础上，结合第四章产业发展目标解析所明确的发展方向，本章将从国有森工企业发展、政府政策扶持、产业发展规划三个方面，提出推动黑龙江重点国有林区生态文化产业发展的对策与建议。

第一节　对黑龙江重点国有森工企业发展的建议

本书在第四章构建了黑龙江重点国有林区生态文化产业发展机理理论模型，并提出了相关研究假设，在第五章通过实证分析验证了黑龙江重点国有林区生态文化产业发展目标的影响因素及其作用机理。基于前文机理分析和实现路径分析结果，从黑龙江重点国有林区森工企业发展的视角出发，提出推动黑龙江重点国有林区生态文化产业发展的对策与建议。

一、提升国有森工企业的创新能力

根据第五章和第六章对黑龙江重点国有林区生态文化产业发展机理理论模型的验证和实现路径分析可知，在本书提出的重点国有林区生态文化产业发展机理中，有关国有森工企业创新能力与产业共生行为关系方面的假设均成立，因此验证了国有森工创新能力对产业共生行为中的产业经济效益、产业生态效益具有正向直接显著影响。按照波特的竞争战略理论，企业进行生态创新，获得竞争优势的方式主要是通过降低产品成本或提高产品差异化来实现的。难以被其他企业模仿或复制的特定能力及研发能力是创新活动的关键因素。在黑龙江重点国有林区生态文化产业发展中，国有森工企业创新能力主要源于新颖性的生态文化产品和工艺，以及企业对客户生态文化需求的了解和满足，从而促进差异化竞争优势的形成。因此，国有森工企业创新能力具体体现为森工企业的市场创新能力、产业资源利用能力和产业创新支撑能力等方面，要通过培养无法模仿的独特能力、满足不同利益相关者的环保需求、提高企业声誉、承担企业社会责任等方面提升企业价值，运用好生态文化元素的融入，提升竞争优势和产品差异性。

二、提高国有森工企业的人力资本水平

生产力三要素中具有能动性的要素——劳动者，其文化素质、知识结构、生产技能的状况，将对产业发展产生较大影响。在现代企业发展中，人力资本在经济增长中的贡献率已经高于物质投入，逐步成为企业经济增长中的决定性因素。国有森工企业的人力资本主要分为一般生产型、核心技术型及管理型人力资本，通过相应的人力投资，具体在一般劳动者、技术人员及管理者身上体现出林业基础知识、企业管理经验及森林经营方面技术的熟练程度等以此分享收益的劳动能力[①]。将资源优势转变为经济优势和产业优势的关键在于人力资本。国有森工企业具有较强的行业壁垒，这在很大程度上限制了人力资源在企业内部的有效流动，导致森工企业的人力资本水平总体偏低。作为新兴产业，文化产业产出效率、回报率均高于一般产业，劳动力报酬也相对较高，形成示范效应，激励区域内劳动力延长受教育时间、参加培训，通过文化产业的发展提高了区域人力资本水平，促进了经济增长[②]。因此，国有森工企业人力资本水平的提升，一方面是大力引进具备林业知识基础和管理经验的复合型人才，另一方面是有针对性地加大林业各

---

① 黄凤 . 基于人力资本的国有林区森工企业薪酬体系研究 [D]. 哈尔滨：东北林业大学 ,2010.
② 王林，顾江 . 文化产业发展和区域经济增长 [J]. 中南财经政法大学学报，2009（2）：84—88.

类人才的培养力度，整体提升生态文化产业发展的智力支持。

在实现国有林区生态文化产业融合发展过程中，搭建"政府—事业—企业"三方人才交流平台，使政府与企业人才相互融合，科学配置林区人力资源，打造人才"流得动、用得好"的流动链条。同时，也有利于实现政企分开的平稳过渡。适时建立文化技术创新体系、人才认定系统、人才支持政策、合理利益分配机制等，培养一大批具有文化创造力、想象力和个性化的技术人才，具有市场开拓意识的企业经营管理人员和具有高素质进取心的高层管理者，帮助国有森工企业尽快以标准的经营者身份，以更市场化和规范化的姿态参与市场竞争，满足国有森工企业发展现实需要，吸引社会资源中的优秀企业管理人才加入森工企业。加大对原有国有林区劳动力资源的生态文化产业相关专业技能培训，特别是对于转岗后的采伐工人等安置职工，加强民宿、康养等生态文化产业相关创业培训，合理分配不同技能、不同水平的林区劳动力，保护好林区老职工的森工情怀，发挥他们的林区精神文化的经验优势。

三、加强林区公共基础设施建设

对于黑龙江重点国有林区生态文化产业而言，应从依靠增加森林公园数量和面积的粗放式经营向智慧林业、现代化林业的集约化经营方式转变，持续加强游步道、木栈道、生态停车场、必要外围联结路、内部参观步行道等公共服务设施的建设和投入，尤其是生态旅游需要具备一定规模的配套设施支撑产业发展。此外，将国有林区纳入乡村振兴战略规划，特别是将"乡村基础设施和公共服务建设提升工程"覆盖到国有林区的各林场，改善国有林区生产基础设施和民生基础设施。加大对林区道路、桥涵进行升级和维修改造，加大道路基础设施建设的投入力度，增加黑龙江重点国有林区公路的通达和通过能力，从而推动生态旅游等各项产业的发展。

第二节　对黑龙江重点国有林区生态文化产业发展政策扶持的建议

根据黑龙江重点国有林区生态文化产业发展机理，结合当前产业发展现状及存在问题，本书从以下三个方面提出对黑龙江重点国有林区生态文化产业发展政策扶持方面的建议。

一、加强产业融合共生发展的政策引导

产业政策作为政府针对不同产业发展情况采取的旨在影响某些产业发展以实现特定的经济和社会目标的一项经济政策。文化产业政策是各级政府为了弥补市场机制缺陷，实现一定的经济和社会目标而对文化产业的形成和发展进行干预的政策总和。林业生态文化产业作为提升乡村文化振兴、弘扬生态文明思想的新兴产业，是国家文化软实力的重要手段，离不开政府引导、规划、调整、促进、扶持、保护以及限制等方式的政策支持[①]。在把握乡村振兴战略和林业产业融合发展的核心内涵及战略目标基础上，优化产业发展的政策环境，既要遵循顶层设计的政策导向，又要突出基层实践的本土化特色。2011年发布的《关于推进森林旅游发展的合作框架协议》及《国家林业局、国家旅游局关于加快发展森林旅游的意见》，为推动两大产业的进一步融合奠定了良好的合作基础，也标志着在政策层面达成了融合发展的共识。此外，政府还应采取财政补贴、税收优惠、资金援助、提供特殊信贷等政策手段促进正外部效应的产生；对于具有负外部性的文化产品，则应采取管制、取缔等政策手段限制或消除负外部效应的产生，确保"生态 + 文化"产业政策的统一性、持续性和稳定性等。森工企业要主动对接国家森林体验基地和森林养生基地试点建设、国家康养旅游示范基地建设等支持政策，实现国家公园等生态资源在保护宣教基础上的功能拓展。对接好《关于建立健全生态产

---

① 周国梁 . 美国文化产业集群发展研究 [D]. 长春：吉林大学，2010.

品价值实现机制的意见》等国家政策新需求，通过林业生态文化产业的高质量发展为林业生态产品价值实现机制提供林业生态文化产品支撑，打通林业生态产品价值实现的产业化发展路径，从促进生态文化产品供需精准对接、繁荣生态文化和促进生态文化产品价值增值等方面推进林业生态产品价值实现机制工作取得成效。在黑龙江重点国有林区生态文化产业发展中，黑龙江重点森工企业应通过加强与政府部门的经常性联系，强化企业内部的沟通配合，努力形成积极分享与协同发展的组织文化，从而提高企业管理水平和产业共生的创新绩效；应通过了解生态文化产业的市场客观需求，合理化制定有关生态创新理念和产业发展的战略规划，完善合理地鼓励产业创新发展的激励机制，促进产业之间形成相对稳定的共生关系。

二、优化生态资源管理体制

本书通过实地调研了解到，在国有林区产业转型发展中，有关林区可纳入有偿使用范围的国有森林资源的类型和面积、资产有偿使用方式、资产价格评估标准、收益分配方式及审批程序等方面急需进一步明确和规范。当前，优化森林资源管理体制，探索国有资源的有偿使用势在必行。内蒙古森工集团阿尔山林业局是国家林业和草原局指定的七家森林资源资产有偿使用试点单位之一。2017 年，在原国家林业局的指导下，编制完成了《森林资源资产有偿使用实施办法（试行）》，目前尚未得到国家林业和草原局的批复。国有资源的使用管理应根据《森林法》和《建设项目使用林地审核审批管理办法》坚持生态优先的原则，以保护和改善生态环境为目的，处理好资源所有者、使用者的利益分配，协调好中央直管、属地（自治区）、森工集团的各方利益，在国有林区发展多种经营产业的同时，根据森林主导功能的不同，实行森林分类经营，发挥商品林、公益林的作用，实现生态系统的整体有序利用。目前，在黑龙江重点国有林区生态文化产业发展中，林地等生态资源使用方面较为严格，建议根据不同地块情况放宽产业开发限制条件，根据林区生态重要性的划分，发挥处于生态敏感性稳定或亚稳定森林区域的经济功能，建立起产品结构合理、技术先进、高产优质、集约化经营的林业产业体系。充分利用黑龙江重点国有林区所属的国家森林公园、东北虎豹国家公园、国家湿地公园、国家地质公园、国家级自然保护区及国家级苗圃基地等多种生态资源。加强林地规范利用，厘清逻辑关系，明确管理权和经营权，特别是应与地方政府划界清晰。如明确湿地公园合理利用区（旅游项目）和保育区（重点保护），简化湿地等生态资源合理利用区建造审批手续，提升林地使用审批效率。

三、加大林区产业发展的金融政策支持

目前，黑龙江重点国有林区产业发展仍处于主要依靠国家政策性资金扶持阶段，资金缺口较大，而随着林业产业在国民经济中的战略地位迅速提升，产业效益并没有较为明显的提升。一方面森工企业的公益属性，需要国家的大量投资；另一方面由于林业产业投资需求大，回报周期长，直接影响了吸引社会资本的融资能力，导致林区发展对中央财政的过度依赖，社会组织中的银行及其他企业组织的作用并没有充分发挥，因此，应通过加快金融资本与林业产业融合，最大程度上释放林业产业发展活力。2021年《"十四五"时期文化旅游提升工程实施方案》提出对没有回报率或回报率极低的公益性、基础性设施建设，发改委统筹安排中央预算内投资，明确了东、中、西部地区补助比例。除争取国家增加一定的产业转型扶持资金外，还应积极吸引和鼓励企业、民间组织、国际组织和其他社会力量进入资本市场，发挥绿色信贷在国有林区产业发展中的推动作用，形成补偿主体多元化、补偿方式多样化的资金筹集和投入体系。

第一，绿色信贷是推动社会经济低碳发展的重要金融手段。作为可持续金融的重要组成部分，绿色信贷以社会责任为核心价值导向，以履行社会环境责任，提升社会环境表现为关键评价指标，通过差异化利率和针对性信贷发放机制，推动经济社会和生态环境的可持续发展。

第二，绿色信贷与生态创新。生态创新是我国全面绿色转型的典型发展方式，是绿色经济的重要促进因素之一。绿色信贷从政策角度，丰富了市场经济中的单一信贷政策，有效缓解了传统经济发展造成的环境退化。绿色信贷和生态创新在各自领域与传统做法的显著区别在于追求环境收益。企业在绿色信贷资金支持下开展生态创新活动，产生的经济效益和生态效益，又反向影响绿色信贷的授信回报程度，最终实现经济社会可持续发展的共同目标。

第三,用绿色信贷助力林区产业转型。由于绿色信贷的重点支持方向是绿色、低碳和循环经济,绿色信贷方式更能有力支持国有林区森工企业实施生态创新,帮助森工企业推动产业转型发展,提升产业竞争力,增强森工企业开展生态创新的内生动力。同时,环境效益带来的正向的溢出效应,能够显著推动国有林区经济的可持续发展。因此,开发适合国有林区产业特点的信贷产品,拓宽林业融资渠道,加大林业信贷投放,发展对国有林区职工的小额贷款,能够有力推动国有林区发展替代产业、缓解林业生态文化产业项目开发的融资束缚。

第三节　对黑龙江重点国有林区生态文化产业发展规划的建议

从本次调研的龙江森工和伊春森工下属的 40 个林业局目前的生态文化产业发展模式来看,"生态旅游"几乎涵盖了全部林业局的产业转型,其中 19 个林业局涉及红色文化旅游,16 个林业局涉及科普宣教、生态文化体验等。虽然各林管局已经成立了产业事业部,统一编制了国有林区"十四五"产业发展规划,但执行效力差,存在盲目跟风、同质化发展严重等问题。在未来产业发展中,还需由森工集团出面优化整合产业资源,统一规划林区生态文化产业发展。

一、推动林业产业共生发展

利用生态文化元素,提升林业产业竞争力,将黑龙江国有林区特有的"生态文化"元素融入林业产业转型发展中,推动林业产业共生发展。

第一,以森林文化、野生动物文化、生态旅游文化、绿色消费文化为主的森林生态观光旅游景点,拓展森林生态文化表现形式。如建设森林博物馆、森林标本馆、森林特色资源馆、森林公园、野生动植物知识窗等森林文化设施,开发森林生态旅游、森林文化生态旅游、四季观光旅游的森林旅游文化体系。

第二,在生态文化产业发展中实现生态文化研究、挖掘、修复、传承、发展和创新。在立足新时代"人与自然和谐共生"主题基础上,打造出系列生态文化创意产品,如美学文化产品、认知文化产品、科技教育产品、休闲疗养文化产品、历史地理文化产品等森林文化产品。将生态文化有机融入数字林业产业、城市森林文化产业、森林旅游休闲业、林农特产产业、园林景观设计产业、木雕业等以森林资源为对象进行艺术创作的产业、林业生物技术产业以及其他利用林业高新技术产业等森林文化创意产业。如金山屯林业局的金山小镇木雕艺术馆等。

第三，在改造提升传统制造业方面，大力推动生态文化与林业传统产业的共生发展，将莺歌岭文化、紫苏文化、金祖文化等独特的文化遗产和林风民俗融入手工技艺，充分体现林区特色，发展旅游纪念品、手工艺品等特色旅游商品。

第四，充分运用黑龙江重点国有林区丰富的东北抗联战斗遗址遗迹、民族文化资源、历史文化资源等，用"文化产业"的朝阳产业特质带动林业生态产业发展，在发展生态旅游的同时，打造"红色文化旅游""森工历史文化旅游"，让红色精神文化传承、科普宣教与产业发展有机融合。如友好林业局在冰雪文化主题研学基地基础上，创建了亲子冰雪研学体验训练营。

二、推动林业产业信息化发展

推动产业信息化发展，用高端生态文化产品满足市场需求。当前，我国经济正朝着扩大内需的方向发生积极转变。城乡居民文化消费水平稳步提高，对更好更多文化产品和服务的需求有力地拉动了文化产业的发展。2021年全年人均国内生产总值80976元，比上年增长8.0%，个性化文化消费市场潜力巨大。互联网与数字技术广泛应用，如"数字故宫社区"，虚拟现实的"VR剧院"等数字化文化产业的尝试，为林业生态文化产业提供了崭新的发展思路，将相关数字文化产业与林业产业相结合，创建智慧旅游系统及林区电商平台，通过大数据、云平台的加入，创造具有高科技、高创意、高附加值、非实物特点的高端非实物文化产品，以独特新颖的方式普及传播历史文明，与此同时给予人们更好的视听享受，同时通过林区生态文化产品线上线下相结合的销售方式，为消费者提供方便、快捷、智能化的高效服务，不断推动产业结构向合理化和高级化发展。

"数字经济"一经提出，即成为全球经济理论和商业竞争的制高点[1]。习近平

① 张晓莉，段洪成，渠帅.我国数字经济新业态发展现状及对策研究[J].现代审计与会计，2022（10）:42—44.

总书记强调指出，要紧紧抓住当前新一轮科技革命和产业变革的重要机遇期，推动互联网、大数据、人工智能、第五代移动通信（5G）等新兴技术与绿色低碳产业深度融合。"数字经济"和"绿色产业"相辅相成，共同构成了"数字"与"绿色"的经济社会发展双引擎[①]。在国有林区产业发展中，数字化转型是关键的发力点。结合国家信息化战略部署和黑龙江省信息化发展实际，以黑龙江省"十四五"规划中建设"数字龙江"目标为引领，从全局战略高度和可持续发展角度，积极探索数字技术在黑龙江重点国有林区产业转型发展中的应用场景，推动 5G 移动通信网络规模部署，加快建设新型信息基础设施，让数字经济为林业生态文化产业高质量发展提供更多现代化的新方法。

第一，大数据智能分析，让数字经济促进森工企业精准对接市场供需。数据是人类生产和消费活动的产物。森工企业通过借助云计算及数据挖掘等数字技术，在对信息数据分析运用基础上，合理规划生态文化产业发展定位，在产品研发和生产过程中，快速匹配消费者对生态文化产品或服务的偏好与需求，从而降低节约搜寻成本和交易成本，提升经营决策和信息选择的准确率。在数字化转型中，颠覆以生产者为中心的林业传统生产模式，转向以消费者需求为中心的新型供求关系。

依托黑龙江省"数字林草"智能化集成平台，与通信公司、金融机构在通信技术和通信基础设施建设方面开展广泛合作，根据目前各林业局覆盖的生态文化产业情况，以数字信息技术为媒介，聘请专业技术团队，以国家林业和草原局和黑龙江重点国有林区林草产业政策为指导，构建集生态文化资源数据、产业供需数据、产业服务数据于一体的黑龙江重点国有林区生态文化产业发展综合数据库。以"林业大数据＋金融科技"的新模式，收集整理黑龙江重点国有林区各类产业发展所需的"碎片化"生态资源数据信息，集中规划，统一管理，实现全产业链信息共享，加速智慧林业建设。通过发布产业权威信息，提供资源共享、行业交流、数据交换功能服务，实现全省生态文化产业数据系统化管理。从而便于森工集团掌握下属各林业局产业特色发展资源情况，统一规划产业发展蓝图，推动区域优势互补，规避盲目跟风投入，提高供应链上下游企业产业融合协作效率。全

---

① 郭翔宇. 乡村振兴视角下绿色产业的发展研究 [J]. 南方农机，2022，53（9）：117—119.

面提升黑龙江重点国有林区面向政府、森工企业、社会公众的开放与共享服务能力，加速打通"绿水青山"和"金山银山"双向转化通道，尽早实现产业服务智慧化、生态文化大众化的目标。

第二，加快产业技术创新，让数字经济促进林业产业结构调整。数字知识和技术的外溢性和共享性，能够帮助森工企业与时俱进，突破传统产业发展思想，通过广泛吸收获取产业发展所需的新技术和新知识，带动林业生态文化产品或服务在工艺和组织等方面的技术革新，实现运用数字技术深度赋能林业传统产业生产方式、供应链和价值链的运行，从而倒逼产业升级 [①]。利用数字技术，围绕黑龙江国有林区丰富的生态文化资源，建立汇聚生态科普、自然教育、科研转换等相关领域为主要内容的数字林业生态文化科普馆，大力弘扬林业生态文化。

第三，开展云上森博会，让数字经济促进林区生态文化产品网络营销。国有森工企业通过运用互联网、物联网等数字技术智能互联，与林区生态文化产品营销深度融合，逐步实现数字林业向智慧林业转化。通过构建林区生态文化产品网络营销平台，建立交易产品追溯体系，实现电商平台可视化购买，集中发布产品信息，配合预测预警机制，维护林区生态文化产品生产者、经营者、消费者权益，加强林区生态文化产品市场监督和管理，突破产业发展瓶颈，推动国有森工企业品牌化进程。打造数字化新型云上展会模式，模拟传统展会场景，设立国有森工企业生态文化产品展示交易中心，开发在线金融支付系统，实现"云展示""云洽谈""云交易"等功能，为国有森工企业寻求更多商机。如义乌国际森林产品博览会，首次搭载义乌小商品城（Chinagoods）平台，实现云上森博会 2.0 版。

第四，智慧监测监管，让数字经济促进林区生态资源精细化管护。通过在黑龙江重点国有林区中国家森林公园、国家湿地公园、自然保护区等生态旅游区域，安装视频监控卡点、治安信息预警监管网点，利用"卫星＋遥感＋物联网＋大数据"等信息技术，建立四级智慧林长制组织体系，及时掌握资源和空间动态变化，加强应急管理和综合动态监测。在大力推动国有林区生态文化产业发展的同时，通过"数字化""信息化"转型，为保护国有林区生态环境提供多方面的技术支持，

提升森林资源和生态空间智慧监测监管水平，逐步实现国有林区生态资源"开发—利用—保护"的网格化、规范化、精细化数字管理，为生态文化产业发展奠定资源基础。

第四节　本章小结

本章根据前文黑龙江重点国有林区生态文化产业发展机理分析及实现路径分析结果，从国有森工企业创新能力、人力资本水平及林区公共基础设施建设方面提出黑龙江重点国有林区森工企业发展的建议；基于第四章林业生态文化产业共生条件分析结果，从加强产业融合共生发展的政策引导、优化生态资源管理体制、加大林区产业发展金融政策支持方面提出黑龙江重点国有林区生态文化产业发展政策支持的建议；从推动林业产业共生发展、信息化发展方面提出黑龙江重点国有林区生态文化产业发展规划的建议。

结　论

　　本书以黑龙江重点国有林区为例，深入分析了国有林区生态文化产业的发展机理，提出国有林区生态文化产业发展的实质是实现产业融合共生发展，林业生态文化产业的发展目标是通过产业间的竞争合作、互惠共生达到产业经济效益和生态效益"双增长"，最终实现林业产业更高层次的可持续发展。以产业共生理论、林业可持续发展理论、文化再生产理论及产业融合理论为理论基础，在分析黑龙江重点国有林区产业转型及生态文化产业发展现状基础上，对黑龙江重点国有林区生态文化产业发展机理及实现路径深入分析，提出国有森工企业发展、产业发展政策支持、产业发展规划方面的对策建议。

　　本书运用文献研究法、定性与定量相结合分析方法、实证分析法、系统分析方法等研究方法，对黑龙江重点国有林区生态文化产业发展机理及实现路径深入研究，得出以下主要结论：

　　第一，本书界定了新阶段国有林区生态文化产业的发展内涵并对相关理论进行了综述。本书从产业共生视角出发，根据国有森工企业的公益性国有企业定性，以及保护生态环境、守护国家生态文化安全的政治使命，结合中国特色文化产业模式的特点，提出国有林区生态文化产业发展的实质是实现产业融合共生发展，由此进一步廓清了国有林区生态文化产业的范围及发展模式。本书将处于新发展阶段的国有林区生态文化产业发展内涵界定为，通过产业融合共生发展，探索国有林区生态文化资源的价值市场化，更好地满足人们在生态文化方面的现实需求，为"两山"理论生态产业化的绿色产业发展之路提供国有林区的示范实践与参考。概括性论述了产业共生理论、林业可持续发展理论、文化再生产理论及产业融合理论的基本内容及对黑龙江重点国有林区生态文化产业发展的启示；提出了基于产业共生理论的黑龙江重点国有林区生态文化产业发展的"共生单元—共生能量—共生界面""UEI"理论分析范式。

第二，本书阐述了黑龙江重点国有林区生态文化产业的发展基础、发展现状和存在的问题。从资源现状、产业规划、政策扶持等方面，详细分析黑龙江重点国有林区生态文化产业发展基础；通过书面调研、电话调研及实地调研等多种方式，全面了解龙江森工和伊春森工下属 40 个林业局子公司的生态文化产业发展效益和产业发展布局的现状，目前发展较好的是大海林林业局和桃山林业局；并根据调研情况系统梳理出，现阶段黑龙江重点国有林区生态文化产业存在的主要问题。

第三，本书对黑龙江重点国有林区生态文化产业发展机理进行了分析，提出产业共生发展机理的逻辑分析框架。扩展了产业共生理论、文化再生产理论在林业产业发展机理研究领域的应用，以黑龙江重点国有林区为例，以生态文化产业共生的影响要素为纽带，在理论上将国有林区生态文化资源与林业产业相连接，分析产业发展目标，并从产业动力机制、产业约束机制、产业保障机制方面进行产业共生发展机制"DCP"框架分析；通过分析林业生态文化产业共生的基本内涵，辨析产业共生要素、产业共生条件，构建黑龙江重点国有林区生态文化产业共生系统；在此基础上，分析产业共生界面、产业共生能量、产业共生关系程度及企业创新能力等影响要素与产业共生行为的作用关系，得出黑龙江重点国有林区生态文化产业发展机理；产业共生界面、产业共生能量和企业创新能力可以直接影响产业共生行为；产业共生界面可以直接影响产业共生能量；产业共生关系程度可以调节产业共生能量对产业共生行为的影响；提出基于"共生单元—共生能量—共生界面"的黑龙江重点国有林区生态文化产业发展机理理论分析框架，对要素间的作用关系进行逻辑推导，详细归纳论述了国有林区生态文化产业发展机理，并构建机理理论模型，丰富和扩展了国有林区生态文化产业发展的理论体系。

第四，本书对黑龙江重点国有林区生态文化产业发展机理理论模型进行了验证分析。通过对相关文献梳理，借鉴和参考了"生态创新"影响因素的成熟量表及研究成果，提出国有林区生态文化产业发展机理中各变量维度间相互作用测度机理；设计林业生态文化产业发展研究变量的量表维度，用于确定和解构各变量维度间的相互作用机理；突破了已有研究逻辑维度的局限性，扩展了生态创新的适用范畴，尝试补充产业机理研究的方法和实证案例。与以往研究相比，本书更加清晰地解析和呈现了国有林区生态文化产业发展机理的影响要素及要素之间的关系，运用模型分析解构了各潜变量之间的作用机理。自变量产业共生界面的维度分为产业政策环境规制和产业共生动力，中介变量产业共生能量的维度分为森工企业人力资本、组织资本和林区生态文化资源，因变量产业共生行为的维度分为产业经济效益和产业生态效益，企业创新能力为自变量，产业共生关系程度为调节变量；通过多轮前期调研、预调研和正式调研，经过相关专家学者的论证和指导，设计完成并发放黑龙江重点国有林区生态文化产业发展机理调研问卷，获得有效问卷349份，对调研数据进行描述性统计分析、信度和效度检验、变量的相关性分析等；根据数据分析结果，运用结构方程模型分析、验证及修正模型，得出研究假设的检验结果，并对结果进行分析和讨论。

第五，本书对黑龙江重点国有林区生态文化产业发展实现路径进行分析。主要从直接效应、间接效应和调节效应三个方面分析黑龙江重点国有林区生态文化产业发展的影响路径。通过路径分析，得出以下结论：

一是创新能力对产业共生行为中的产业经济效益、产业生态效益具有正向直接显著影响；产业共生界面对产业共生能量具有正向直接显著影响；产业共生能量对产业共生行为具有正向直接显著影响；产业共生界面对产业共生行为具有正向直接显著影响。

二是产业共生能量在产业共生界面与产业共生行为之间起到了部分中介作用。企业人力资本在共生界面与产业经济效益之间起到一定的中介作用；林区生态文化资源在共生界面与产业经济效益之间起到一定的中介作用；企业人力资本在共生界面与产业生态效益之间起到一定中介作用；企业组织资本在共生界面与产业生态效益之间起到一定的中介作用。林区生态文化资源在产业共生动力与产业生态效益间、企业组织资本在产业共生动力与产业经济效益间中介效应不显著，没有起到中介作用。由此可知，企业人力资本在共生界面与产业共生行为的影响路径中，对产业经济效益和生态效益均起到一定的中介作用；企业组织资本在共生界面与产业生态效益、林区生态文化资源在共生界面与产业经济效益的影响路径中起到一定的中介作用。

三是产业共生关系程度在产业共生能量与产业共生行为中存在一定的调节作用。具体而言，产业共生关系程度在森工企业人力资本与产业经济效益之间作用显著，产业共生关系程度在森工企业组织资本与产业经济效益之间作用显著，产业共生关系程度在林区生态文化资源与产业经济效益之间作用显著，产业共生关系程度在森工企业人力资本与产业生态效益之间作用显著，产业共生关系程度在林区生态文化资源与产业生态效益之间作用显著。产业共生关系程度在森工企业组织资本与产业生态效益之间作用不显著，不存在调节作用。本书首次提出产业共生关系程度在黑龙江重点国有林区生态文化产业发展中产业共生能量与产业共生行为中起到调节作用，弥补以往对于共生关系程度变化而改变共生行为的研究不足。通过分析产业共生关系强度、稳度及规模的变化，对产业共生能量与产业共生行为的影响，深刻揭示了产业共生对于国有林区生态文化产业未来发展趋势的关联性和适用性，在国有林区产业发展中更具有实践性和指导意义。

第六，本书在前文实证分析基础上，基于第四章产业发展机理分析结果，从黑龙江重点国有林区生态文化产业发展机理影响要素入手，从森工企业创新能力、人力资本水平及林区公共基础设施建设方面，提出对黑龙江重点国有林区森工企业发展的建议；基于第三章黑龙江重点国有林区生态文化产业发展现状、存在问题，第六章黑龙江重点国有林区生态文化产业发展影响路径的分析结果，从加强产业融合共生发展的政策引导、优化生态资源管理体制、加大林区产业发展金融政策支持方面，提出黑龙江重点国有林区生态文化产业发展政策支持的建议；基于第四章林业生态文化产业发展目标的解析结果，从推动林业产业共生发展、信息化发展方面，提出黑龙江重点国有林区生态文化产业发展规划的建议。

本书研究不足及下一步研究方向如下：

第一，本书在对黑龙江重点国有林区生态文化产业发展机理研究中，主要运用产业共生理论进行机理影响要素的分析，但由于本人对理论的研究和掌握的深度有限，目前的研究还仅限于产业转型初期的产业融合共生，随着国有林区产业转型发展的不断深入，林业生态文化产业也必将进入更高层次的发展，在未来的研究中还将涉及更加复杂的产业共生关系，尤其是针对国家生态产品价值实现、绿色产业转型发展等方面的新需求开展深入研究。

　　第二，本书研究范围为黑龙江重点国有林区龙江森工和伊春森工下属林业局子公司，但研究内容还略显宏观。在下一步研究中，还应具体针对国有林区不同生态文化资源、不同生态文化产业类型，选取代表产业进行分类案例研究，进行深入对比分析和差异化研究，从而全面掌握我国国有林区产业转型发展的总体情况，更好地推动林业生态文化产业高质量发展。

主要参考文献

[1] 范周 . 推进文化事业和文化产业全面发展 [J].红旗文稿，2022（9）：40—42.

[2] Bassett K. Urban Culture Strategies and Urban Regeneration: A Case Study and Critique. Environment and Planning[J]. 1993（25），1773—1788.

[3] Friedman, J. Being in The World: Globalization and Localization in M. Featherstone Global Culture. London: Sage, 1990：311—328.

[4] 贾斯廷·奥康纳 . 欧洲的文化产业和文化政策 . 林拓等 . 世界文化产业发展前沿报告 [M].北京：社会科学文献出版社，2004：19.

[5] 杭敏 . 国外文化产业学学科建设模式研究 [J]. 现代传播（中国传媒大学学报）,2015, 37（7）:57—61.

[6] 冯雪红 , 郑佳琪 . 中国森林文化研究述评 [J]. 南宁师范大学学报（哲学社会科学版），2021, 42（4）:37—45.

[7]Simón F.J.G., Narangajavana Y.， Marqués D. P. Carrying Capacity in the Tourism Industry: A Case Study of Hengistbury Head [J]. Tourism Management, 2004（25）: 275—283.

[8] Tepelus C. M. Aiming for Sustainability in the Tour Operating Business[J]. Journal of Cleaner Production, 2005（13）:99—107.

[9] 朱以青 . 从文化到文化产业：涵义与功能的演变 [J]. 山东大学学报，2004（5）：149—152.

[10] 江泽慧 . 生态文明时代的主流文化——中国生态文化体系研究总论 [M]. 北京：人民出版社 ,2013：（26—27），300，301—302.

[11] 傅于川 , 欧阳德君 . 民族地区生态文化产业发展初探——以黔东南苗族

侗族自治州为例 [J]. 贵州民族研究，2009（1）：6.

[12] 余谋昌 . 生态文化论 [M]. 石家庄 : 河北教育出版社，2001 : 247.

[13] 邓显超，杨章文 . 浅议江西生态文化产业发展 [J]. 党史文苑，2015（11）：75—76.

[14] 叶文凯 . 森林文化若干问题思考———一种被遗忘的价值体系 [J]. 学会，1989（3）：6—8.

[15] 余涛，齐鹏飞 . 我国林业生态文化建设的有关问题探讨 [J]. 林业资源管理，2016（6）:1—4.

[16] 米世锐 . 进一步加强新疆林业生态文化建设——湖南省林业生态文化建设对新疆的启示 [J]. 新疆林业，2016（4）:4—6.

[17] 李晓勇，甄学宁 . 森林文化结构体系的研究 [J]. 北京林业大学学报（社会科学版），2006（4）：16—20.

[18] 苏祖荣，苏孝同 . 森林文化体系的建构 [J]. 福建林业，2013（6）:16.

[19] 苏祖荣，苏孝同 . 森林文化与森林文化产业 [J]. 福建林业，2014（1）:16.

[20] 刘琰，米锋，赵嘉祺 . 浙江省文成县森林文化创意产业发展的影响因素 [J]. 中国农业信息，2015（15）:139—141.

[21] 甄学宁 . 森林文化产品的价值与价格 [J]. 北京林业大学学报（社会科学版），2006（4）:21—25.

[22] 苏祖荣 . 森林文化产品分类及比较分析 [J]. 北京林业大学学报（社会科学版），2010（4）:18—20.

[23] 柯水发等 . 森林文化产业体系的构建探析 [J]. 林业经济，2017（11）：24—29,34.

[24] Chen C，Hu Z，Liu S，et al．Emerging Trends In Regenerative Medicine : A Scientomrtric Analysis in CiteSpace[J]．Expert Opin Biol Ther，2012,12（5）：593—608.

[25] 吴飞驰 . 关于共生理念的思考 [J]. 哲学动态，2000（6）:21—24.

[26] 袁纯清 . 共生理论——兼论小型经济 [M]．北京 : 经济科学出版社，1998.

[27] 胡晓鹏. 产业共生：理论界定及其内在机理 [J]. 中国工业经济，2008（9）：118—128.

[28] 佘波. 产业共生体的生成机理与实证研究 [D]. 上海：上海社会科学院，2006：1—64.

[29] 吴飞驰. 企业的共生理论——我看见了看不见的手 [M]. 北京：人民出版社，2002：15—41.

[30] 宋维明，杨超. 1949 年以来林业产业结构、空间布局及其演变机制 [J]. 林业经济，2020，42（6）：3—17.

[31] 张智光. 基于生态—产业共生关系的林业生态安全测度方法构想 [J]. 生态学报，2013，33（4）：1326—1336.

[32] 吴国清. 试论行政区边界共生旅游资源的整合 [J]. 上海师范大学学报（自然科学版），2006，35（2）：95—101.

[33] 沈国舫. 中国林业可持续发展及其关键科学问题 [J]. 地球科学进展，2000（1）：10—18.

[34] 布迪厄. 文化资本与社会炼金术 [M]. 包亚明，译. 上海：上海人民出版社，1997：24.

[35] 厉无畏，王慧敏. 产业发展的趋势研判与理性思考 [J]. 中国工业经济，2002（4）：5—11.

[36] 李碧珍. 产业融合：林业产业化转换的路径选择 [J]. 林业经济，2007（11）：59—62.

[37] 李迪. 黑龙江省林业工业园区发展机理及绩效评价研究 [D]. 哈尔滨：东北林业大学，2015.

[38] 陈丽军，万志芳，关江华. 中国省域森林公园旅游发展水平评价及其时空演化研究 [J]. 林业经济，2020，42（7）：70—82.

[39] 叶元煦，王海. 关于国有林区产业转型障碍研究 [J]. 数量经济技术经济研究，2001（7）：18—21.

[40] 战彦领. 煤炭产业链演化机理与整合路径研究 [D]. 徐州：中国矿业大学，2009.

[41] 马克思,恩格斯. 马克思恩格斯全集(第 21 卷)[M]. 北京:人民出版社,1965:570.

[42] 曹玉昆,张亚芳,李博浩等. 重点国有林区家庭文化消费影响因素分析[J]. 资源开发与市场,2021,37(2):194—199.

[43] 张智光. 人类文明与生态安全:共生空间的演化理论[J]. 中国人口·资源与环境,2013,23(7):1—8.

[44] 赵树丛. 林业夯实生态文明根基[J]. 中国林业产业,2013(Z2):16—19.

[45] 郭翔宇. 乡村振兴视角下绿色产业的发展研究[J]. 南方农机,2022,53(9):117—119.

[46] 谭代兵. 数字经济产业发展对产业结构优化升级的影响研究[J]. 商场现代化,2022(11):105—107.

附录 A　龙江森工和伊春森工下属各林业局生态文化产业现状调研整理

序号	企业名称	生态文化产业发展现状	生态文化资源
1	大海林林业局	1. 生态旅游 2. 冰雪旅游：以雪乡旅游为核心，打造冰雪旅游品牌，推进全域旅游建设，日可接待18189人／次 3. 红色旅游 4. 手工纪念品 5. 影视剧制作 6. 科普宣教	1. 冰雪文化、红灯笼文化 2. 雪乡文化展览馆 3. 雪乡国家森林公园 全国文明村、中国十大最美乡村、冬季最美旅游目的地、"美丽中国"十佳景区、"最美生态休闲旅游目的地"、最具影响力国家森林公园、中国森林旅游年度成长力旅游地、全国森林旅游示范县
2	柴河林业局	1. 生态旅游 2. 森林湿地康养 3. 根雕产业：威虎山根雕厂 4. 文化用品产业：威虎山益智玩具厂	1. 威虎山国家级森林公园 2. 林海雪原、威虎山等红色旅游资源
3	东京城林业局	1. 生态旅游：镜泊湖旅游经济带 2. 历史文化旅游	1. 镜泊湖国家级森林公园 2. 莺歌岭文化 3. 冰雪文化 4. 抗联遗址
4	穆棱林业局	1. 生态旅游	1. 林业可持续发展试验示范区 2. 东北红豆杉国家级自然保护区 3. 六峰山国家森林公园 4. 东北虎豹国家公园 5. 抗联遗迹

序号	企业名称	生态文化产业发展现状	生态文化资源
5	绥阳林业局	1. 文化康养 2. 生态旅游：双桥子旅游景区、采摘园 3. 科普宣教	1. 双桥森林康养游基地 2. 小天桥森林公园 3. 绥阳国家湿地公园 4. 老爷岭东北虎国家级自然保护区
6	海林林业局	1. 生态旅游："林海雪原"品牌 2. 红色旅游 3. 冰雪旅游 4. 民俗旅游 5. 文化康养 6. 影视剧拍摄 7. 花文化产业	1. 夹皮沟红色主题景区（红色教育基地） 2. 林海雪原冰雪旅游休闲度假中心 3. 三十五影视拍摄基地
7	林口林业局	1. 生态旅游 2. 花文化产业	1. 花卉苗木基地 2. 湿地公园 3. 花海公园
8	八面通林业局	—	—
9	桦南林业局	1. 森林铁路旅游：森林蒸汽窄轨小火车 2. 生态旅游 3. 科普宣教	1. "中国紫苏小镇" 2. "龙江森工—桦南森林铁路"获"国家工业遗产" 3. 七星峰国家森林公园 4. 紫苏文化 5. 森林小火车博物馆 6. 铁文化公园被命名为"黑龙江省科普教育基地"

序号	企业名称	生态文化产业发展现状	生态文化资源
10	双鸭山林业局	1. 生态旅游：特色民宿景观、"秀美青山"智慧旅游项目，四季旅游 2. 文化康养 3. 冰雪旅游 4. 科普宣教：冰雪培训教育	1. 对青山国家森林公园 2. 岭东国家级苗圃 3. 抗联密营
11	鹤立林业局	—	—
12	鹤北林业局	1. 健康养老产业 2. 绿色矿产：嘉采矿（蛇纹石） 3. 根雕、木雕、石雕手工艺品 4. 生态旅游 5. 红色文化旅游 6. 花文化产业：苗木花卉	1. 森林康养基地 2. 东北抗联文化鹤北陈列馆 3. 特色松林小镇 4. 赵尚志将军遇难地、抗联密营遗址、烈士桥 5. 松鹤公园 6. 红松林国家森林公园
13	东方红林业局	1. 生态旅游 2. 森林康养 3. 生态农业：订单农业、观光农业 4. 花文化产业	1. 东方红湿地 2. 南岔湖湿地公园 3. 神顶峰森林公园 4. 珍宝岛国家森林公园 5. 小清河湿地公园 6. 虎林市森之源博物馆
14	迎春林业局	1. 生态旅游 2. 文化体验旅游：蜜蜂文化体验旅游	1. 东北黑蜂自然保护区核心区 2. 黑蜂国际文化馆 3. 迎春林业局局史馆 4. 八里沟森林生态旅游区

序号	企业名称	生态文化产业发展现状	生态文化资源
15	清河林业局	1. 生态旅游："妈妈顶""悬羊岭"商标品牌 2. 森林康养：生态养生体验游 3. 红色旅游	1. 月牙湖景区 2. 卧佛山景区、原始森林 3. 公园景区悬羊岭风景区 4. 东北抗联北满指挥部遗址 5. 槟榔寨等爱国主义教育基地 6. 古代"丝绸之路"驿站
16	双丰林业局	1. 红色旅游 2. 影视基地 3. 生态旅游	1. 抗联密营遗址 2. 中国森林生态产业示范基地 3. 燕安红松康养小镇
17	铁力林业局	1. 生态旅游 2. 科普宣教	1. 日月峡旅游景区 2. 透龙山 3. 全省中小学生研学实践教育基地：马永顺纪念馆
18	桃山林业局	1. 生态旅游：四季旅游，已成为强局支柱产业 2. 玉石加工产业：桃山玉 3. 体育产业 4. 工艺品 5. 科普宣教	1. 悬羊峰国家地质公园 2. 桃山天然野生动物饲养狩猎场 3. 桃源湖旅游区 4. 伊春小兴安岭国家地质公园 5. 伊春桃山国家森林公园 6. 桃山四季温泉 7. 桃山博物馆

序号	企业名称	生态文化产业发展现状	生态文化资源
19	朗乡林业局	1. 生态旅游 2. 红色旅游	1. 朗乡花海 2. 石猴山滑雪场 3. 森林公园 4. 朗乡花海（冰雪）景区 5. 朗乡唤鸟季 6. 中共北满临时省委旧址 7. 抗联电讯学校遗址
20	南岔林业局	1. 生态旅游 2. 森林康养	1. 森林泼雪节 2. 仙翁山地质公园 3. 仙翁山景区 4. 仙翁山国家森林公园 5. 健康旅居养老示范基地：永翠河养老服务中心
21	金山屯林业局	1. 生态旅游：生态旅游小镇，自驾露营、工业遗存猎奇等旅游产品 2. 红色旅游：知青故居怀旧 3. 森林康养 4. 冰雪旅游 5. 体育产业 6. 木雕产业	1. 金祖文化（历史民俗文化） 2. 九峰山养心谷景区（中国乡村旅游模范户、黑龙江乡村旅游示范点） 3. 中国·冰湖雪村 4. 白山红松原始森林 5. 金博园、金秘洞景区 6. 东北抗日联军第六军军部根据地遗址——抗联营遗址 7. 金山小镇木雕艺术馆

序号	企业名称	生态文化产业发展现状	生态文化资源
22	美溪林业局	1. 生态旅游 2. 红色旅游 3. 冰雪旅游	1. 回龙湾国家森林公园 2. 神龟岭山庄 3. 蓝亭山水农庄 4. 金沙河杜鹃花海 5. 五峻峰风景区 6. 凤凰山景区
23	乌马河林业局	1. 生态旅游：打造高端旅游项目，水源工程、旅游小镇及汽车自驾游基地等 2. 旅游纪念品产业：小木质工艺品 3. 红色旅游 4. 冰雪旅游	1. 西岭森林生态旅游度假区 2. 梅花山风景区 3. 中共北满临时省委机关驻地——锅盔山 4. "梅花雪谷"项目 5. 伊春红枫叶游览景区 6. 原始红松林景区
24	翠峦林业局	1. 生态旅游 2. 木质工艺品：木雕、板画等小木质工艺品 3. 冰雪旅游	1. 五营国家森林公园 2. 西山水库 3. 南山滑雪场 4. 昆仑湖度假村 5. 翠峦河漂流
25	友好林业局	1. 生态旅游：全域旅游 2. 冰雪旅游 3. 体育研学	1. 国家湿地 2. 兴安北坡 3. 越橘庄园 4. 奋斗火山岩观光 5. 溪水国家森林公园 6. 亲子冰雪研学体验训练营 7. 上甘岭溪水国家森林公园

序号	企业名称	生态文化产业发展现状	生态文化资源
26	上甘岭林业局	1. 生态旅游：民宿、醉蝶花谷等 2. 红色旅游	1. "老钱柜"抗联遗址 2. 溪水国家森林公园 3. 溪水景区 4. 湿地鸟类保护区 5. 人工红松母树林保护区 6. 俄罗斯风情园
27	五营林业局	1. 生态旅游 2. 手工艺品：特色旅游商品	1. 五营国家森林公园（红松原始林） 2. 红松文化 3. 老黑山风景区 4. 民俗风情园区 5. 汤旺河漂流 6. 森林生态旅游示范区 7. 国家级丰林自然保护区 8. 兴安杜鹃园 9. 黑瞎岭游步道 10. 五营大黑顶山森林公园（五营地质公园） 11. 翠北湿地保护区
28	红星林业局	1. 生态旅游 2. 科普宣教	1. 红星国家级火山地质公园（火山熔岩洞、库尔滨水库雾凇） 2. 库尔滨水库 3. 三杨原始红松林 4. 大平台桃花岛 5. 红星湿地国家级自然保护区

序号	企业名称	生态文化产业发展现状	生态文化资源
29	新青林业局	1. 生态旅游 2. 科普宣教 3. 森林康养	1. 小兴安岭户外运动谷 2. "中国白头鹤之乡" 3. 新青国家湿地公园 4. 湿地博物馆 5. 老白山 6. 红松母树原始森林 7. 石林 8. 恐龙遗址 9. 鄂伦春风情村
30	汤旺河林业局	1. 生态旅游：全域旅游 2. 森林康养 3. 冰雪旅游 4. 体育产业 5. 影视拍摄	1. 林海奇石风景区 2. 汤旺河国家公园博物馆 3. 森林动物乐园 4. 龙头岩冬景 5. 汤旺河石林旅游风景区
31	乌伊岭林业局	1. 玉石产业：北红玛瑙一条街 2. 生态旅游 3. 红色旅游	1. 永胜林场抗联密营遗址 2. 乌伊岭国家级湿地自然保护区 3. 松江源湿地景区（国家级水利风景区）
32	山河屯林业局	1. 生态旅游 2. 科普宣教	1. 国家级地质公园 2. 中国最美生态休闲旅游目的地（黑龙江省旅游区域品牌价值第一） 3. 凤凰山国家森林公园 4. 地质博物馆 5. 雪谷景区

序号	企业名称	生态文化产业发展现状	生态文化资源
33	苇河林业局	1. 生态旅游 2. 生态康养	1. 红豆杉景区 2. 冲河向阳山景区 3. 八里湾景区
34	亚布力林业局	1. 冰雪旅游：滑雪、温泉养生、极限挑战等 2. 工艺品加工业：玉石、北沉香木、根雕、木雕等旅游商品、旅游纪念品、手工艺品 3. 红色旅游 4. 生态旅游	1. 龙江特色冰雪文化 2. 亚布力国家森林公园 3. 锅盔山景区 4. 虎峰岭原生态风景区 5. 日月湖游乐园 6. 温泉养生公寓 7. 青云旅游小镇（特色景观旅游名镇） 8. 林区最美生态休闲旅游胜地 9. 虎峰岭抗联遗址
35	方正林业局	1. 生态旅游 2. 森林康养：旅居式高端康养项目 3. 科普宣教	1. 罗勒密山·鸳鸯峰景区 2. 方林文化广场 3. 方正林业局局史馆 4. 响水河时尚体育运动区 5. 罗勒密森林康养中心
36	兴隆林业局	1. 生态旅游 2. 影视剧制作 3. 红色旅游 4. 科普宣教	1. 鸡冠山景区 2. 地质公园 3. 鸡冠山抗联根据地遗址 4. 东北抗联鸡冠山根据地博物馆 5. 兴隆生态小镇 6. 森林展览馆

序号	企业名称	生态文化产业发展现状	生态文化资源
37	绥棱林业局	1. 生态旅游：民俗村、生态农业观光 2. 旅游纪念品：纪念封、纪念卡、景区画册，景区吉祥物、景区故事集 3. 生态文学作品：五千首爱情诗歌集等 4. 实景演出	1. 原始部落人文森林公园 2. "全国最美森林小镇100例" 3. "百佳深呼吸小镇" 4. 五一"原始部落"景区 5. 人文森林公园 6. 小兴安岭天然植物园 7. 雕塑长廊 8. 山上红绿"双色"旅游圈
38	通北林业局	1. 生态旅游："林家乐"打造特色城镇观光游 2. 旅游纪念品 3. 木制品加工业：牙签、棉球棒、工艺火柴等 4. 手工艺品：雨花石 5. 红色旅游	1. 东北抗联冰趟子战斗迹地遗址 2. 白皮营密营遗址 3. 景山水库 4. 南北河景观 5. 生态林场
39	沾河林业局	1. 生态旅游	1. 大沾河国家森林公园 2. 大沾河湿地自然保护区 3. 白头鹤种群繁殖地 4. 天然红松母树林
40	带岭林业局	1. 生态旅游：森林生态摄影游、永翠河谷民宿 2. 红色旅游 3. 科普宣教：青少年营地研学游	1. 凉水自然保护区 2. 碧水中华秋沙鸭自然保护区 3. 张子良纪念馆 4. 森林博物馆 5. 朝阳影视城 6. 大箐山森林公园

附录 B 黑龙江重点国有林区生态文化产业发展机理调查问卷

受访者基本信息

1. 文化程度：□大专及以下   □大学本科   □硕士及以上

2. 职业类型：□高层管理者   □中层管理者   □基层管理者   □其他

3. 您在企业工作年限：□0—5 年   □6—10 年   □11—20 年   □20 年以上

第一部分 企业基本资料

1. 企业所涉生态文化产业发展模式（可多选）：

□生态文化＋森林生态旅游   □生态文化＋花卉观光

□生态文化＋展演娱乐服务

□生态文化＋体育健身   □生态文化＋休闲养生

□生态文化＋餐饮业

□生态文化＋创意家具业   □生态文化＋木竹工艺品加工

□生态文化＋玉石加工

□生态文化＋绿色产品生产包装   □生态文化＋影视出版业

□生态文化＋博物馆（普及教育）   □其他＿＿＿＿＿＿

2. 企业是否开始产业生态化转型：（ ）是（ ）否

3. 企业规模（近三年平均销售额）：（   ）万元

4. 企业存续时间：（   ）年

5. 企业性质：□森工集团总部（原森工总局） □下属林业局子公司（原森工林业局）

第二部分 产业共生关系程度情况

序号	产业共生关系程度	非常不同意	不同意	不一定	同意	非常同意
1	与其他企业或机构，能够达成符合生态文化产业发展理念的战略设想	1	2	3	4	5

续表

序号		非常不同意	不同意	不一定	同意	非常同意
2	与其他企业或机构，在及时准确掌握林业生态文化产品或服务的市场需求方面交流紧密	1	2	3	4	5
3	与其他企业或机构，在制定完善合理的产业发展激励机制方面交流紧密	1	2	3	4	5
4	森工企业与高校、科研院所能够建立长期稳定的合作关系	1	2	3	4	5
5	森工企业与金融机构建立长期稳定的合作关系	1	2	3	4	5
6	森工企业与产业链上下游企业建立良好的生态合作伙伴关系	1	2	3	4	5

第三部分　产业共生能量情况

序号	森工企业人力资本	非常不同意	不同意	不一定	同意	非常同意
1	森工企业管理者对林业生态文化产业内涵及产业范围认知清楚	1	2	3	4	5
2	森工企业管理者对林业生态文化产业在国有林区经济转型发展中的战略意义认知清楚	1	2	3	4	5
3	森工企业高层管理者具备较强的产业共生发展意识	1	2	3	4	5
4	森工企业高层管理者能够把握最佳产业准入时机	1	2	3	4	5

5	森工企业拥有高水平生态文化产业研发人员	1	2	3	4	5
6	森工企业员工具有良好的教育背景和专业培训	1	2	3	4	5
序号	森工企业组织资本	非常不同意	不同意	不一定	同意	非常同意
1	森工企业与当地政府部门保持经常联系	1	2	3	4	5
2	能够从其他企业或机构，获取更多产业相关优惠政策信息	1	2	3	4	5
3	森工企业各职能部门之间能够有效地沟通和配合	1	2	3	4	5
4	能够从其他企业或机构，获取更多客户需求信息	1	2	3	4	5
序号	林区生态文化资源	非常不同意	不同意	不一定	同意	非常同意
1	森工企业拥有丰富的生态文化资源，在种类、特性和数量上占有资源优势	1	2	3	4	5
2	森工企业能够深度挖掘生态文化资源，并与其他企业或机构实现资源共享或交换	1	2	3	4	5
3	森工企业能够有效整合生态文化资源，具有较强的资源管理能力	1	2	3	4	5

4	森工企业生态文化资源的存在能够有效缓解企业发展的环境压力	1	2	3	4	5
5	森工企业能够将生态文化资源最大限度转化为生态文化产品或服务，满足市场需求	1	2	3	4	5

第四部分　产业共生界面情况

序号	产业政策环境规制	非常不同意	不同意	不一定	同意	非常同意
1	政府加大对林业生态文化产业优惠政策扶持力度，明确产业发展导向	1	2	3	4	5
2	国家对林业生态文化资源使用的约束和限制能够促进森工企业实现生态文化产业共生发展	1	2	3	4	5
3	人们文化消费能力和水平的提高，促使生态文化需求不断增长	1	2	3	4	5
4	森工企业所在地公益性、公共文化等产业配套设施齐全，交通区位便利	1	2	3	4	5
5	当地生态文化产业具有创新力、示范力强的带头企业和代表人物	1	2	3	4	5

序号	产业共生动力	非常不同意	不同意	不一定	同意	非常同意
1	全面停伐后，国有林区企业转型、提升经济效益的迫切需要	1	2	3	4	5
2	缓解国有林区体制改革后富余职工安置压力	1	2	3	4	5
3	生态文明建设的迫切需要	1	2	3	4	5
4	繁荣生态文化，提升文化自信	1	2	3	4	5
5	满足人们日益增长的生态需求	1	2	3	4	5
6	主导产业森林生态旅游的蓬勃发展	1	2	3	4	5

第五部分　森工企业创新能力

序号	森工企业创新能力	非常不同意	不同意	不一定	同意	非常同意
1	森工企业能够有效利用生态文化元素，提供特色差异化的生态文化产品或服务	1	2	3	4	5
2	森工企业能够有效利用生态文化元素，打造生态文化产业特色品牌形象和声誉	1	2	3	4	5
3	森工企业具有生态文化产业发展所需的专有技术	1	2	3	4	5

4	森工企业具有生态文化产业发展所需的生产设备	1	2	3	4	5
5	森工企业具有较高的生态文化产业研发水平	1	2	3	4	5
6	森工企业具有足够的资金用于生态文化产业发展	1	2	3	4	5
7	森工企业能够多渠道进行生态文化产品宣传	1	2	3	4	5
8	森工企业选择通过提高社会声誉、承担社会责任来提升企业价值	1	2	3	4	5
9	森工企业具备生态文化产业发展所需的互联网平台	1	2	3	4	5
10	森工企业具备利用新知识开发生态文化产业新产品或新服务项目的能力	1	2	3	4	5

第六部分 产业发展绩效情况

序号	产业经济效益	非常不同意	不同意	不一定	同意	非常同意
1	森工企业经济效益明显提高，推动区域经济增长	1	2	3	4	5
2	生态产品功能或文化附加值提升，占据市场优势	1	2	3	4	5

3	形成特色鲜明的生态文化产品品牌形象	1	2	3	4	5
4	为森工企业所在地提供更多的就业机会	1	2	3	4	5
序号	产业生态效益	非常不同意	不同意	不一定	同意	非常同意
1	提升当地居民生态文明意识和居住环境	1	2	3	4	5
2	提高生态文化资源利用率，繁荣生态文化，促进国有林区可持续发展	1	2	3	4	5
3	履行社会责任，提升国有森工企业价值	1	2	3	4	5